世界哲學家叢書

王　　充

林 麗 雪 著

1991

東大圖書公司印行

國立中央圖書館出版品預行編目資料

王充／林麗雪著.--初版.--臺北市：
東大出版：三民總經銷，民80
面；　公分.--(世界哲學家叢書)
參考書目：面
含索引
ISBN 957-19-1287-5 (精裝)
ISBN 957-19-1288-3 (平裝)

1.(漢)王充－學識－哲學　2.哲學
－中國－東漢(25-220)

122.7　　　80003141

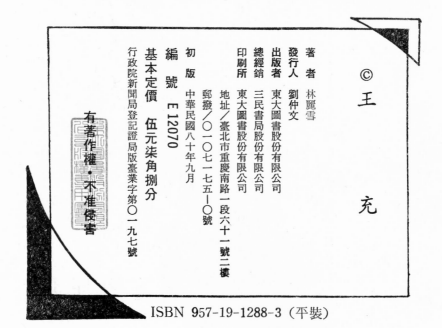

著　者　林麗雪
發行人　劉仲文
出版者　東大圖書股份有限公司
總經銷　三民書局股份有限公司
印刷所　東大圖書股份有限公司
地址／臺北市重慶南路一段六十一號二樓
郵撥／〇一〇七一七五－〇號
初　版　中華民國八十年九月
編　號　E 12070
基本定價　伍元柒角捌分
行政院新聞局登記證局版臺業字第〇一九七號

ISBN 957-19-1288-3 (平裝)

《世界哲學家叢書》總序

本叢書的出版計劃原先出於三民書局董事長劉振強先生多年來的構想，曾先向政通提出，並希望我們兩人共同負責主編工作。一九八四年二月底，偉勳應邀訪問香港中文大學哲學系，三月中旬順道來臺，即與政通拜訪劉先生，在三民書局二樓辦公室商談有關叢書出版的初步計劃。我們十分贊同劉先生的構想，認為此套叢書（預計百册以上）如能順利完成，當是學術文化出版事業的一大創擧與突破，也就當場答應劉先生的誠懇邀請，共同擔任叢書主編。兩人私下也為叢書的計劃討論多次，擬定了「撰稿細則」，以求各書可循的統一規格，尤其在內容上特別要求各書必須包括（1）原哲學思想家的生平；（2）時代背景與社會環境；（3）思想傳承與改造；（4）思想特徵及其獨創性；（5）歷史地位；（6）對後世的影響（包括歷代對他的評價），以及（7）思想的現代意義。

作為叢書主編，我們都了解到，以目前極有限的財源、人力與時間，要去完成多達三、四百册的大規模而齊全的叢書，根本是不可能的事。光就人力一點來說，少數教授學者由於個人的某些困難（如筆債太多之類），不克參加；因此我們曾對較有餘力的簽約作者，暗示過繼續邀請他們多撰一兩本書的可能性。遺憾的是，此刻在政治上整個中國仍然處於「一分為二」的艱苦狀態，加上馬列敎條的種種限制，我們不可能邀請大陸學者參與撰寫工作。不過到目前為止，我們已經獲得八十位以上海內外的學者精英全力支持，包括臺灣、香港、新加坡、澳洲、美國、西德與加拿大七個地區；難得的是，更包括了日本與大韓民國好多位名流學者加入叢書作者的陣容，增加不少叢書的國際光彩。韓國的國際退溪學會也在定期月刊《退溪學界消息》鄭重推薦叢書兩次，我們藉此機會表示謝意。

原則上，本叢書應該包括古今中外所有著名的哲學思想家，但是除了財源問題之外也有人才不足的實際困難。就西方哲學來說，一大半作者的專長與興趣都集中在現代哲學部門，反映着我們在近代哲學的專門人才不太充足。再就東方哲學而言，印度哲學部門很難找到適當的專家與作者；至於貫穿整個亞洲思想文化的佛敎部門，在中、韓兩國的佛敎思想家方面雖有十位左右的作者參加，日本佛敎與印度佛敎方面却仍近乎空白。人才與作者最多的是在儒家思想家這個部門，包括中、韓、日三國的儒學發展在內，最能令人滿意。總之，我們尋找叢書作者所遭遇到的這些困難，對於我們有一學術研究的重要啓示（或不如說是警號）：我們在印度思想、日本佛敎以及西方哲學方面至今仍無高度的研究成果，我們必須早日設法彌補這些方面的人才缺失，以便提高我們的學術水平。相比之下，鄰邦日本一百多年來已造就了東西方哲學幾乎每一部門的專家學者，足資借鏡，有待我們迎頭趕上。

以儒、道、佛三家為主的中國哲學，可以說是傳統中國思想與文化的本有根基，有待我們經過一番批判的繼承與創造的發展，重新提高它在世界哲學應有的地位。為了解決此一時代課題，我們實有必要重新比較中國哲學與（包括西方與日、韓、印等東方國家在內的）外國哲學的優劣長短，從中設法開闢一條合乎未來中國所需求的哲學理路。我們衷心盼望，本叢書將有助於讀者對此時代課題的深切關注與反思，且有助於中外哲學之間更進一步的交流與會通。

最後，我們應該强調，中國目前雖仍處於「一分為二」的政治局面，但是海峽兩岸的每一知識份子都應具有「文化中國」的共識共認，為了祖國傳統思想與文化的繼往開來承擔一份責任，這也是我們主編《世界哲學家叢書》的一大旨趣。

傅偉勳　韋政通

一九八六年五月四日

自　　序

漢代學術的主流是糅合陰陽家與儒家思想爲一體的天人之學。這派學說是由董仲舒（前 190?-115?）奠其宏基，而由班固（36-92）集其大成。董子立論之初，是主張以天統君，假神道設教，目的在使大一統的皇帝在意志上、行爲上不能不有所畏忌，以便接受儒家的政治理想。此蓋儒家精神在專制政體下被迫成的微妙宗教性轉變，其情至爲可憫。可惜，董子是以神學家的姿態出現於歷史的，其潛藏的用心未必眞能爲其後的漢儒所體悟，所以從董子到班固前後約歷兩百年，儒生之言陰陽者並不能固守董學的宗旨，以致逐漸走入末流。說明這個現象最明顯的證據就是哀平之際讖緯之學的興起，以及東漢時祥瑞之說的盛行。讖緯多浮說虛詞、怪誕無稽之言，有違儒家的人文精神；祥瑞意在粉飾太平，致使儒生爭相爲王朝歌功頌德，盡喪董子立論初旨。此二者相輔而行，績效更是可觀。這種淪敗的現象當然要引起有識之士的反感。

在反對的聲浪中，以王充的《論衡》最具有代表性。據史載，較早的反對派學者，如尹敏、賈逵、張衡、鄭興等人，均只針對讖緯發論。第一位著書以「尊王賤霸，非圖讖，無仙道，綜覈古今，偭偭失得，以及儀象典章、人文樂律」（嚴可均語）的是桓譚。但桓譚所作《新論》，泰半亡佚，僅存嚴可均所輯諸佚文。以此言之，時代略晚於桓譚的王充所作的《論衡》，遂成爲現存漢代歷史上第一部有系統地抨擊當代正統思潮的巨著。王充此論開往後學者批評之風，以致有王符（約生於和安之際，卒於桓靈之際）的《潛夫論》以及仲長統（179-220）的《昌言》相繼問世。從《潛夫論》全帙和現存的《昌言》數篇文字看來，王符與仲長統在立論的宗旨和思想的體系上，都與王充有先後承繼的關係；但若就篇幅之廣大、思想之創發性，以及言論之犀利言，此二人的著作均不如《論衡》可觀。這就是王充在漢代反正統的思想史上應奪魁首的主因。

《論衡》之值得吾人再三研討的原因多端，而最主要的原因有二：第一，在漢代王充之言被視爲異端、「一隅之說」（《後漢書・王充傳》范曄語），因此《論衡》曾沈寂百餘年，到晉武帝以後才漸得廣爲流傳。其後學者常因個人的好惡和時代的思潮而對《論衡》作互異的褒貶，可謂言人人殊，莫衷一是。卽使在兩千年後的今天，學者對《論衡》的評價之爭，依舊未能塵埃落定。第二，王充以其特殊的立論方法、漫長的寫作過程和微妙多變的心路歷程，導致《論衡》中許多形似矛盾的議論，常使其立論宗旨隱晦難明，有待澄清。

本書的內容主要分成兩大部分：一爲外圍因素的研究，一爲內在思想的剖析。外圍因素的研究，包括從王充評析的回顧與反省，把握王充研究的幾個基本問題；從王充的身世、性格與時代背景，剖析《論衡》的寫作動機和立論宗旨；從王充對先哲時賢的看法，探討王充的思想淵源。過去的學者，在這方面的研究稍嫌籠統粗疏。本書特闢海峽兩岸以及東洋與西方學者對《論衡》的看法諸節，以增廣吾人對《論衡》的認知角度，並加強吾人對

《論衡》的思想史之地位的判斷力。其中，西方學者談《論衡》與古代西哲的思想之近似處，實可發展爲比較哲學的有趣論題，希望此文能產生拋磚引玉的作用。至於海峽兩岸學者持論之不同，說明影響哲學取向的因素多端，研究哲學問題，絕對不能將它孤立於社會情實之外。此外，筆者依內容分《論衡》各篇文字爲若干組，然後配合時代背景，說明各組文字的著作動機，藉以印證范曄評《論衡》爲「釋物類同異，正時俗嫌疑」（《後漢書・王充傳》）諸語。

至於內在思想的剖析諸章，除了從天道、性命、鬼神、知識諸事論王充的思想體系與其在思想史上承先啟後的作用之外，也兼及王充的立論方法和邏輯思想的特色。過去研究王充的學者們，往往只著重王充哲學的內容，而忽略了王充哲學的方法。我個人覺得王充哲學最大的妙趣，與其說是在於思想內容，毋寧說是在於立論方法。而事實也常證明：不明王充立論方法的妙趣，便不解王充思想的眞諦。這對於幫助吾人排解〈問孔〉、〈刺孟〉和〈亂龍〉諸篇所致的疑惑最具卓效。此外，又別立「宣漢說」一章，論王充宣漢的目的與心態。因爲王充是否媚漢、是否相信符瑞，一直是學界爭論的問題，這大大影響到學者對王充的人格與哲學內容之評價，不得不予以釐清。

最後，要特別澄清的是，讀《論衡》絕不可斷章取義，妄下評語。必須讀竟全書，前後觀照，才能有眞正的認知。前人對《論衡》褒貶互異，部分原因卽在於各人所見止於片斷，而非整體。再者，王充的人格受到環境的扭曲，以致其議論不止存在著「無心之失」的謬誤，也存在著「明知故犯」的詭辯。但詭辯也是一種謬誤。吾人不能陷入謬誤論者的窠臼中，誤以爲結構上的謬誤必導致結論的謬誤；更不能誤以爲議論上的謬誤，就是作者腐敗的表徵。換言之，在王充三十餘萬言的著作中，吾人不得以偏概全，也不得以言廢人。

本書的宗旨，是在藉上述各部分的研究，予王充思想一公允的評價，並爲他在中國思想史上尋一定位。但心雖嚮往之，力未必能逮。謹以此就教於諸方家。

林麗雪

一九九一年夏於南卡客寓

王　充　目　次

第一章　有關王充評析的回顧與反省

有漢一代，自武帝罷黜百家、獨尊儒術之後，董仲舒始終被奉爲儒學宗師。漢代諸子之學，或多或少都在董學的籠罩之中。唯一能超越董學的桎梏，並在學術思想史上與之抗衡的，僅有王充一人。總計歷代學者對王充的評述，有綜論性質，也有篇評性質，約略有數百則之多。而當代學者所發表的有關王充之單篇論文及專書之作，亦汗牛充棟，不下百數。若從統計數字看，則王充所受歷來學者之重視遠駕乎董子之上。不過有關王充的評論和研究，意見相當分歧。有時不過數年之隔，評價就有霄壤之別。而且，大體上隨着時代風尚而呈現波浪起伏。這種現象，明胡應麟（1551-1602）已有所洞悉。他說：

> 漢王氏《論衡》煩猥瑣屑之狀，溢乎楮素之間，辯乎其所弗必辯，疑乎其所弗當疑，允矣！其詞之費也。至精見越識足以破戰國以來浮詭不根之習，則東西京前，邈焉罕睹。當時以新特而過稱之，近世以冗庸而劇詆之，匪充書異習也，驟出於秦漢之間，習聞於伊洛之後，遇則殊也。而宋人窮理之功、昭代上儒之效亦著矣❶。

❶　見胡應麟《少室山房筆叢・九流緒論》。

就當時言，宋代理學之興是《論衡》學術地位的重要分水嶺。但胡氏絕無法逆料，清代以後《論衡》的學術地位因熊伯龍(1617-1669)《無何集》的出現而呈現轉機。民國以後，又先後因西潮的沖擊、政情的變遷等因素，《論衡》的學術地位益受推崇。這種高潮迭起的現象，對王充本人固已不具意義，但對吾人研究動機的增強以及問題重心的掌握却有極大的助益。本章特就歷代學者對王充的評議以及當代學者的研究傾向作一流覽，冀望能藉對各個時代思潮與王充評議的關係之釐清，以篩除歷代乃至晚近學者對王充的不實褒貶，進而發掘王充研究的眞正問題所在。

一、歷代學者對王充的評議

若就王充的學術地位與各時代風尚的關係言，歷代學者對王充的評議，大致可依以下四個不同的階段來加以歸類了解：㈠王充的時代，㈡東漢末至晉唐之間，㈢宋元時代，㈣明清時代。以下列擧各期具有代表性的議論，以見問題的發展。至於後期學者若有因襲或綜合前期學者的意見者，則略而不論。讀者欲知全貌，可參考近人所輯有關文字❷。

（一）與王充同時代的評議

❷ 近人搜集歷代學者評議王充的文字，用力甚勤。如黃暉《論衡校釋》附編有〈論衡舊序〉及〈論衡舊評〉；劉盼遂《論衡集解》附錄亦縷述學者評議及序文；蔣祖怡《王充卷》附錄更分總評、篇評條列諸家評議；潘清芳《王充研究》第四篇〈王充之評價〉，更條列歷代以至當今學者的評議文字。以上諸書均富參考價值。

此類評議及王充本人的辯駁，並見《論衡·自紀》篇。據王充自紀，當時人們對《論衡》的批評有五項：

1.「充書形露易觀」❸，與經藝之文、聖賢之言的鴻重優雅相去甚遠，料係王充材淺所致。

王充的答辯有兩個要點：第一、他標示「口則務在明言，筆則務在露文」❹的原則；第二、他認爲古文難懂，是由於時間（古今言殊）和空間（四方談異）的因素造成的。這種現象只說明古今「語異」，而不意味古人「材鴻」。

2.「充書違詭於俗」❺，不順合衆心。

王充的答辯是：「事尙然而不高合，論說辯然否，安得不譎常心、逆俗耳？」❻何況，辯論的原因就是由於意見不一致，要求「喪黜其僞，存定其眞」❼，如果一味順合人心，就失去了辯論的意義。

3.「充書不能純美」❽，時有瑕疵，不能如呂氏、淮南之不受訾言。

❸ 見《論衡校釋》卷30〈自紀〉，頁1186。
❹ 同前，頁1187。
❺ 同前，頁1188。
❻ 同前，頁1189。
❼ 同前。
❽ 同前，頁1190。

王充一方面答以「辯論是非，言不得巧」❾，一方面指出良工必有不巧，呂氏、淮南之不受訾言，乃由於家富官貴的殘酷現實。

4.「充書旣成，或稽合於古，不類前人」❿。（按：前人是指司馬子長、揚子雲之輩）

王充以爲刻意模仿必會喪其本意，猶如代大匠斲必傷其指。因此答曰：「文士之務各有所從；或調辭以巧文，或辯僞以實事，必謀慮有合，文辭相襲，是則五帝不異事，三王不殊業也」⓫。

5.充書文重，有違「文貴約而指通」⓬之旨，以致讀者不能盡，傳者不能領。

王充以爲文章應問其有用與否，不應責其篇幅多寡。故答曰：「爲世用者，百篇無害；不爲用者，一章無補。如皆爲用，則多者爲上，少者爲下」⓭。

總括以上五項評議，或就文筆論，或就內容言，實則即爲後世學者評議王充的總綱領。可惜失之籠統，難見眞意！其不足處，反而在後來學者的評議中逐漸補充顯明。至於王充的答辯，關涉到王充對文學所持的觀點，此非本書重點，茲略而不論。

---

❾ 同前，頁1191。
❿ 同前，頁1192。
⓫ 同前。
⓬ 同前，頁1193。
⓭ 同前。

但是，與王充同時代的人也有力贊王充才高的，如謝夷吾之向章帝推薦王充便是一例。謝氏推薦之語據史載如下：

> 充之天才，非學所加，雖前世孟軻、孫卿，近漢揚雄、劉向、司馬遷，不能過也⑭。
>
> 王充一代英偉，漢興以來，未若充比⑮。

足見王充在世之時，世人對其批評，就已毀譽參半。

（二）東漢末期至唐代間的評議

這段期間，除劉知幾（661-721）對《論衡》有所非議之外，各家評論，多對王充表示讚揚。讚揚的重點大致有兩方面：一爲高才；二爲孝行。

《論衡》一書，在王充死後的百餘年中，於中土一帶（按：指王充卒地浙江的西北部，及河南、安徽、山西等地），未得流傳。主要原因大概是由於王充那種「違詭於俗」、「不類前人」的議論，不爲中土的衞道之士所苟同，更不爲朝廷所容。但是，在思想較開放、地點較偏遠的王充故土吳中一帶（按：即今江蘇省境），却頗有傳之者。東漢末靈帝時，蔡邕（133-192）入吳，得《論衡》，但恆秘玩，未肯輕意示人，故此書仍未廣爲中土人士所熟知。到了晉武帝時，王朗（字景興，卒於288）出仕會稽太守，因虞翻（164-233）之薦，得《論衡》，後還許（按：即今

⑭ 見《後漢書・王充傳》注引謝承書說，頁585。
⑮ 見《太平御覽》五九九引《抱朴子》佚文。

河南許昌），此書才得以廣爲流傳⑯。所以，《論衡》在沉寂百年之後，能廣爲流傳，蔡、王二氏功不可沒。

據史載當時各家稱讚王充高才的例證不少，如虞翻向王朗稱讚王充說：

> 有道山陰趙曄、徵士上虞王充，各洪才淵懿，學究道源。著書垂藻，絡繹百篇，釋經傳之宿疑，解當世之槃結，或上窮陰陽之奥秘，下據人情之歸極⑰。

又葛洪（284-363）稱讚王充爲「冠倫大才」⑱，范曄（398-445）亦稱許王充曰：

> 充好論説，始若詭異，終有理實。……釋物類同異，正時俗嫌疑⑲。

其後，唐代以衞道自居的韓愈（768-824），雖自詡爲儒家正宗，也以王充爲後漢三賢之一而爲之作贊⑳。又劉知幾（661-721）亦說：

> 儒者之書，博而寡要，得其糟粕，失其菁華，而流俗鄙夫貴遠賤近，傳茲牴牾，自相欺惑，故王充《論衡》生

⑯ 同前⑭，注引袁山松書及《抱朴子》，並載有蔡邕及王朗得《論衡》之事。
⑰ 見《三國志・虞翻傳》注引《會稽典錄》語，頁1085。
⑱ 見《抱朴子・喻蔽》篇，頁184。
⑲ 同前⑭。
⑳ 見《韓文忠公集・後漢三賢贊》。

焉㉑。

他是對《論衡》之糾正流俗有所嘉許。以上二人均可併入稱讚王充才高之例。

至於此時稱讚王充孝行的，有范曄（398-445）和謝承（三國吳人）二人。他們咸稱王充「少孤，鄉里稱孝」㉒。證諸《論衡・自紀》所謂：

> 六歲教書，恭愿仁順，禮敬具備，矜莊寂寥，有巨人之志。父未嘗笞，母未嘗非，閭里未嘗讓㉓。

則兩《後漢書》所述確實有所依據。

不過，《論衡・自紀》有敍「細族孤門」一段，王充坦白承認家世之平凡以及「祖濁裔清，不牓（讀作妨）奇人」㉔，此與儒家「父爲子隱，子爲父隱，直在其中矣」㉕的精神不合，因此，被素有「工訶古人」㉖之稱的劉知幾譏爲名教罪人。劉氏《史通・序傳》曰：

> 王充之自紀也，述其父祖不肖，爲州閭所鄙，而己答以瞽

㉑ 見《史通・自敍》。

㉒ 范曄之說，見《後漢書・王充傳》；謝承之說，見《藝文類聚》五八又三五引，《初學記》二四又二一引，《太平御覽》四三二又四八四又六二引。

㉓ 同前❸，頁1180。

㉔ 同前，頁1197。

㉕ 見《論語・子路》篇。

㉖ 《新唐書・劉知幾傳》宋祁語。

> 頑舜神、鯀惡禹聖。夫自敘而言家世，固當以揚名顯親為主。苟無其人，闕之可也。而厚辱其先，此何異證父攘羊，學子名毋？必責以名教，實三千之罪人也。

此與上述兩《後漢書》之言適成對比，孰是孰非，直到今日仍爲學者聚訟的一個重點。但這種「人身攻擊」大大影響後來學者對王充的評議，如王應麟(1223-1296)、黃震、紀昀(1724-1805)、錢大昕（1728-1804）、杭世駿（1696-1773）都曾就此點抨擊王充，而「厚辱祖先」遂成爲王充千古難移之罪名。

不過，大體言之，東漢以至晉唐之間，《論衡》是普受貴重的。這與時代風尚有密切關係。胡應麟曾分析其原因說：

> 王充氏《論衡》八十四篇，其文猥冗藟沓，世所共輕；而東漢晉唐之間，特為貴重。……秦漢以還，聖道陸沉，淫詞日熾。莊周、列禦、鄒衍、劉安之屬，揑怪興妖，不可勝紀。充生茅靡瀾倒之辰，而獨岌然自信，攘背其間，剗虛黜增，訂訛斮偽，詖淫之旨，遏截弗行，俾後世人人咸得藉為口實，不可謂非特立之士也。故伯喈尚其新奇，稚川大其宏洽，子玄高其辯才㉗。

考之秦漢以來，陰陽五行之說（按：即鄒衍、劉安之屬）籠罩學界；魏晉以降，道家神仙之術（按：即莊周、列禦之屬）風靡民間，王充確實有重振聖道、遏止淫詞之功，故胡氏之言至少掌握

㉗ 同前❶。

了部分眞理。

（三）宋元時代的評議

宋代以後，《論衡》的地位下降，王充由「冠倫大才」，變而爲「飾小辯以驚俗」[28]、「未見其奇」[29]。各家評論對王充甚多貶黜，絕少讚揚。首先發難的是宋初雅好儒學的釋氏之徒贊寧（918-999)。他曾著〈難王充論衡〉三篇，頗爲王禹偁（954-1001）所激賞，而贊之曰：

> 使聖人之道，無傷于明夷；儒家者流，不至于迷復[30]。

可見贊寧是責難王充思想與儒家相悖之處，惜書已不傳，內容未得詳。但此事足以證明道學思想的盛行是影響宋儒對王充的態度的一個主要因素。

此外，宋代學者對王充的批評有比較具體詳細的傾向，其中以黃震（1213-1280）的評論最具代表性。他說：

> 王充嘗師班彪，博學有獨見。旣仕不偶，退而作《論衡》二十餘萬言。蔡邕、王朗嘗得其書，皆秘之以為己助。蓋充亦傑然以文學稱者。惜其初心發於怨憤、持論至於過激，失理之平，正與自名《論衡》之意相背耳！如謂窮達皆出於命，達者未必賢，窮者未必不肖，可矣！乃推而行

[28] 見《事文類聚》別集二，呂南公題王充《論衡》後。
[29] 見陳振孫《直齋書錄解題》。
[30] 見宋吳處厚《青箱雜記》卷6。

> 之，至於治和非堯舜之功，敗亡非桀紂之罪，亦歸之時命，焉可乎？甚至譏孔孟而尊老子，抑殷周而誇大漢；謂龍無靈；謂雷無威；謂天地無生育之恩，而譬之人身之生蟣蝨；欲以盡廢天地百神之祀，雖人生之父母骨肉，亦以人死無知不能為鬼而忽蔑之。凡皆發於一念之怨憤，故不自知其輕重失平如此。至其隨事各主一說，彼此自相背馳，如以十五說主土龍必能致雨，他日又曰：「仲舒言土龍難曉」。如以千餘言力辯虎狼食人非部吏之過矣，他日又曰：「虎狼之來，應政失也」。凡皆以不平之念，盡欲更時俗之說；而時俗之說之通行者，終不可廢。矯枉過正，亦不自覺其衡決至此也㉛。

黃氏之指責王充，主要在揭櫫其著作動機之不當，以致影響議論之平正。他並且舉出王充議論不允的實例：包括國命說、譏孔孟而尊老子、抑殷周而誇大漢、天地父母無生育之恩、龍雷無威靈以及盡廢天地百神之祀諸項。其中最引起反響的是「譏孔孟」一項，但其他諸項也各自在不同程度上予後世學者許多啓發。譬如：「尊老子」一項，開啓王充思想源自道家之說；「抑殷周而誇大漢」一項，則又平添學者對王充人格之詬病等。

關於問孔、刺孟的問題，其實早在唐代劉知幾時已引起注意，但彼時王充所遭指責的重點與後世有異。劉氏說：

> 王充有〈問孔〉之篇，《論語》羣言多所指摘；《春秋》雜

㉛ 見《黃氏日鈔》分類卷57〈讀論衡〉。

義，未曾發明㉜。

他似無特別督責王充不禮敬聖人之意。到了宋代，學者始紛紛表示對王充侮蔑聖人的不滿。譬如：葛勝仲（1059–1131）說：

> 充刺孟子，猶之可也；至詆訾孔子，以為「繫而不食」之言為鄙，以從佛肸公山之召為濁；又非其脫驂舊館，而惜車於鯉；又謂道不行於中國，豈能行於九夷？若充者，豈足以語聖人之趣哉㉝？

又陳騤（1128–1203）說：

> 夫《論語》、《家語》，皆夫子與當時公卿大夫及群弟子答問之文。然《家語》頗有淫辭邪說，蓋出於群弟子共相敘述，加之潤色，其才或有優劣，故使然也；若《論語》雖亦出於群弟子所記，疑若已經聖人之手，今略考焉……彼揚雄《法言》、王通《中說》，模擬此書，未免畫虎類狗之譏；王充〈問孔〉之篇，而於此書多所指責，亦未免桀犬吠堯之罪歟㉞！

而且，王應麟（1223–1296）亦因而論斷「此書非小疵也！」㉟

其實，葛勝仲以爲王充刺孟可恕而問孔當誅，自然也是從道學的觀點立論的。在宋代，孟子的地位雖然提高了許多，但仍不及孔子；而且，當時對《論語》材料的可信度，仍深信不疑。因

㉜ 見《史通·惑經》篇。
㉝ 見王應麟《困學紀聞》卷10〈論衡〉條。
㉞ 見陳騤《文則》卷上、戊。
㉟ 同前㉝。

此，葛氏的意見，在今日看來，未必十分精當。稍後，好作翻案文章的劉章(1180-1239)更作〈刺刺孟〉以駁王充，但其文不傳㊱。由此言之，黃震批評王充譏孔孟，顯然是爲這種風尚所趨。此後，王充又多添了一項「侮蔑聖人」的罪名。

此外，宋儒對王充的文筆亦多所批評，如晁公武說：

> 漢世文章，溫厚爾雅，及其東也，已衰。觀此書（按：指《論衡》）與《潛夫論》、《風俗通義》之類，比西京諸書，驟不及遠甚。乃知世人之言不誣㊲。

又高似孫也說：

> 《論衡》者，漢治中王充所論著也。書八十五篇，二十餘萬言，其為言皆叙天證、敷人事、析物類、道古今，大略如仲舒〈玉杯〉、《繁露》。而其文詳，詳則禮義莫能覈而精，辭莫能肅而括，幾於蕪且雜矣。漢承滅學之後，文景武宣以來，所以崇勵表章者，非一日之力矣。故學者向風承意，日趨於大雅多聞之習，凡所撰錄，日益而歲有加，至後漢盛矣，往往規度如一律，體裁如一家，是足以雋美於一時，而不足以準的於來世。何則？事之鮮純，言之少擇也。……客有難充書煩重者……充曰：「文衆可以勝寡矣。人無一引，吾百篇；人無一字，吾萬言，為可貴

㊱ 載見郎瑛《七修續稿》卷 4 及黃瑜《双槐堂歲鈔》卷 6 。
㊲ 見晁公武《郡齋讀書志》卷12，子類雜家。

矣！」予所謂之精覈而少肅括者，正此謂歟㊳！

按此二人病王充文筆之冗漫，其實正是漢儒評王充「文重」之意。但可貴的是，二人均能從時尙文風分析病因，而非直指王充個人之失。而此等評論，實則又與宋代「載道」的文學觀有關。自從周敦頤（1017-1073）提出了「文以載道」㊴的口號之後，文學的藝術地位節節下降。程顥(1032-1085)和程頤(1033-1107)兄弟繼而發出「作文害道」㊵之議。到了朱子（1130-1200）檢討歷代文風時，更是感慨系之。他指出「東京以降，迄於隋唐數百年間，愈下愈衰，則其去道益遠，而無實之人亦無足論」㊶。依此標準，王充自然是在「無足論」之列。

相對於這些惡評，宋代學者對王充的好評，在分量上言，眞可說是微乎其微了！今日可考的，大概只有詩人晏殊(991-1055)和在慶曆五年（1045）募工刋刻《論衡》的楊文昌二人。晏殊以「朝聞夕可隕，吾奉聖師言」㊷力讚《論衡》爲聖人之言。楊文昌則就王充的辯才說：

> 其文取譬連類，雄辯宏博，豈止為「談助」、「才進」而已哉？信乃士君子之先覺者也！秉筆之士，能無秘玩乎㊸？

㊳ 見高似孫《子略》卷4。
㊴ 見《通書・文辭》。
㊵ 見《二程遺書》卷18。
㊶ 見《朱子語類》
㊷ 見《宋文鑑》卷15，〈列子有力命，王充論衡有祿命，極言必定之數，覽之有感〉詩。
㊸ 見程榮本《漢魏叢書》，楊文昌〈論衡序〉。

此等佳評，在宋代眞是鳳毛麟角！但《論衡》却因楊刻宋本而得以流傳至今。楊氏直可與晉葛洪、淸熊伯龍同列爲王充之異世知己而無愧！

宋代是道學思想盛行的時代，一般學者拘於此新儒學的教條，對王充表示不滿，而譏之爲「非聖無法」是勢所必然。元代在思想上大致繼踵宋儒，因此，馬端臨(1228-1322)在其《文獻通考》中對王充的批評都是綜合宋人之見。唯有韓性（1266-1341)〈論衡序〉稍具新意。他基本上以爲《論衡》是一本異書，「其爲學博，其用功勤，其著述誠，有出於衆人之表者」㊹。而且，特別標出《論衡》的史料價値，他說：

> 且充之時，去三代未遠，文賢所傳，見於是書者多矣！其可使之無傳乎㊺？

他對《論衡》的這個新體認，在其後考據學發達的淸代，對《論衡》地位的提昇具有卓效。

不過，韓性在另一方面也揭示了《論衡》的缺點，他說：

> 然觀其為書，其釋物類也，好舉形似以相質正，而其理之一者，有所未明；其辯訛謬也，或疑或決；或信其所聞，而任其所見，尚有不得其事實者。況乎天人之際，性命之理，微妙而難知者乎？故其為書，可以謂之異書，而不可以為經常之典。觀其書者，見謂才進，而實無以自成其

㊹　《論衡》宋刊元明補修本韓性序。
㊺　同前。

> 才，終則以為談助而已。充之為書，或得或失，不得而不論也[46]。

他所指責王充的是方法論的問題：其一是類推法的運用不當，其二是缺乏清晰的思想體系，其三是辯謬之未盡得實。其論點顯然有超越前人之處，但都點到爲止，意有未盡。

（四）明清時代的評議

明代，《論衡》的翻刻甚夥，足以表明其地位的提昇。大體言之，萬曆、天啓年間各家序文對《論衡》的評論均是褒過於貶。沈雲楫曾分析在東漢三子中，仲任之書獨爲後人鍾愛，而王符、仲長統（179-219）泯寥莫及的原因說：

> 《潛夫》一論，指訐時短，牴牾鹵略，罔所考鏡。而公理之《昌言》，好澶漫而澹宕，輒齟齬於世而不相入。彼二氏世且敝帚視之，奚其傳？仲任少宗扶風叔皮，而又腹笥洛陽之籍，其於衆流百氏，一一啓其扃，而洞其竅。憤俗儒矜吊詭侈、曲學轉相訛贗而失真，迺創題鑄意，所著〈逢遇〉迄〈自紀〉，十餘萬言，大較旁引博證，釋同異，正嫌疑。事即絲棼複遝，而前後條委深密，矩矱精焉，漢世好虛辭異說，中為辨虛凡九，其事覈，其法嚴，其旨務祛謬悠夸毗以近情實，而不憚與昔賢聚訟。上裨朝家彝憲，下淑詞壇聽覩，令人誦之泠然。斥弔詭而公平，閑曲學而宏鉅。譬一鬨之市，一提衡者至，而貨直錙銖，率畫

---

[46] 同前。

> 一無殊喙……余雅嗜仲任……敢一言弁之，告當世博雅諸士，能《論衡》之精，而始不爲僞書僞儒之所溷；且窺仲任之所超節信、公理而不朽者，要在是乎哉㊼！

他對王充的嘉許，主要在於其學問根基之廣博以及治學態度之嚴正。但他特予嘉許的學問根基——「仲任少宗扶風叔皮，而又腹笥洛陽之籍」，到後來竟也引起了學者的懷疑和爭議。有關這個問題，將詳論於後。

其他各家序文，如虞淳熙㊽、傅巖、劉光斗、施莊、閻光表㊾諸人之序，多極盡褒揚之能事，有時未免失之誇張，不足縷述。但值得注意的是，王充的文筆一反往常地受到極高的評價。譬如傅巖（1040-1093）說：

> 仲任理醇辭辨，成一家之言，當在荀、呂、公孫龍之際；而惡子風之駁。〈自紀〉篇筆老事析，使繼修東漢，較蔚宗弘贍；而薄史法之拘。其述養性，以四言叶讀，亦自風致，足以齊於蔡、酈，開源魏鄴；而厭辭習之浮㊿。

劉光斗說：

> 余喜其曠蕩似漆園，辨析似儀秦，綜覈似史遷，練達似孟堅，博奧似子雲，而澤於理要，於是又似仲淹(51)。

㊼ 程榮本《論衡》沈雲楫序。
㊽ 虞序作於明萬曆庚寅（1590），爲程榮本《論衡》所收載。
㊾ 傅、劉、施、閻四人之序均載於明天啓本《論衡》中。其中施、閻二序並作於天啓六年（1626）。
㊿ 見天啓本《論衡》傅巖序。
(51) 同前，劉光斗序。

閻光表亦說：

> 有短長之說縱橫，而去其譎；有晉人之娟倩，而絀其虛；有唐人之華整，而芟其排；有宋人之名理，而削其腐[52]。

此等好評，若宋人有知，絕不會苟同的。但回顧有明一代文學思潮數變：先是臺閣體、八股文的流行；其次是擬古主義的昌盛；到了晚明之際，浪漫思潮興起，公安、竟陵的新文學理論左右了整個文壇。從這個角度看，王充那種進化的文學觀及自由不拘的辯論方式，當然要受到當時學者的獎掖。王充評議之受制於時代思潮，於此又獲一證。

但是，在這同時，有些學者對於王充〈問孔〉、〈刺孟〉之過仍難釋懷，而認爲其「闢邪之功，不足以贖其橫議之罪」[53]。這點在清代，學者仍有所發揮。

明人褒揚王充之語，不免流於浮泛。待清初熊伯龍（1617-1669）之著成《無何集》，《論衡》之高旨妙趣才被澈底而確實地指出。

據熊氏自述，謂嘗作〈適逢說〉、〈鬼辨〉、〈神論〉諸文。稍後，偶得《論衡》，始知已意盡與王充所言相合而又不能逮之，因此，盡廢己作，而取《論衡》之辟虛妄者選爲一編。其後，又經熊氏子孫略加增訂，終成現存的《無何集》全帙。以故，其子熊正笏書其凡例說：

---

[52] 同前，閻光表序。
[53] 同前[1]。

> 是書以《論衡》爲宗，本名《論衡精選》，但所選以辟神怪禍福之説為主……《論衡》説未暢者，引他説以申之，附于篇末；説未及者，取他篇以補之，故末附《委宛續貂》一卷；又説之合于《論衡》者，零星采掇，語無倫次，名曰《勿廣餘言》，附於《續貂》之后[54]。

據熊伯龍自述，《無何集》之名取自《荀子・天論》所謂：「曰：雩而雨，何也？曰：無何也，猶不雩而雨也！」之意。由於世人好舉已往靈驗之事以詰問不信祥瑞之士，正坐不知「無何」二字。因此，特以此二字名其書。熊氏同時也指出王充與荀子在破除迷信方面的相同見解，他說：

> 荀子曰：「卜筮然後決大事，非以為得求也，以文之也。故君子以為文，而百姓以為神。以為文則吉，以為神則凶。」「文之」二字非荀子道不出……聖如孔子，曰：「取其名」；賢如荀子，曰：「文之」；智如仲任，曰：「遭遇」。世人猶信卜筮之書，真惑之甚者也[55]。

不過，熊氏對荀子思想於王充的影響未加深究，僅極力證明王充爲孔孟之徒，並以之爲《無何集》的重要論據。

熊氏辯王充爲孔孟之徒的文字，在《無何集》中俯拾可得，

---

[54] 見《無何集》卷首凡例。又《委宛續貂》集中，稱順治六年（1649）任令試總裁的沈文奎爲「座師」，此篇必出自熊伯龍所編；至於卷14別題《勿廣餘言》集，則是其子熊正笏所編。

[55] 見《無何集》卷11雜家類，附荀子論，頁409。

但最主要的是在卷首〈讀論衡說〉中。他一方面列擧《論衡》裏對孔子的意見；一方面用統計的方法列出各篇中稱引孔孟的次數，以證明王充爲孔孟之徒；而且連帶指出〈問孔〉、〈刺孟〉必爲僞作。以下特擧其中幾段具有代表性的文字爲例以明之：

> 仲尼曰：「《詩》三百，一言以蔽之，曰思無邪。」仲任曰：「《論衡》篇以十數，亦一言也，曰疾虛妄。」夫曰：「思無邪」，則邪不入矣；曰：「疾虛妄」，則虛妄之說不載矣。仲任蓋宗仲尼者也。〈問孔〉、〈刺孟〉二篇，小儒偽作，斷非仲任之筆。何言之？《論衡》之宗孔子，顯而易見。其〈齊世〉篇則稱孔子以斷堯舜；其〈實知〉篇則稱孔子以辨偶人；其〈知實〉篇則稱孔子以論先知；其〈卜筮〉篇則稱孔子以論著龜；其〈本性〉篇則稱孔子以定性道。他篇之引孔子者，不可勝數。其宗孔子若是，焉有問孔者乎？孟子，學孔子者也。焉有宗孔而刺孟者乎？由此言之，二篇之為偽作無疑矣[56]。
>
> 開卷作〈逢遇〉篇，便稱孔孟。其言曰：「或以賢聖之臣，遭欲為治之君，而有終不遇，孔子、孟軻是也。」讀此，則仲任之宗孔孟可知矣。〈累害〉篇內言鄉愿曰：「孔子之所罪、孟軻之所愆。」又曰：「以方心偶俗之累，求益反損。蓋孔子所以憂心、孟軻所以惆悵也。」讀此，而仲任之宗孔孟更可知矣。他如〈命祿〉篇稱孔子者三……其言曰：「可效放者，莫過孔子。」夫以為莫過，是稱孔

[56] 同前，〈讀論衡說〉一段，頁8-9。

> 子為至聖矣；意欲效放，是以孔子為師表矣。合《論衡》之全書而觀之，不但九虛、三增諸篇語本聖教，八十三篇何一非宗聖言者？夫孔子，萬世之師也。仲任每篇必宗孔子；孟子，學孔子者也，仲任亦間稱孟子。旣以孔孟為宗，焉有宗之而問之刺之者乎？吾故謂〈問孔〉、〈刺孟〉二篇係小儒之偽作，斷非仲任之筆也[57]。

熊氏的論證，就方法而言，是非常正確的。但是，《論衡》各篇稱孔子之處固多，却不一定都是稱贊或宗法孔子的。譬如〈知實〉篇稱孔子以論聖人之不能先知，絕非意在褒孔。而且，熊氏的統計並不夠完整，如〈偶會〉篇中稱引孔子四次，熊氏却僅舉其二，卽爲其例。此外，熊氏對王充〈問孔〉、〈刺孟〉的眞正精神未能把握。因此，以爲旣宗孔孟，就不得刺孔孟，遂逕自刪除〈問孔〉、〈刺孟〉兩篇。這也是値得論究的問題。可是，當時熊氏的友人王淸、張天植等人均對此深表贊同[58]。

此外，熊氏還針對宋儒的意見提出了多項反駁。第一，他認爲王充〈講瑞〉、〈須頌〉、〈宣漢〉、〈齊世〉、〈指瑞〉諸篇，是出於王充的一片忠君愛國、尊重本朝之熱誠，同時，也是他明哲保身之道，並非王充思想有自相矛盾之處。而且他以爲由王充論靈異諸篇中，卽可體會其不信祥瑞，却又不得不言祥瑞的苦衷。所以他說：

> 〈宣漢〉篇曰：「太平以治定為效，百姓以安樂為符。」亦非信瑞應之言也。且仲任之言瑞應，有深意也。〈譴

[57] 同前，〈讀論衡說〉附說二，頁21。
[58] 同前，卷首王淸、張天植序。

告〉、〈變動〉二篇，言靈異非天戒，亦非政所致。夫靈異非天戒，則祥瑞非天祐；靈異非政所致，則祥瑞亦非政所致矣。不信黃金益壽，但觀鈎吻殺人。讀靈異，可以悟祥瑞，仲任之意，殆如此也。且〈死僞〉篇辨趙王如意為祟之說；不信如意之為祟，肯信盛德之致瑞乎？況〈講瑞〉篇亦謂鸜鵒非惡，鳳凰、麒麟非善；〈指瑞〉篇又言麟鳳有道則來、無道則隱之妄；〈是應〉篇言萐脯、蓂莢之非，又考景星、甘露之解。又況高祖之母，夢與神遇，〈奇怪〉篇已辨其謬；高祖斷蛇，蛇為白帝子，〈紀妖〉篇明其非實。仲任尊崇本朝，屢言祥瑞，而不信祥瑞之實已露其意于他篇，惟善讀者能會其意也。至〈齊世〉篇之言符瑞並至，〈卜筮〉篇之言天人並佑，不過與〈吉驗〉諸篇之言祥瑞者同意，不必辨也[59]。

第二，他認爲《論衡》各篇中偶有矛盾處，如〈書虛〉篇言杜伯爲鬼之非，〈死僞〉篇又言杜伯不能爲鬼，而〈言毒〉篇卻言杜伯爲鬼，凡此之類皆小疵也，可削而不錄，不用置疑[60]。第三，在有些篇章中，王充以俗論駁俗論，如「熒惑徙舍，〈變虛〉篇已辨其妄，〈感虛〉篇取以證襄公麾日之事，此借俗論以駁俗論」[61]。熊氏提醒「讀者須究心焉，勿以仲任爲信虛妄者」[62]。再者，有些篇章係王充代古人答辯，亦非仲任本意，如「〈亂龍〉篇原本十五驗、四義，設爲子駿之言，以終仲舒設土龍之意」[63]。

---

[59] 同前，〈讀論衡說〉第五段，頁11。
[60] 同前，〈讀論衡說〉第六段，頁11。
[61] 同前，〈讀論衡說〉第十段，頁13。
[62] 同前。
[63] 同前，卷6〈感格類〉第三篇，頁243。

熊氏亦特別告戒讀者「須知非作者之本意也」[64]。

以由上諸事看出，熊伯龍可謂善讀《論衡》者。無怪乎閻百詩說：「仲任、次侯，二而一者也」[65]。而陳柳堂亦盛讚熊氏「眞仲任之功臣也！」[66]不過，熊氏並未刻意掩飾王充的言語之過，而直指其「言命近於星家」、「信牛哀化虎」、「用術數能知一端」、「太陽毒氣有象如人」等說之謬誤。雖然如此，他對《論衡》用功之勤及讚揚之盛，的確前無古人！

《無何集》雖然對王充大肆讚揚，但終有淸一世，褒揚王充的學者不乏其人，却再也無人附和上述意見。倒是，熊氏曾因王充辯「甘露」之義讚其「考據之深」[67]。此事在乾嘉考據之學鼎盛之際，獲得學者極大的認同。其中以譚宗浚（1846-1888）《學海堂四集・論衡跋》擧證最詳盡，讚譽也最高。譚氏列擧《論衡》中足以考古事或當時之事的衆多例子，證明其「議論甚詳，頗資考據」，又擧王充解經，或與古義合，或超越古義的例證，說明其「經學宏深，迥非後人所及。」不但道盡《論衡》在古史考證及經學訓詁上的價値，而且也隱約透露王充的學術淵源和背景，這在後文將有詳論。而王引之（1776-1834）[68]、兪樾（1821-1906）[69]

---

[64] 同前。
[65] 同前，卷首〈自述〉三後附。
[66] 同前，〈讀論衡說〉第十一段後附，頁14。
[67] 同前，卷 5〈災祥類・祥瑞辨〉第三篇第九節，頁 178。
[68] 王引之《讀書雜誌》9卷之4日：「《論衡》，〈无形〉、〈談天〉二篇並作三十五國。〈墬形訓〉自『修股』至『無繼』，實止三十五國。疑《淮南》作三十六，誤也。」
[69] 兪樾《曲園雜纂》二三日：「《左傳》日：太子使登僕。杜注日：狐突本爲申生卿，故復使登車爲僕。是狐突登太子之車也。此文所云，則是太子登狐突之車也。下云：許之，遂不見。則似太子登狐突之車爲是。若狐突登太子之車，則其象既沒，突將焉在乎？疑《左傳》之文有誤。王仲任所見，與今本殊也。」

等訓詁大師更實際引《論衡》以校正古史、古經的謬誤。這可以說是清人對王充《論衡》的另一項重大認識。固然，凡是古書或多或少都會有這方面的價值，但王充以其記載的駁雜詳審及對經史子集的廣泛接觸，故特別能在考證、訓詁方面提供寶貴的材料。

此外，王充的人品一直因為詆訾聖賢、侮蔑祖先、歌功求榮等罪名而遭到詬病，此時却又因其他理由而得到了讚譽。譚宗浚(1846-1888)說：

> 然充此書雖近於冗漫，而人品則頗高。當其時讖緯方盛，異說日興，而充獨能指駁偏謬，剖析源流，卓然不為浮論所惑，其識見有過人者。又陰、竇擅權之際，明、章莅政之初，不聞藉學問以求知，託權門以進取，其淡然榮利，不逐時流，范史特為取之，有以也[70]！

由此可見，觀照的角度不同，可以使言人人殊。

清人對王充的貶抑，殆由乾隆皇帝首發其端。乾隆皇帝於戊戌年(1778)因《四庫》一書得覽《論衡》全卷，却斥王充為「背經離道、好奇立異之人」，又詰其〈問孔〉、〈刺孟〉「與明末李贄邪說何異？」遂判王充已犯「非聖無法之誅」[71]。語氣之凌厲，可以令人想像王充的學說是如何不見容於清朝統治者！按滿清入主中原，為達其一統天下之目的，乃不得不採高壓懷柔之手段而大興文字獄。此時，放言高論或譏彈時政，均被指為忌

[70] 見金錫齡編《學海堂四集》譚宗浚〈論衡跋〉。
[71] 見《四庫全書・乾隆讀論衡》。

諱。王充那種爲祛謬悠夸毗以近理實，而不惜與昔賢聚訟，充分表現言論自由、不爲古今人束縛的精神，自是令乾隆深自警惕。他惟恐天下士人效法仲任，故不得不嚴加斥責，以昭告天下士人：若有膽敢放言高論、觸犯忌諱者，必在收押誅戮之列。

《四庫全書》的編撰者紀昀（1724-1805），奉承旨意，對《論衡》亦有微詞。他說：

> 充書大旨，詳於〈自紀〉一篇，蓋內傷時命之坎坷，外疾世俗之虛偽，故發憤著書。其言多激，〈刺孟〉、〈問孔〉二篇，至於奮其筆端，以與聖賢相軋，可謂誖矣！又露才揚己，好為物先；至於述其祖父頑狠，以自表所長，傎亦甚焉！其他論辨，如日月不圓諸說，雖為葛洪所駁，載在《晉志》；然大抵訂譌砭俗，中理者多，亦殊有裨於風教；儲泳〈祛疑說〉、謝應芳〈辯惑〉篇不是過也。至其文反覆詰難，頗傷詞費，則充所謂「宅舍多，土地不得小；戶口衆，簿籍不得少；失實之事多，虛華之語衆，指實定宜，辨爭之言，安得約徑？」者，固已自言之矣。充所作別有《譏俗書》、《政務書》，晚年又作《養性書》，今皆不傳，惟此書存。儒者頗病其蕪雜，然終不能廢也。高似孫《子略》曰：「……談助之言，可以了此書矣。」其論可云允愜。此所以攻之者衆，而好之者終不絕歟[72]？

這段評論的內容，大體不出宋元諸儒的範圍，但比較可貴的是，

[72] 見《欽定四庫全書總目提要》一二〇，子部三〇，雜家類四。

他以「內傷時命之坎坷，外疾世俗之虛僞」，具體地說明宋儒黃震所謂「其初心發於怨憤，持論至於過激」的評語；而且在指責王充詆訾聖賢、侮蔑祖先、日月不圓諸謬說之餘，仍認爲其議論大抵有裨於風教。這等於說明了《論衡》能被列入《四庫全書》的原因。

終清一世，學者對王充的貶抑，其實都不出《四庫提要》的範圍。只是語氣愈來愈嚴厲，辯駁愈來愈繁瑣。其中以杭世駿(1696-1773)、黃式三(1789-1862)二人最具代表性。杭氏以爲「孝者，已有善不敢以爲善；己有能不敢以爲能」。不但一切榮耀均應歸諸祖先，而且絕不可醜其祖先。因此，在痛斥王充不孝之餘，他更進而指責後世學者之阿私所好、隨俗附和、不辨是非。同時，還極言此風遺害匪淺，始作俑者便是王充。茲節錄其文如下：

> 充知尚口以自譽而已。唐劉子玄氏謂「責以名教，斯三千之罪人。」旨哉言乎！吾取以實吾言矣。且夫立言將以垂教也，《論衡》之書雖奇，而不孝莫大，蔡邕、王朗、袁山松、葛洪之徒，皆一代作者，尋其書而不悟其失，殆不免於阿私所好。而范曄又不孝之尤者，隨而附和之，而特書之以孝，嗚呼！孝子固訐親以成名乎？
>
> 充之立論，固不可以訓，而吾特申申辨之不已者，豈以招其過也？蓋有所繩爾，臨川陳際泰小慧人也，而闇於大道，作書誡子，而以村學究刻畫其所生。禾中無識之徒，刊其文以詔世，而以斯語冠諸首簡。承學之士，胥喜談而樂道之。嗟乎！人之無良，壹至於此乎！而其端實自王充

發之。充自矜其論説，始若詭於衆，極聽其終，衆乃是之。審若斯談，匹如中風病易之夫，譫譎不已，不待聽其終而已莫不非而笑之者；不謂後世且有轉相倣效之徒，流傳觚翰，則其壞人心而害世道莫此為甚也，且充不特敢於瘖疵先人，而亦欲誣蠛前哲。顏路譏其庸固，孔墨謂其祖愚，始以解免其賤微，而旣乃擿賢聖而扳之。此其弊庸詎止詭於衆而已哉(73)？

按陳際泰，是明末(1756-1641)人。王充的時代，比陳氏早了一千多年，却必須負起導致陳氏不孝辱祖的罪名，可見杭世駿對王充人品之痛心疾首已無以復加。杭氏爲乾隆期文人，人品卑下，竟有戀棧名利，至死不悟者。他爲了邀寵取媚、博取聖眷，以致妄詆仲任，持論自難平允。同時期，朝中大官錢大昕(1728-1804)，也直以「有文無行，名敎之罪人」(74)冠於王充頭上。王充因述其父祖不肖而遭到的指責，莫此爲甚！自此以後，《後漢書》中有關王充的記載是否完全屬實，遂引起了學者的懷疑。到了近人徐復觀〈王充論考〉(75)一文裏，終於否定了《後漢書・王充傳》所載泰半史實的可靠性，此待後詳。

至於黃式三所論範圍稍廣，他說：

讀其書，〈問孔〉、〈刺孟〉謬矣！漢世以災異免三公，欲矯其説，而謂災變非政事所召，復謬矣！譏時之厚葬，

(73) 以上二則引文並見《道古堂文集》二二〈論王充〉。
(74) 見錢大昕《十駕齋養新錄》卷6。
(75) 見徐復觀《兩漢思想史》卷2，頁563-692。

遂申墨子薄葬之說，而謂人死無知，不能為鬼，抑又謬矣；物之靈者蓍龜，皆死而有知，人獨無知乎？而仲任所詳言者天命，其說之遺誤後人，而不可不辯者，尤在此也。人之命有三：有定命、有遭命、有隨命……以是知三命之說，雜見諸書，而《白虎通》言之已詳，蓋可信矣！仲任詳言命之一定不可易，遂申老子天道自然之說，而謂過惡揚善，非天之道；且謂國祚之長短，不在政事之得失。其將以《易》、《春秋》所紀，《詩》、《書》所載天人交格之義，皆為之虛語乎？仲任師事班叔皮，書中盛稱班孟堅，而孟堅所撰《白虎通》，辯駁固多，于〈命義〉篇既引傳之言三命，宜信而不信乎？書稱《論衡》，非衡之平也。君子之言，將以俟百世而不惑，不尚矯情以立論[76]。

文中責王充不信災變為政事所致，不信人死後有知，除了顯示黃氏開思想之倒車以外，於王充實在無傷！至於因王充不信三命之說，而責其有悖班固旨意，實予懷疑王充曾師事班彪的學者極大的啓發。

二、民國以後有關王充的研究

民國以後，有關王充的研究，可分由本土、日本及西洋三方面加以了解。

(一) 本土方面的研究

---

[76] 見黃式三《儆居集》卷4，〈讀子集〉一，〈讀王仲任論衡〉。

民初之際，由於政治體制和社會形態的改變，以及西洋思潮的衝擊，學術思想之研究亦邁入了新紀元，大體言之，學者對中國固有文化不得不因客觀環境的改變而作一個徹底的反省和重估。這項反省和重估的工作，因學者觀照角度和價值取向的不同，可以概括爲消極的破壞和積極的重建兩方面。就消極方面言，自從康有爲所作的《新學僞經考》、《孔子改制考》問世以後，古文經的眞相畢露，經傳的威信掃地，種下了疑古思潮的種子。隨後加以西洋思潮的激盪，部分學者對於中國固有文化起了懷疑，孔子學說不再成爲統領思想界的聖典，諸子之學的研究風氣因而勃興，古籍和古史的可靠性也同時面臨了最嚴厲苛刻的考察。在這種情況下，王充那種反傳統、反權威的叛逆精神，自然要引起學者的注意。就積極方面言，學者在吸收了西方的邏輯觀念、科學精神和治學方法之後，企圖重整中國舊文化，並求賦予舊文化新的價値和生命。於是王充那種重證驗、講邏輯、疾虛妄的精神，亦受到學者廣泛的重視。此時，有關王充研究的文字大量問世，其重點大致有三大方面：1.王充的生平與著述，2.《論衡》的整理和校註，3.王充思想的評析。以下將逐項敍述：

1.王充的生平與著述

有關王充的生平，幾乎每一本研究王充的專書及每一篇研究王充的論文都曾作不同程度的敍述。不過，眞正有條理的年譜之作，始於 1935 年黃暉的〈王充年譜〉[77]。這個年譜疏漏之處不少，但除了胡適曾非正式地做過些許修正之外[78]，有好長一段時間，後繼無人。後來，田宗堯在其碩士論文《王充及其論衡》中

[77] 見黃暉《論衡校釋》附編二。
[78] 見商務書局出版的《論衡校釋》胡適手校本。

附有〈年譜〉一節。他和黃暉一樣，均只條例王充個人的事蹟，使讀者除了看到王充個人的編年史以外，見不出他與當時社會的關係。這其實是早期年譜之作的共同傾向。事隔二十餘年以後，大陸學者鍾肇鵬、蔣祖怡在 1983 年分別發表了《王充年譜》之作。他們二人將有關的史事均列入年譜之中，以求反映王充一生思想的發展過程及其「見事而作」的立論態度。這是王充年譜研究上的一大進步。但是，他們共同的弊病是，爲了將王充思想納入唯物主義，農民革命的理論架構中，常將許多與王充毫不相干的天災人禍列入年譜中，並視之爲構成王充思想的一大要素；同時，却把當時學術界一些足以影響王充思想的重要事蹟略而不提，取證稍嫌偏頗。

綜觀近世有關王充生平之研究，除了對王充出仕功曹、寫就《論衡》和《政務》等書，以及死亡的年代的考證略有出入之外，比較大的爭議，是在鄉里稱孝、受業太學師事班彪以及謝夷吾推薦的三件事上。徐復觀的〈王充論考〉一文，對這三件事都採取完全否定的態度，但是其他的學者則說詞不一。其中尤以鄉里稱孝一事，最滋爭議。黃暉的〈王充年譜〉據東漢時代不禁報怨的風尙，而認爲王充述其父祖不孝，只是實錄，絕無詆毀先祖之意，徐道鄰的〈王充論〉[79]也根據王充相信「天下之事，不可增損；考察前後，效驗自列」[80]的精神，而認爲王充只是不曾爲親者諱，而不可以稱爲不孝。但徐復觀氏則從王充的天道觀一面立論，以爲「王充在〈自紀〉篇中所以詆及其祖與父，乃因爲在王

---

[79] 見《東海學報》卷 3 第一期，頁197-215。
[80] 見《論衡校釋・語增》篇，頁339。

充思想中根本沒有孝的觀念」[81]。後來，黃雲生在《王充評論》一書中，更兼顧王充之人性論及立言之宗旨，而謂「仲任之天道觀與性命論，非但一氣相連自成系統，且與其暴露其祖若父之任氣淩人，不爲親者諱，有密切之關連。故與其謂仲任之自敍其家世乃故意詆毀，無寧謂之乃其偶適之運命觀所推衍而生之自然結果也。非僅如此，仲任之暴露其祖若父之短，尙有其著作態度上之理由。仲任疾世人之虛妄，惡華文之橫流，故以『喪黜其僞，而存定其眞』、『銓輕重之言，立眞僞之平』自任，故其著作之態度，最重立眞破僞一原則」[82]。由此而歸結道王充是「以科學代替哲學作價值判斷」，其弊在流於淺陋！

其次，關於師事班彪一事，歷來學者均篤信不疑。淸末黃式三雖責王充有違班固三命說旨意，但不曾對此師承關係置疑。黃暉的〈王充年譜〉，把王充受業太學、師事班彪一事，著記於光武建武三十年，時充年二十八歲。胡適則在此年譜之光武建武二十年並王充十八歲一則下，附記「王充在太學，約在此時；可能還更早。受業於班彪，也約在此時。」但徐復觀在〈王充論考〉中，就四個理由對此事之虛實加以駁論：第一，王充〈自紀〉語多矜誇，假定他曾受業太學，豈有不加敍述之理？第二，〈自紀〉篇說他自己「未嘗履墨涂、出儒門」；第三，王充在《論衡》中多次提及班彪，雖然十分景仰，但絲毫沒有師生的意味在裏面；第四，班彪的一生與太學並無關係，王充在太學中不可能就教於他。

復次，關於謝夷吾推薦王充的問題，最早載於《後漢書・王

[81] 同前[75]，頁566。
[82] 見黃雲生《王充評論》第十章〈王充總論〉，頁155-156。

充傳》中，學者也多深信不疑。但徐復觀在〈王充論考〉中仍持否定的態度，他推測謝夷吾推薦王充的時間，大概只有一個可能——即由王充進入仕途到他五十一、二歲時。但此時王充正大事著作，一方面寫了〈狀留〉、〈效力〉、〈超奇〉等感慨仕途蹇澀、期待蒙召之寵的文章；一方面寫了〈齊世〉、〈宣漢〉、〈恢國〉、〈驗符〉等古今無出其右的歌功頌德文章。豈有因薦被召而病不行之理？此外，當時薦士只有兩條途徑：一是朝廷的三公九卿及分位略同的命官；二是本州、本郡、本縣的長吏。謝夷吾既未躋身朝列，亦未蒞長鄉邦，他是沒有資格推薦王充的。

由此觀之，《後漢書·王充傳》二百餘言的記載，經徐氏大刀濶斧地截割，所餘可靠的資料就無幾了。徐氏在《兩漢思想史卷二·自序》中說：

> 幾十年來，把王充的分量過分誇張了。本書中〈王充論考〉一文，目的在使他回到自己應有的位置[83]。

他顯然是有意要壓抑近世學者對王充的過分褒揚，因此，在〈王充論考〉中，語多憤激失平，不類徐氏以往治學態度之允當。關於這點，黃雲生在《王充評論》中，已頗有微詞[84]。

以上種種爭辯之是非曲直，將詳論於本書王充的年譜一章中。

有關王充著述的種類，近人張宗祥在其《論衡校訂三卷·附記》中說：

---

[83] 同前[75]，自序，頁2。
[84] 同前[82]，頁160。

> 充之著作，凡分四部：一、《譏俗》之書；二、《政務》之書；三、《論衡》之書；四、《養性》之書。皆見〈自紀〉。《譏俗》之書十二篇，《養性》之書十六篇，《政務》之書不悉篇數，所可考者，〈備乏〉、〈禁酒〉二篇耳。然諸書皆不傳，所傳者獨《論衡》之書八十五篇耳。則知古人著述湮沒不傳者多矣[85]。

其論點主要有二：(1)王充的四部著作，除了《論衡》之外，均已亡佚；(2)《論衡・對作》中所擧〈備乏〉、〈禁酒〉二篇，是《政務》之書中的篇名。這兩點意見是歷來學界多數人所共同認可的。但 1923 年，張右源在其〈王充學說的梗概和治學方法〉一文中[86]，提出了不同的看法。他以爲：也許今本《論衡》是把原來的《譏俗》之書、《論衡》之書、《養性》之書混雜起來了。到了 1962 年，朱謙之作〈王充著作考〉[87]，更申張右源之說，認爲今本王充《論衡》曾經三次撰集：第一次把《譏俗》、《節義》之書併入《論衡》；第二次又把《政務》之書併入《論衡》；第三次更把《養性》之書併入《論衡》，而先後各合併本統統名之曰《論衡》。他並在今本《論衡》八十五篇中，分別註明各篇原來所屬類別。但，蔣祖怡在 1963 年 3 月及10月先後發表的〈論王充的養性之書〉和〈論王充的政務之書〉二文中[88]，不同意朱氏的意見。他認爲王充的《養性》、《政務》、《譏俗》三

[85] 此則係摘錄，載見劉盼遂《論衡集解》附錄，頁636。
[86] 見《國學叢刊》卷 1 第三期（1923年）及卷 2 第三期(1924)年。
[87] 原載《文史》一；現收入蔣祖怡《王充卷》第二部中。
[88] 此二文原載《杭州大學學報》；現收入蔣氏《王充卷》第二部中。

書，至今均已亡佚，雖則他們基本論點，在今本《論衡》中可以探知，但今本《論衡》中實未包括上述三種著作。這項結論已爲今日大多數學者所接受。

2.《論衡》的整理和校釋

有關《論衡》的整理工作，主要在確定《論衡》的篇數和搜集《論衡》的佚文。

關於《論衡》的篇數問題，學者有兩種不同的意見：⑴認爲《論衡》原來不止八十五篇，到現在殘佚的仍很多；⑵認爲《論衡》裏有許多篇係僞作，乃後人所妄加。第一種意見發端於清紀昀，其後，劉盼遂的〈王充論衡篇數殘佚考〉[89]更張其說，並確切地指出今本至少佚失十五、六篇。但蔣祖怡作〈論衡篇數考〉[90]，針對劉文提出反駁。以爲《論衡》原文八十五篇，今缺〈招致〉一篇，歷來書目著錄均無異辭。故《論衡》並無佚篇，但有佚文。第二種意見肇始於清熊伯龍之以〈問孔〉、〈刺孟〉乃後人僞造，後來胡適在《中國哲學史大綱上卷》中，也認爲《論衡》中的〈亂龍〉和〈別通〉兩篇乃後人僞造，但容肇祖在其〈論衡中無僞篇考〉一文中[91]，指出胡氏之說的不當，並認爲《論衡》中絕無僞篇。至此，《論衡》八十五篇之說遂成定讞。至於所缺

[89] 原載《學文雜誌》五，1932 年；其後，收入《古史辨》第四册中、《論衡集解》附錄、《論衡校釋》附編五，以及《王充卷》第二部中。

[90] 原載《中華文史論叢》二，1962 年；現收入《王充卷》第二部中。

[91] 原載《大公報・史地周刊》九一，1936年；現收入《論衡校釋》附編五以及《王充卷》第二部中。

[92] 孫詒讓著有《論衡札迻》，孫人和著有《論衡學正》，至於俞樾在其《曲園雜纂》中也多次校正《論衡》，但未盡全力。

〈招致〉一篇，據譚獻《復堂日記》說：

〈招致〉篇闕，大都亦言災祥，無關人事。閩陳氏有足本未錄副，忘其大意矣！

但閩陳氏爲誰？是否眞有《論衡》足本？尙待查證。

《論衡》佚文之搜輯，始於黃暉之《論衡校釋·附編一》。該編共收《論衡》佚文三十一則。其次，爲北京大學歷史系《論衡》註釋小組所作《論衡注釋·附錄二》，共收《論衡》佚文三十二則。再其次，爲蔣祖怡《王充卷》中所收之三十三則佚文。後二書並且均在佚文下注明疑屬何篇。但這些佚文對於《論衡》旨趣無所發明，除了有幾則疑係〈招致〉篇之文，可稍補《論衡》之闕以外，並無多大價值。

《論衡》的校釋工作，在民國以後進行得十分熱烈。主要的原因是明儒對此書雖有校正，但非出自專家之手，故訛誤甚多。清儒雖致力於羣書的校勘，却未精校此書。其間唯有俞樾、孫詒讓、孫人和對此書用力較多[92]。據載劉師培亦曾校此書，但未收入遺書內，內容不詳[93]。民國以後，從事《論衡》校訂工作的有劉盼遂[94]、黃暉[95]、趙海金[96]、田宗堯[97]、吳承仕（1884-1939）

[93] 劉盼遂《論衡集解·附錄》曰：「劉師培著《論衡校補》四卷，《甲寅雜志》卷1第三十七期劉申叔著書目所列。案寧武南氏印《劉申叔遺書》，未收。疑原稿仍爲某氏所扣，故未能取印。」（頁643）。

[94] 劉盼遂曾作〈論衡校箋〉，載《北平圖書館館刊》卷8第五、六期，1934年；又其所作《論衡集解》亦偶附有校文。

[95] 黃暉著《論衡校釋》，1938年出版。

[96] 趙海金有〈論衡逢遇篇校詁〉㈠㈡㈢，載於《大陸雜誌》，35-12，1959年；其後在1968-1969年間又陸續發表〈命祿〉、〈氣壽〉、〈說日〉、〈對作〉、〈實知〉、〈知實〉諸篇校詁於《大陸雜誌》中。

[97] 田宗堯作《論衡校正》，臺大文史叢刊之十三，1964年。

[98] 等人。

注釋《論衡》者亦不乏其人，其中注釋全本的有許德厚[99]、黃暉、高魁光[100]、劉盼遂，以及北大歷史系的《論衡》注釋小組[101]。選注部分《論衡》的有高蘇垣[102]、蔣祖怡[103]等人。評注《論衡》的有陳益[104]等人。

由以上衆多著作，可見近人對《論衡》用功之勤。其中以蔣祖怡的《王充卷》在有關資料的考辨和捜集上最是完備。該書內容包括總述前言、王充生平著作討論、論衡篇數與佚文、年譜以及《論衡》版本和序跋等，並摘有後人評述和一些中外有關論文篇目索引。

3.王充思想的評析

民國以來，學者對王充的批評，散見於各種序跋文字及專書論文中。大體言之，在國民政府遷臺以前，大多數學者視王充爲近兩千年來中國思想史上的一塊瓌寶。對他的懷疑精神、批判才華、考實的態度、科學的知識、邏輯的觀念等均大力讚揚，像章炳麟稱漢魏諸子幾百種，辨事不過《論衡》[105]。又以爲「漢得一人（按指王充）焉，足以振恥」[106]；章士釗指出「〈實知〉、

---

[98] 吳承仕作《論衡校釋》，1983年由北京師範大學出版社出版。
[99] 許德原著《論衡詳註》，上海貞美書社石印本，1928年。
[100] 高魁光著《論衡集解》，1939年抄本。
[101] 北大歷史系集體之作《論衡注釋》，中華書局鉛印本，1979年。
[102] 高蘇垣《論衡選註》，由上海商務書局分別在1935年的《學生國學叢書》本及1947年的《新中學文庫》本中出版發行。
[103] 蔣祖怡《論衡選》，北京中華書局鉛印本，1958年。
[104] 陳益《評註論衡》卷30，上海掃葉山房石印本，1927年，又文化圖書公司影印臺版，1956年。
[105] 見章炳麟《國故論衡・論式》篇，頁118。
[106] 見章炳麟《檢論》卷3〈學變〉。

〈知實〉二首，開東方邏輯之宗」107；黃侃盛讚「東漢作者，斷推王充」108；梁任公（1873-1928）謂「《論衡》爲漢代批評哲學第一奇書」109，孫人和認爲「其遠知卓見，精深博雅，自漢以來，未之有也」110。莫伯驥以爲「言論解放，不爲古今人束縛，表現懷疑派哲學精神，王充實開其端」111。蔡元培（1868-1940）認爲在漢代諸子中，「其抱革新之思想，而敢與普通社會奮鬪者，王充也。」又稱揚王充是「粹然經驗派之哲學」、「其不阿所好之精神，有可取者」112，胡適更明白指出「王充的批評哲學的最大貢獻就是提倡這三種態度——疑問、假設、證據」113。他繼而褒揚「王充的哲學是中古思想的一大轉機」，在破壞與建設兩方面均有功勞。黃暉則稱「《論衡》是中國哲學史上一部劃時代的著作」114；謝无量稱譽王充爲「豪傑之士」，並指出其哲學有近代之「唯物論」與「實在論」的傾向，遠非與他並列爲三賢的王符、仲長統所能及115。

從上述這些學者的讚頌之詞，大致可以看出兩個傾向：第一，學者對王充的批評，仍不免與自身學術的取向息息相關。譬如章士釗雅好形式邏輯，因此他讚揚〈實知〉、〈知實〉二篇爲東方邏輯之宗；他甚且在所著《邏輯旨要》一書中，多次就《論

107 見〈章士釗答張九如書〉，《甲寅週刊》卷1，第四十一號。
108 見黃侃《漢唐玄學論》，《中大季刊》卷1，第四號；又載於黃侃《論學雜著》頁482-483。
109 見莫伯驥《五十萬卷樓羣書跋文》子部一。
110 見孫人和《論衡學正・序》。
111 同前109。
112 見蔡元培《中國倫理學史》，頁83-84。
113 見胡適《中國古思想小史》，頁59-60。
114 同前77，自序，頁1。
115 見謝无量《王充哲學・序論》，頁1-2。

衡》所論及的基本規律問題介紹了王充的邏輯思想。胡適則受其師杜威的影響，倡實驗論理學，以爲思想的方法是先觀察，再推論，然後付諸實行。科學的試驗即爲一種精密的實行。這種重證驗的哲學與王充之學確實有某種程度的脗合處。因此，他力讚王充的評判精神和批評哲學；第二，學者常好以西方哲學理論來評估王充思想，因此所謂「經驗派主義」、「唯物論」、「實在論」等新名詞紛紛被冠於王充頭上。這種以西洋哲學理論來評估中國哲學的方法，固然有助於學者眼界的擴展，但對於所使用各名詞的界義是否有眞正的了解，以及是否有削足適履之弊，仍有待商榷。

不過，此時期學者對王充也並非全無非議，最普遍的議論重點是在「有破無立」及「瑣碎」二者。譬如章炳麟歎其「善爲蠭芒摧陷，而無樞要足以持守，惟內心之不光潁，故言辯而無繼」[116]。黃侃亦責其「善破敵而無自立之能，陳列衆言，加之評騭而已」[117]！梁啓超則謂王充的窮理察變之學是「摭其小而遺其大」，與希臘的煩瑣哲學頗爲近似[118]；馮友蘭亦明言《論衡》「多攻擊破壞，而少建樹」[119]。但是，章士釗曾針對這兩個重點提出駁議。他以爲王充講天人之際、政學之微的完整思想體系是在《政務》一書中，《論衡》之書名已表明「其職卽於權物而止」，並無意建立一己之思想體系，故吾人不應責求《論衡》「有破無立」；其次，《論衡》立論細碎，是辯理文字之所當然，吾人不

[116] 同前[106]。
[117] 同前[108]。
[118] 見梁啓超《中國學術思想變遷之大勢》，頁52。
[119] 見馮友蘭《中國哲學史》第二編第四章〈古文經學與王充論衡〉，頁588。

應泥於古文精簡的原則，而抹殺《論衡》辯理詳析的優點[120]。

此外，此時期學者對王充予後世的不良影響，亦多所怨怪，譬如唐蘭指責王充《論衡》矯枉過正，實開誕異的風俗。其後，魏晉清談、昌黎闢佛、陽明心學、常州學派均承此風而流於偏宕[121]。此與錢穆在《國學概論》中對王充的評論甚近，但語氣之嚴厲莫此爲甚。

1949年，國民政府遷臺以後，海峽兩岸社會人文科學的研究普遍呈現分歧的現象，王充的研究亦不例外。就自由世界言，學者對王充的研究，分工愈來愈趨細密，持論也愈來愈趨平實。大多數學者在讚揚之餘，都不諱言王充思想理論自身之不足。茲舉唐君毅之議爲例，他說：

> 其詳辯古昔所傳之世書俗說中虛妄之言，則無異為後之辯偽與考證學之先河。其言語文與其意義之輾轉增益，而有語文之誤用以成虛妄之說，又實無異今之語意學先河。王充能本一自然主義、經驗主義，以破除人對自然之種種迷信，亦可說其有一科學精神，故在清末民初之論者，但本此以推尊王充。然王充又實未能對此自然世界論其法則，而形成科學之理論，中國之科學思想之原自王充者，亦甚微少。王充之所以為王充，則要在其能博覽古今之書，更詳論其中之虛妄所以形成之故。在語文與其意義之輾轉相益，故吾人只宜說王充是開一「以批評為學」之道

[120] 同前[107]。
[121] 見唐蘭〈讀論衡〉。

也[122]。

這種褒貶兼具的評論方式是此時期的典型代表。

但眞正在近代王充研究上有驚人之見的是徐復觀。他在〈王充論考〉一文中，除了從基本上否定了《後漢書・王充傳》的泰半記載，將王充還原爲一個矜才負氣的鄉曲之士，並排除《論衡》中可能關係到王充自傷身世的文字於學術研究範疇之外，甚至對王充的理解能力、思辨方法表示懷疑。最後，他歸結道：

> 王充在學術的成就上，在人品的規模上，都不能與揚雄們相比；但因為他沒有沾上博士系統的邊，且因為他是知性型人物，在學問上主要以追求知識為主，則自然走上貴博貴通而輕視專經師法的一條路。因之，他應當算是草莽中的自由學派。在這一點上，我們應當肯定他在學術上的價值[123]。

由此可見，在徐氏的眼中，王充唯一值得褒揚的地方是他那不爲博士師法所約限而敢放言橫議的勇氣。此與唐蘭之見正好背道而馳。而更有趣的是，關於王充的個人際遇對其思想的影響一事，徐氏指其爲「矜才負氣」，陳拱則歎爲「王充自身的不幸，也是學術思想的不幸」。各人所見如此不同，近代王充研究之繁複由此可見一斑。

此外，尙有値得一提的是：牟宗三曾針對時下學者及馬克斯

---

[122] 見唐君毅《中國哲學原論・原道篇》二。
[123] 同前[75]，頁587。

主義者對王充思想的誤解，提出嚴苛的指責。他說：

> 彼能以徹底之材質主義、自然主義、命定主義，將此自然生命之領域顯撻出。王充之思想，如其於學術上有價值，其價值卽在此。……近人智淺識短，多稱王充之自然主義，而又不知其材質主義與命定主義之義蘊，以浮薄之理智撥無儒者所言之「心性」，此庸俗之陋也！至於左派，則拖之於馬派之唯物論下而妄施狂言，則巫魔之咒語也，何足以知中國學術之旨趣哉[124]？

事實上，左派學者對王充的研究，雖然都由唯物主義思想着眼，但予王充的評價，却也有霄壤之別。首先將王充劃入唯物主義思想家的，殆爲俄人阿阿彼得洛夫。他在 1955 年著成《王充——中國古代的唯物主義和啓蒙思想家》一書[125]。隨後，汪毅有〈王充——我國偉大的唯物主義戰士〉[126]，吳澤有〈王充的唯物主義哲學思想〉[127]，姚學敏有〈王充樸素唯物主義思想及其鬪爭性〉[128]，侯外廬有〈王充的無神論和唯物主義〉[129]。以上諸文均環繞此論題立說。綜觀其主要論點，不外在强調以下四項：(1)王

[124] 見牟宗三〈王充之性命論〉下，載見《人生》卷 20 第十期，頁 14,23。
[125] 此書於1956年由楊興順譯成中文，並由北京科學出版社出版。
[126] 載見《光明日報》，1955年12月28日。
[127] 載見《華東師範大學學報》，1956年 4 月，此文稍後引起呂大吉與鄭文之駁議。王大吉作〈王充認識論的一個問題——與吳澤先生商榷〉，鄭文作〈讀吳澤先生「王充的唯物主義哲學思想」〉，二文並載於1956年 9 月 5 日《光明日報》。
[128] 見《人文雜誌》，1957年第一期。
[129] 1957年作，後收入氏著《中國思想通史》卷 2 第八章。

充低微的出身與封建門第的對立性，亦即所謂農民階級與統治貴族資本主義者的對立性；⑵王充根源於天體元氣之自然觀和形滅神亡的無神論二者與當時迷信的神學思想之對立性，亦即所謂王充的樸素唯物主義自然觀和無神論二者與當時唯心主義神學的鬪爭；⑶王充「學而知之」的認識論與當時「生而知之」的聖賢論之對立性，亦即所謂王充的唯物主義認識論和當時唯心主義先驗論的對立；⑷王充的「治亂在時」和「漢高於周」的史觀與當時「治亂在政」和「崇古抑今」的史觀之對立性，亦即所謂王充的樸素唯物史觀和社會進化思想二者與當時歷史唯心論和個人英雄史觀之對立。這些論點，其實都在强化唯物主義的無產階級統領政治之政體，並鞏固新政權之地位。

但是，也曾有左派學者將王充劃入唯心主義思想家的範疇。如童默庵作〈王充是農民階級的思想家嗎〉一文[130]，他認爲王充著作的主要目的有二：⑴歌頌漢帝，宣揚漢德，論證漢統治的合理性；⑵爲漢統治出謀獻策。因此，王充提出命定論，以使人民永遠安於奴隸的地位，更以吉驗祥瑞代替讖緯，使東漢王朝的統治更加神聖化。《論衡》中幾次提到農民的貧困，都不是出於對農民的關心，而是爲了宣揚漢帝的聖明。王充甚至有敵視農民、誣蔑農民起義的傾向。王充主張禮義和刑法並用，是維護封建統治秩序的政治理論；從有利於地主階級的統治出發，肯定封建正統思想。因此，童氏斷定王充是一個「地主階級的正統思想家，特別代表了中小地主階層的利益」，並嚴斥其思想絲毫沒有可取之處。

但是，童氏的論調隨即引起了孔繁的駁議。孔繁在〈關於王

---

[130] 見《光明日報》，1963年2月21日，哲學419。

充思想的評價問題——與童默庵同志商榷〉一文中[131]，認爲童文「只抓住了王充著作中的一些缺點、錯誤，對王充作了完全否定的評價。」於是又依前述唯物主義的觀點重新對童文加以修正。他認爲：⑴王充「漢高於周」、「擬漢過周」的觀點，並不僅是爲漢王朝歌功頌德，而是包含有與當時的復古主義歷史觀作鬪爭的意義，不能看成是狂熱地、無條件地歌頌漢王朝；⑵學者對《論衡》疾虛妄的意義必須充分估價。王充所批判的對象，也包括某些社會的黑暗現象，諸如對貴族與官僚乃至帝王的批評，不能把《論衡》說成是一部對東漢王朝的頌詩諛詞；⑶王充是反對天人感應、讖緯迷信的戰士，不能把他的學說與天人感應、讖緯迷信混爲一談。在〈吉驗〉、〈講瑞〉、〈宣漢〉諸篇中，王充雖然承認祥瑞，但又懷疑祥瑞，力求由唯物主義觀點解釋祥瑞，表現了自相矛盾。這種矛盾現象是古代進步思想家受所處時代和階級局限的結果；⑷王充對封建禮敎有叛逆精神，不能把他說成是地主階級的正統思想家。最後，孔繁總結道：「不能把王充列入封建正統思想家，不能把他的政治思想說成全是反動的。」這種近乎騎牆派的結論，一方面平息了此前各家的爭論；另方面也爲唯物主義論者圓其說。雖然文革期間仍不乏有人在這個問題上大作文章，但晚近左派學者論王充也大都承認王充不是徹底的唯物主義思想家。譬如北大歷史系《論衡》注釋小組就同意「王充用唯物主義思想比較全面而系統地抨擊了漢代占統治地位的唯心主義神學，但他畢竟是一個地主階級的知識分子……因此，他並不反對維護地主階級統治的封建等級思想和倫理道德觀念……他雖然斥責豪族官僚的無知、貪婪和侵漁，但對被壓迫、被剝削的勞苦

[131] 同前，1963年3月27日，哲學424。

大衆，並沒有流露出多少同情之意」[132]。這些見解與孔繁所言無大差別。

文革期間，左派學者對王充的評議，又有了一個異於淪陷初期的新重點。彼時，由於儒法鬪爭被視爲貫通中國歷史的動力，王充的〈問孔〉、〈刺孟〉被視爲儒法鬪爭在東漢的具體表現，王充遂成爲反儒的法家。像郭紹虞的〈從漢代的儒法之爭談到王充的法家思想〉一文[133]，便是典型之作。尤其是在 1973 年底到 1975 年初，批林的政治鬪爭，借「批孔揚秦」的口號進行著，於是報章雜誌數以百計的文章均環繞王充〈問孔〉、〈刺孟〉兩篇文字大發謬論，齊聲讚揚王充的反孔檄文。秦文平所作〈發揚反潮流精神，深入批林批孔——漢王充的論衡問孔〉一文[134]，最能揭示這類文章的眞相。

同時期，另一個熱門論題是王充反先驗論的「知物由學，學之乃知」的知識論，所以〈實知〉、〈知實〉兩篇被廣泛地引用和討論著。但這些文字，大都別具用心，乏善可陳[135]。

---

[132] 同前[100]，前言，頁17。
[133] 見《學習與批判》，1973年第十二期。
[134] 見《河北日報》，1974年 7 月13日。
[135] 自1974年期左派的報章雜誌陸續刊登一連串討論王充知識論的文字，如：陳志生的〈知物由學，學之乃知——讀王充的實知篇〉（《河南日報》，1974年 7 月 4 日），師鐘的〈王充的實知和知實〉（《北京日報》，1974年 7 月18日），區紹發的〈對「生而知之」謬論的有力批判——讀王充的實知、知實篇〉（《南方日報》，1974年 7 月22日），顧曉春的〈批判「生而知之」的戰鬪檄文——讀王充的知實篇〉（《新華日報》，1974年 8 月14日），龔龍泉的〈聲討儒家唯心論的先驗論戰鬪檄文〉（《甘肅日報》，1974年 8 月15日），胥法的〈王充的知實和實知〉（《哈爾濱日報》，1974 年10月15日），孔鏡清的〈聖人不能先知注釋〉（《語文

（轉四十四頁）

此外，王充思想淵源的問題也是左派學者爭論的重點之一。侯外廬的《中國思想通史》第二卷第八章和關鋒的《王充哲學思想研究》二書，都認爲王充思想淵源於道家。他們的論點可以總括爲以下三點：⑴王充思想淵源於道家，即古代黃老學派，他是站在道家的立場來批評儒家；⑵王充思想又與道家思想有所不同，他有很多地方批判和發展了道家，但也有很多見解和道家思想根本對立；⑶王充也吸收了先秦以迄漢代的名家思想的精華而棄其糟粕，因而自成一家之言，成爲獨特的漢代異端思想體系。但陳玉森作〈論王充的思想淵源——並與侯外廬、關鋒等同志商榷〉一文[136]，對以上二者的意見提出反駁。他以爲：第一，從世界觀、認識論、政治思想諸方面加以考察，可以得知王充的思想是淵源於由儒家出發而向左偏的荀子；第二，王充是站在荀子的立場來批評漢代因迷信讖緯以致變了質的儒家。王充〈問孔〉是他與當時俗儒鬪爭的一種表現形式，並非眞正詆毀孔子；第三，王充的異端思想體系是在荀子的世界觀基礎之上從鬪爭實踐和科學成果的吸收中不斷發展豐富起來的；第四，王充思想，就整體來說，比荀子思想更有科學性和鬪爭性。但就細節看，却也有比荀子略遜之處，最顯著的是宿命論。王充甚至也批評荀子，

戰線》，1974年第二期），南京棉毛紡織廠工人理論小組的〈王充反唯心論、先驗論的鬪爭〉（《南京師院學報》，1974年第四期），王家凱的〈王充對生而知之謬論的批判——讀王充的實知篇（《解放日報》，1974年11月23日），遼源煤礦機電廠金工鉗工班理論組的〈批判天才論的戰鬪檄文〉（《吉林師大學報》，1974年第二期），馬金申的〈對先驗論的有力鞭撻——讀王充的實知和知實篇〉（《浙江日報》，1974年12月7日），二九八廠工人理論小組的〈批判生而知之的戰鬪篇章——讀王充的實知〉（《雲南日報》，1975年4月28日）等。

[136] 見《哲學研究》八、九合刊，1959年。

如性惡論即爲一例。

從以上敍述可知，王充研究在大陸已成爲政治情實的倒影和政爭的工具。王充學說的價值意義，隨着政策的轉變而轉變，這離學術的認知不啻十萬八千里！早在 1961 年，牟宗三先生便撰成〈王充之性命論〉一文[137]，怒斥左派學者以唯物論王充的不當。此文或多或少引起左派學者的反響。因此，而有童默庵與孔繁關於王充是否爲農民思想家的一場論戰。最後，不得不承認王充固然不是地主階級的正統思想家，也不是徹底的唯物主義論者。這種轉變雖然不盡理想，但仍是可喜的。

（二）日本方面的研究

日本漢學界對王充的注目，早在二十世紀初即已開始。有關的文字散見於各種學術期刊及中國哲學史論著中。

有關王充研究的單篇論文，最早始於 1903 年宇野哲人發表的〈王充之學〉[138]。但眞正有大量的論述，却是在 1950 年以後。討論的重點，主要是在王充思想的批判，舉凡鬼神觀、妖祥論、命定論、偶然論、唯氣論、薄葬論、人性論、大漢論，以及習俗的批判等我國學者熟悉的論題，均在他們討論的範圍之內。但也有不少作品是整理或校釋《論衡》的，這些都將列入本書參考書目中，於此不擬贅述。

日本漢學家對王充研究着力較多的有佐滕匡玄、大久保隆郎、木村御二郎、戶川芳郎等人。佐滕氏自 1953 年起陸續發表有關

---

[137] 同前[124]。

[138] 見《哲學雜誌》卷18第一百期，1887；至1929年收入《支那哲學的研究》（大同書房）。

王充研究之論文，至1981年終於結集而成《王充的論衡》一書，用力之深，可想而知。大體言之，日本漢學家對《論衡》的評價都採肯定的態度，甚至推崇王充思想具有現代的意義。尤其值得注意的是，渡邊秀芳[139]和森三樹三郎[140]均强調《論衡》在漢代宗教史上的地位，這不啻是賦予《論衡》另一層新的價值和意義。而《論衡》之被視爲後漢諸子之作的泰斗，更是日本學者的普遍共識。狩野直喜就曾指出後漢諸子，或論性命道德，或論時事風尚，但不論在議論的奔放或文辭的雅健上，均較《論衡》遜色，因此在其所著《兩漢學術考》一書中，對王符、崔寔、荀悅、仲長統等人之作均廢而不論。這不啻是對《論衡》至高的評估。

日本的王充研究與中國方面也有互通聲息、彼此影響之處。以下試舉二例：1955年，木村郁二郎發表〈氣之於王充〉[141]一文的同時，俄國學者阿阿彼得洛夫也寫就了《王充——中國古代的唯物主義和啓蒙思想家》一書，並且於次年譯成中文問世。其後，左派學者論王充的唯物主義思想時，無不以「氣」爲一主要論

---

[139] 劉侃之譯渡邊秀芳《中國哲學史概論》頁40曰：「古今史料被他的博學縱横地安排著，癢處、痛處無不搔到，使讀者首肯之餘，且爲所魔。尤其論破漢代諸迷信時，一一引證，穿微入細，使人感到一種痛快味。所以本書不僅是漢代宗教史上的好材料，在邪教横行的今日，尤有精讀的必要。」

[140] 森三樹三郎《由上古至漢代性命觀之展開》結論曰：「王充之性命說，顯示出中國迎接佛教黎明前夜之漢代士大夫之精神狀況，具有歷史之價值。然非僅如此而已，何則？於神之喪失一事，現代人亦與王充之立場相同。王充所明白顯示出之儒教之場所具有之悲劇性，同時亦爲現代人所具有者。如是，王充所提出之問題，可謂已超越歷史而仍然成爲現代人之課題矣。」（本譯文從潘清芳《王充研究》第四篇〈王充之評價〉）。

[141] 見《中國文化研究會會報》四之二，1955年。

據。而 1960 年，田村專之助作〈王充的氣象觀——中國一世紀時代的唯物論者〉一文[142]，便直指王充爲唯物論者。由此可見，日本學者多少受到左派論者的影響。到了文革後期，王充被左派學者標榜爲「反儒學的法家」時，大久保隆郎隨卽發表〈王充的法家批判——非韓篇分析〉一文，[143]以正視聽。足見以學術研究爲政爭的工具，是眞正的知識分子所不能容的。

（三）西洋方面的研究

《論衡》早在十九、二十世紀之交，就已引起西方學者的注意。赫金森氏，最先翻譯《論衡》的〈自紀〉、〈問孔〉及〈刺孟〉三篇。但致力最深的是德國漢學家艾弗雷·福爾克（Alfred Forke）。他曾在 1896 年比較王充與柏拉圖對死亡與不朽的看法[144]。自 1906 年起，他又陸續選譯《論衡》中的四十四篇文字，並將之劃分爲形而上學、物理學、批評、宗敎、民俗五大類，每類都附有條理井然的說明。這些譯文在 1907 年及 1911 年分兩册出版，並定名爲《論衡——王充的哲學論文》[145]。他的基本觀點是：⑴若稱王充爲唯物主義一元論者，雖不中亦不遠矣！⑵王充的思想，有取自儒家的，也有取自道家的，但不失其原創性；⑶《論衡》中的理論是以一兩個中心思想爲主題，然後擴散到全書；⑷王充的思想與西方的自然哲學家艾庇顧拉斯(Epicurus, 前

---

[142] 見《史觀》（早稻田大學）五七、五八合刊，1960年。
[143] 見《福島大學敎育學部論集》二六之二，1975年。
[144] 見氏著 "Wang Chhung and Plato on Death and Immortality", *Journal of North China Branch of the Royal Asiatic Society*, 1896, Vol, XXXI, p. 40.
[145] 本書原名爲 *Lun-Hêng—Philosophical Essays of Wang Ch'ung*, 1962年由紐約的 Paragon Book Gallery 二版發行。

341-270)和路顧利蒂亞斯 (Lucretius, 前 98-55)，以及印度的唯物論者佳爾伏卡斯 (Chârvâkas) 有脗合之處。福爾克並且特別著重王充哲學與艾庇顧拉斯哲學（或稱幸福學派）的比較。他以爲此二人都企圖以事物的自然成因來解除迷信，但王充爲的是眞理，艾氏爲的是幸福。以此言之，以唯物主義釋王充的哲學淵源甚早，並非始於 1950 年代。只是福爾克儘管說王充的宇宙哲學屬於唯物主義範疇，但並未如後來左派學者將農民革命、無產階級思想家等頭銜加諸王充身上，於是他對王充哲學的評價與左派學者就有不同的重點。他說：

> 依我看，王充是中國最偉大的哲學家之一。身為一個懷疑論者，他遠勝過孔子、墨子，因為孔、墨二人只不過是道德家。他也遠比老子、莊子明智。我們可以將王充與宋代大儒朱熹並列同等。雖然他們二人的哲學迥異，但至少從才氣來說，這種定位是不成問題的[146]。

以王充比朱熹這是何等的擡舉！

1956 年英國漢學家李約瑟 (Joseph Needham) 作成《中國科學技術史》一部鉅著[147]。其中第二册第十四章論〈僞科學與懷疑論傳統〉，即以王充爲懷疑論傳統的一名大師。他除了褒揚王充爲中國歷史上最偉大的哲學家之外，也稱王充爲中國的路顧利帝亞斯。他常以王充的思想與西哲作比較。第一，他說王充在其

[146] 同前，序論，頁12。

[147] 本書原名爲 *Science and Civilization in China,* 1956 年 Cambridge University Press.

著作中鮮用「道」、「理」等字詞，而善用「命」。其所謂「命」，與蘇格拉底學派所謂的 anangke 一詞同義。第二，王充以陽釋天，以陰釋地，正如路顧利帝亞斯所謂的「大氣爲父；地爲母」(Pater aether and Mater terra) 的說法一致。第三，王充以爲天人同道，二者沒有差別；因此，人不能做到的事，天亦無法達成。這種說法與斯多亞克士學派 (Stoics) 的宇宙律近似。第四，王充〈論死〉篇，以水凝爲冰，冰復釋爲水爲例，說明氣凝爲人，人死復歸神氣的道理，進而證明人死不能「爲形以害人」。此與晚他大約兩千年的湯姆士·布朗寧爵士 (Sir Thomas Browne) 所持的「生命只不過是火花，我們人類依靠體內一不可見的太陽而生存」之說和馬佑 (Mayow) 的燭焰 (Candle-flame) 之說，以及班內廸克 (Benedict) 的熱量計 (Calorimeter)之說都有相似之處。第五，王充那種以陽爲精神、陰爲骨肉的想法，與亞里斯多德 (Aristotle) 的形式與本質之分 (hule and eidos) 的說法多少有近似之處。比較顯著的不同是，王充認爲陰氣可以獨自顯現。第六、王充的離心論宇宙觀，可以上溯至《淮南子》。李氏認爲它與米勒特斯 (Miletus) 的 Anaximenes 的理論近似。而米氏的理論，幾經演變而爲西元前一世紀時路顧利帝亞斯的漩渦論 (Vortex theory)。因爲西元前二世紀末絲路已開，所以李氏甚至不排除王充有受到西哲影響的猜測。最後，李氏惋惜道：

> 可是不幸王充作品的主要價值是負面的、破壞性的。如果他能建立一些比陰陽五行說更能對科技產生卓效的假設，

則他對中國思想的貢獻必會更大[148]。

他並且條列王充以後的懷疑論者，同時指出王充對他們的影響。

晚近，專精漢代思想的美籍漢學家麥克洛威(Micheal Loewe) 在其所著《中國人的生死觀——漢代的信仰、神話與理性》一書中[149]，極力推崇王充。他在此書中開章明義揭示中國人的四種基本思想態度：第一類，偏重自然，以老莊、淮南子爲代表；第二類，偏重人，以孔、孟、墨、荀和董仲舒爲代表；第三類，偏重國家，以商鞅、韓非爲代表；第四類，偏重理性，以王充爲代表。他顯然是認爲王充的地位可以與先秦諸子相抗衡，而且其思想可列爲中國思想的主流之一。他追溯第四類理性型的思想態度之產生是由於在第一世紀初中國思想界的兩個重要發展：⑴科學家的研究成果比以前更進步和可靠；⑵政治家及朝廷領袖利用或濫用當代的信仰，以顯示有超自然的力量在支持其政權。前者的效益加上後者的詐欺，共同激發出一種寧可訴諸理性而不願訴諸教條的反應，而且促使人們要求對自然現象作一經得起質詢而無須仰賴信仰支持的合理解說。這種方法被廣泛運用在解說人的成就與野心以及當代對超自然力量的信仰之上。王充便是此派的代表人物。

洛威氏更指出王充思想的幾個特色：⑴王充的懷疑思想和反宗教、重理性的精神，可與路顧利帝亞斯相比美；⑵王充不但是中國思想的改革者， 而且也是中國科技的改革者； ⑶王充嘗試

---

[148] 同前，第二册，頁386。

[149] 本書原名爲 *Chinese Ideas of Life and Death,* 1982 年由倫敦的 George Allen & Unwin LTD 出版。

去證明理性與系統化的質疑是可以被採用在衆多自然現象的解說上；(4)王充堅信觀察與實驗的重要，以及接受未經證明的教條所必然導致的缺陷。

綜觀全書，洛威氏對王充的唯一指責是類推法的運用失當。而且他幾乎在全書各章中均以王充作爲漢代反動思潮的最主要例證。由此可見，他對王充的評價亦非等閒。

簡而言之，西方學者對王充思想價值的肯定，大都落實在他與西哲在一定程度上的思想脗合性。同時，西方學者也比較重視王充在中國科技史上的地位。這些新的觀照角度，的確予吾人極大的啓發。

第二章 王充的身世、性格與時代背景

一、王充的身世與性格

從有關的文字中，吾人可以歸納出王充的身世至少具有以下三大特色：第一，出身微賤，細族孤門；第二，世代任氣，多結怨讎；第三，仕途蹇澀，終身潦倒。此三者實互爲因果，息息相關。

王充的家世，並不顯赫，亦非書香門第。王充的祖先曾以軍功受封爲爵。按以軍功授爵是商鞅所定制度。爵位共計二十等，依爵位高低決定田宅、臣妾的數量及服飾、生活的品質，但無實際的參政權，最多只能在地方上和令丞抗禮，享受某些有限的特權。王充的祖上究竟在何時受封、何時國除，已不可考。但至少在他曾祖時，王充家已棄官爲農，即「以農桑爲業」了。而其祖父的遷居是在「會世擾亂」之際，當係新莽前後。隨着王充祖上的棄官爲農，其家庭的社會地位和經濟情況必然隨之下降，而受到了地方豪族的侵凌。試看其祖上遷居的原因，第二次是由於和丁伯豪家結怨，第一次是由於「恐爲怨讎所擒」。這怨讎的對象，想必亦爲豪家，才可能逼得王充家遠徙他鄉。

一再的遷徙，迫使王充的家道式微，這表現在祖父王汎的棄農從商以及他本人青少年期家貧無書而立讀洛陽市肆諸事中。在豪族的侵逼下，王充的祖父放棄了原有的土地和產業，遷居錢塘，轉營賈販。因此，王充自述「舉家檐(或作擔)載」而逃，並非誇張過實之言。未久，王充的伯父蒙及父親誦又與豪家結怨，再次遷到上虞。此時，王充家可能仍以經商爲業，所以王充尚能入學讀書並游學洛陽，但在洛陽時，終究因家貧無錢購書，而不得不到書店閱讀，因而練就「一見輒能誦憶」的奇才。

綜觀王充的家世，確實如〈自紀〉所言是「細族孤門」，對王充的進身仕途影響甚鉅。所謂「細族」當然是對豪族而言；「孤門」則指沒有什麼族黨可資憑藉。試想王充一家由封爵而務農、而經商；由陽亭而錢塘、而上虞，不但家道每況愈下，而且在每一個落足處都只是「異鄉客」而已，如何能有族黨相援？這種家世，在講求世襲門第的封建社會裏，確實足以造成進身仕途的一大阻力。無怪乎〈自紀〉篇中王充須爲「宗祖無淑懿之基，文墨無篇籍之遺。雖著鴻麗之辭，無所稟階，終不爲高」的俗論而自我辯解謂：「祖濁裔淸，不牓（讀如妨）奇人」，以致博得厚辱祖先、名敎罪人之惡名。

王充自述其祖先多次與人結怨，乃因任氣使勇所致，這正是武將勇夫的典型性格。依常理推測，具備這種性格的人，必吐言率直、不畏權勢；並且好打抱不平、周濟他人；旣不善阿諛諂媚，更不喜攀龍附鳳；有時不免落得鬱鬱寡歡，一世孤寂。王充雖因飽讀詩書、涵詠文墨，而免除了其祖先「勇勢凌人」的魯莽性格，但在其血脈中實則仍多少繼承了其祖先性格中的叛逆因子。以下爲王充自紀性格的幾段文字：

> 為小兒，與儕倫遨戲，不好狎侮；儕倫好掩雀捕蟬、戲錢林熙，充獨不肯。
>
> 才高而不尚苟作；口辯而不好談對：非其人終日不言。其論說始若詭於衆；極聽其終，衆乃是之。以筆著文，亦如此焉；操行事上，亦如此焉。
>
> 不好徼名於世，不為利害見將。常言人長，希言人短。專薦未達，解已進者過；及所不善，亦弗譽；有過不解，亦弗復陷。能釋人之大過，亦悲（疑當作忘）夫人之細非。好自周，不肯自彰；勉以行操為基，恥以材能為名。衆會乎坐，不問不言；賜見君將，不及不對。在鄉里，慕蘧伯玉之節；在朝廷貪史子魚之行。見汙傷，不肯自明；位不進，亦不懷恨。貧無一畝庇身，志佚於王公；賤無斗石之秩，意若食萬鍾。得官不欣，失位不恨。處逸樂而欲不放，居貧苦而志不倦。浮讀古文，甘聞異言。世書俗說，多所不安，幽處獨居，考論實虛。
>
> 充為人清重，游必擇友，不好苟交；所友位雖微卑，年雖幼稚，行苟離俗，必與之友。好傑友雅徒，不泛結俗材。
>
> 充性恪澹，不貪富貴。為上所知，拔擢越次，不慕高官；不為上所知，貶黜抑屈，不恚下位。比為縣吏，無所擇避❶。

從世俗的眼光看來，王充的性格實近乎「負面的」、「否定的」。換言之，他凡事都與世人採取相反的態度——既「疾俗情」，又

❶ 以上引文並見《論衡・自紀》卷30，頁1180-1183。

「傷時文」。這不正顯出王充的叛逆性格與其父祖有雷同之處？唯一的不同是：王充的父祖將其不滿訴諸於武，動輒干戈；王充則轉而訴諸於文，筆墨遂成爲他撻伐世俗的最佳利器。

由於家世與個性的局限，王充的仕途蹇澀是可以預知的事實。其一生的官職，總計只有兩大類：一爲功曹掾史，一爲從事。功曹主選功勞，爲太守、縣丞或都尉之佐吏。從事或主督文書，或主察非法，皆州自辟除，故通爲百石。王充所居官職旣位卑祿薄，當然不被重用。據《後漢書・王充傳》說他兩度去官，第一次是「仕郡爲功曹，以數諫爭不合去」，時爲建初中；第二次是「董勤辟爲從事，轉治中，自免還家」，時爲章和二年。諫爭不合的最具體實例便是：建初二年他奏記郡守〈備乏〉及〈禁酒〉二文而未被採納。據推測，〈備乏〉和〈禁酒〉可能是《政務》之書中的兩篇。王充作《政務》一書，目的在「爲郡國守相、縣令邑長，陳通政事所當尙務，欲令全民立化，奉稱國恩」❷。其中必有不少是像〈備乏〉、〈禁酒〉那樣因「言不納用，退題記草」❸而作的。而言不納用，極可能是因小人讒陷，將昧不明所致。王充於〈自紀〉篇中曾說：「俗材因其微過，蜚條陷之；然終不明，亦不非怨其人」❹。又著〈言毒〉篇說：「讒夫之口爲毒大矣」❺及〈累害〉篇痛陳「已用也身蒙三害」❻之苦。所謂「三害」是指將昧不明而納爭位者之讒言、淸吏遭濁吏之謗、郡將納佐吏之讒言以害淸正之佐。可見，王充必曾爲讒言

---

❷ 見《論衡・對作》卷29，頁1175。
❸ 同前❷，頁1173。
❹ 同前❶，頁1182。
❺ 見《論衡・言毒》卷23，頁957。
❻ 見《論衡・累害》卷1，頁11。

所累。第二次罷官，乃因治中之職，「材小任大，職在刺割（《御覽》作「劾」），筆札之思，歷年寢廢」❼。據《漢書・朱博傳》謂：「其民爲吏所寃，及言盜賊辭訟事，各使屬其從事」❽。王充性不苟俗，擔任此種爲民伸寃、裁斷訴訟的工作，勢必得罪某些因勢用權、循私苟且的敗吏，因而遭受同儕排擠。再者，王充以爲著述之事乃鴻儒所必爲，反爲瑣細官事所延宕，於是憤而離職。稍後，雖因謝夷吾的推薦而獲公車徵召，但已覺意興闌珊、無意仕途，終於稱病不行。而後，以其殘年致力於修身養性，作《養性書》以裁節嗜欲、頤神自守；同時，整理舊稿而成《論衡》之書，並於卷末自紀終篇。

對於這宦海失意、涉世落魄的遭遇，王充稱之爲「仕數不耦」，意即官運不佳，未逢知己。但是，他認爲窮達不因智愚，而係因「高士所貴不與俗均，故其名稱不與世同」❾。與其身貴名賤，居潔行墨，食千鍾之祿，而無一長之德；不如德高名白，官卑祿泊，體列於一世，名傳於千載。這是他在晚年經過無數的歷練和掙扎以後，終於體悟透析的一種生命哲學。但在《論衡》中長篇累牘地談逢遇、累官、命祿、氣壽、幸偶、命義、吉驗、偶會、骨相、初禀等義，無不受其涉世落魄、仕數黜斥的生活經驗之啓示。甚者，其基本哲學的取向亦因而受到牽制，影響不可謂不鉅。

---

❼ 同前❶，頁1198。
❽ 見《資治通鑑》卷42，頁1353-1354。
❾ 同前，頁1195。

二、王充的時代背景與《論衡》的著作動機

王充一生歷經光武、明、章以及和帝四位君王治下。大體言之，王充三十一歲以前的青少年期，是在光武治下，此時期一切社會動向對王充思想的形成具有極大的塑造力。王充三十二歲至六十二歲期間的中年期，也是《論衡》自起草至完稿的期間，正值明、章二帝治下，所以彼時的一切社會情實每每成爲王充立論的引燃劑。故欲了解王充思想，不能不先了解東漢初葉光武、明、章三帝治下的政治、學術、社會概況。至於和帝時，王充已邁入六、七十歲的老年期，無意仕途，只重養生，社會背景對於其思想的影響，也就無足輕重了。以下分由七個方面敍述其時代背景：

（一）會稽的特殊地緣關係

王充雖未曾任職朝廷，且在州郡佐吏任上職位微賤，但由於會稽的特殊地緣關係以及他年少時曾游學洛陽，使他對朝政國事得有所聞，且深爲關心。以下先述會稽與中央自西漢以來的特殊關係。

會稽郡，秦置，今江蘇省東南部及浙江省西部一帶均爲其地。治吳，因稱吳中。吳中一帶雖地處東南隅，但自西漢初卽與中央朝政有密切關係。楚漢相爭時，項燕、項羽避讎吳中，並殺會稽太守；高祖王兄子劉濞在吳招致天下，於是有枚乘（淮陰人）、鄒陽（齊人）、嚴忌（吳人）並興於文景之際；武帝時，吳有嚴助、朱買臣，貴顯朝廷，文辭並著。由此可見，會稽一地

自西漢起對中央朝政即不陌生。此外，淮南王安建都壽春（今安徽壽縣），招致賓客，亦在會稽郡附近，同屬吳地，都有助於會稽與朝廷的關係之開展❿。

東漢以降，會稽與朝廷仍然息息相關，會稽人士入仕朝廷而且深受敬重的頗有其人。茲舉數例以明之：⑴鍾離意，會稽山陰（今浙江省紹興縣）人。他從督郵歷遷至尚書，屢屢上書直諫，所諫內容包括「薦王望、劉曠、王扶」、「諫起北宮疏」、「諫宜緩刑罰」、「王望罪議」、「牒白周樹宜部職」等⓫，明帝感其至誠。⑵包咸（前 6-65），會稽曲阿（今江蘇省丹陽縣治）人。少爲諸生受業長安。光武即位後，舉孝廉，除郎中。建武中，入授皇太子《論語》，又爲其章句，拜諫議大夫侍中右中郎將。永平五年（62年）遷大鴻臚。每進見錫以几杖，入屏不趨，贊事不名。經傳有疑，則遣小黃門就問。顯宗常賞賜珍玩束帛，且親輦駕臨視其病。其子福拜郎中，亦以《論語》入授和帝⓬。⑶鄭弘，亦會稽山陰人。建武末爲鄉嗇夫，屢遷至建初初而爲尚書令。出爲平原相。徵拜侍中，再遷大司農。元和初，代鄧彪爲太尉。元和三（86）年曾上書言竇憲之姦惡⓭。

此外，有曾任會稽地方官，深獲民衆愛戴，後來遷爲中央官吏者，對會稽與中央的關係亦富增益作用，此乃京兆長陵（今陝西咸陽縣東）第五倫者。第五倫在建武二十九（53）年至永平五（62）年間，任會稽太守之職。爲政清而有惠，百姓愛之。待坐

---

❿ 以上事實，可參見《漢書補注》卷28，〈地理志〉第八下㈡，頁861。

⓫ 詳見《全後漢文》卷27，頁620-621。

⓬ 詳見《後漢書集解》卷79下，〈儒林傳〉，頁917。

⓭ 見《後漢書集解・鄭弘傳》卷33，頁415-416。

法徽欲去職時，老少攀車扣馬，嗁呼相隨，日裁行數里不得前。及詣廷尉，吏民上書守闕者千餘人。肅宗初立，第五倫代牟融爲司空，於任內屢次上疏進諫，所諫內容包括：「論馬防之西征」、「褒稱盛美以勸成風德」、「論竇憲妄交通士大夫」、「請抑損后族」等⑭，持論公允，深獲帝心。至元和三（86）年始罷職。

由此言之，彼時既有會稽本地人士或曾獲會稽民衆擁戴的地方官入仕朝廷，並獲敬重，則會稽人士對朝廷事物自然有一種親和感，而且朝廷的政務也因這種緣故不難傳入會稽。王充既曾游學洛陽，又處此有特殊地緣的會稽，對中央的政務措施自然是關切的。因此，雖然王充在《論衡》中對當代政治所言不如同時代的其他諸子多，但當代的政治格局不能不列爲考察其思想的重要背景之一。

（二）吏治嚴苛，察舉失當

東漢初葉，在政治上所面臨的問題很多，舉凡吏治的整頓、外戚的控制和邊界的防守均爲重要的課題。但由於王充僅任地方掾史功曹之職，而無參與國家重要決策的機會，對於政治問題的關心頗受其自身經驗的局限。換言之，他既掌選功，主管羣吏的進退賞罰，對於吏治的良窳及選擧用人的標準最爲關切。

吏治嚴苛是東漢初葉政治的一大弊病。這種現象有兩種導因：第一，承王莽嚴猛之餘習。據司空第五倫在建初二（77）年上疏謂：

⑭ 見《全後漢文》卷19，頁576。

> 光武承王莽之餘，頗以嚴猛為政。後代因之，遂成風化；郡國所舉類多辨職俗吏，殊未有寬博之選以應上求也⑮。

又建武七（31）年，司空掾陳元之〈上疏駁江馮督察三公議〉亦說：

> 及亡新王莽，遭漢中衰，專操國柄，以偷天下。況己自喻，不信羣臣。奪公輔之任，損宰相之威。以刺舉為明，徼訐為直。至乃陪僕告其君長，子弟變其父兄，罔密法峻，大臣無所措手足，然不能禁董忠之謀，身為世戮⑯。

蓋王莽篡漢以後，深恐臣子效尤，因而刺舉激訐，網密法峻。這種風氣自然會影響到東漢初期的吏治。第二，光武求好心切及明帝褊察之性有以致之。按光武即位之後，立志鞏固權位，振興漢室。不但持己甚嚴，而且責人亦深。每每因不實之謠言或片面之浮辭，督責臣下，轉易守長。諸吏爲求自免，不免僞詐求虛譽，而吏事亦趨刻深。這可從《後漢書・循吏列傳》序獲得證明，其文曰：

> 初光武長於民間，頗達情偽。見稼穡艱難，百姓病害，至天下已定，務用安靜。解王莽之繁密，還漢世之輕法。身衣大練，色無重綵……勤約之風，行於上下。數引公卿郎

⑮　同前⑭。
⑯　見《全後漢文》卷27，頁573-574。

將，列于禁坐。廣求民瘼，觀納風謠，，故能內外匪懈，百姓寬息。自臨宰邦邑者，競能其官……然建武、永平之間，吏事刻深，亟以謠言單辭，轉易守長。故朱浮數上諫書，箴切峻政；鍾離意等亦規諷殷勤，以長者為言，而不能得也。所以中興之美蓋未盡焉⑰。

其實，光武帝時上書言吏治宜寬的，除了朱浮⑱之外，尙有鄭興、陳元⑲、杜林⑳等人，唯其中以朱浮所言最詳。光武雖然聽從朱浮等人之議而使牧守代易化簡，但對二千石之官吏却未稍減其督責。如大司徒歐陽歙坐前爲汝南太守度田不實，贓罪千餘萬，當下獄。其學生守闕爲之求哀者千餘人，至有自髡剔者或求代歙死者，帝竟不赦，歙終死獄中。

明帝性褊察，好以耳目隱發爲明。公卿大臣數被詆毀，近臣尙書以下至見提曳。彼時，朝廷莫不悚慄，爭爲嚴切以避誅責，唯鍾離意獨敢諫諍。會連年有災異，鍾離意上疏以爲「咎在群臣不能宣化治職，而以苛刻爲俗；百官無相親之心，吏民無雍雍之志，至於感逆和氣，以致天災」㉑，但明帝不能用。在位期間，以楚王英獄，罪連數千人，最是嚴苛！永平十四（71）年，侍御史寒朗治楚王英案，雖同情無冤受枉者，却又不敢輕釋其罪。明帝責其何不早奏及持兩端，寒朗對曰：

⑰ 見《後漢書集解・循吏傳》卷76，頁879。
⑱ 參見標點校勘本《資治通鑑》卷42，〈漢紀〉三四，建武六年，頁1346。
⑲ 鄭興、陳元之建武七年奏疏，並見於《通鑑・漢紀》三四，頁1353-1354。
⑳ 同前⑱，〈漢紀〉三五，建武十五年，頁1387。
㉑ 同前⑱，〈漢紀〉三六，永平三年，頁1440。

> 臣考事一年，不能窮盡姦狀，反為罪人訟冤，故知當族滅。然臣所以言者，誠冀陛下一覺悟而已。臣見考囚在事者，咸共言妖惡大故，臣子所宜同疾，今出之不如入之，可無後責。是以考一連十，考十連百。又公卿朝會，陛下問以得失，皆長跪言：「舊制，大罪禍及九族，陛下大恩，裁止於身，天下幸甚！」及其歸舍，口雖不言，而仰屋竊歎，莫不知其多冤，無敢牾陛下言者㉒。

由寒朗之言，可知彼時吏治之嚴苛。官吏爲求自保，往往不得不嚴治小過，罪連無辜。

章帝爲人寬惠，但初即位時，承永平故事，吏政仍尙嚴切，尙書決事，率近於重。尙書陳寵以章帝新即位，宜改前世苛俗，於是在建初元（75）年上疏建議「宜隆先王之道，蕩滌煩苛之法，輕薄箠楚，以濟羣生」㉓。並且奏請删除律令一千九百八十九條，只留下大辟二百、耐罪贖罪二千八百。次年，第五倫亦上疏指陳當時縣令劉豫、駟協之嚴苛㉔。章帝頗爲二人所感動，於是每事務從寬厚，並於建初七(82)年八月下減刑詔，元和元(84)年七月下禁酷刑詔，同年十二月又下錮除錮詔。

吏治旣嚴苛，官吏施罰用刑必酷，觀《後漢書・酷吏傳》即可得其實，該傳序文說：

㉒　同前⑱，〈漢紀〉三七，永平十四年，頁1456。
㉓　同前⑱，〈漢紀〉三八，建初元年，頁1473-1474。
㉔　同前⑱，〈漢紀〉三八，建初二年，頁1482。

> 漢承戰國餘烈，多豪猾之民，其並兼者則陵橫邦邑，桀健者則雄張閭里。且宰守曠遠，戶口殷大。故臨民之職，專事威斷，族滅姦軌，先行後聞。肆情剛烈，成其不撓之風；違衆用己，表其難測之智。至於重文橫入，為窮怒之所遷及者亦何可勝言！故乃積骸滿穽，漂血十里。致溫舒有虎冠之吏，延年受屠伯之名，豈虛也哉！若其揣挫彊執，摧勒公卿，碎裂頭腦而不顧，亦為壯也！自中興以後，科網稍密，吏人之嚴害者，方於前世省矣。而閹人親婭侵虐天下，至使陽球磔王甫之屍、張儉剖曹節之墓。若此之類，雖厭快衆憤，亦云酷矣㉕！

此序文所舉王溫舒、嚴延年爲西漢人士；而陽球則仕於東漢靈帝朝，張儉仕於桓帝朝。但酷吏傳中所舉酷吏，不乏仕於東漢初光武、明、章三朝者，如董宣、樊曄、李章、周紆是也。范曄述樊曄「政嚴猛，好申韓法。善惡立斷，人有犯其禁者，率不生出獄」㉖。又謂周紆「爲人刻削少恩，好韓非之術……收考姦臧，無出獄者……亦頗嚴酷，專任刑法，而善爲辭案條教，爲州內所則」㉗。足見彼時酷吏多曉習文法，精研申韓，用法尚嚴，施刑無度。

由以上所舉諸事，可知光武和明、章三朝時，吏治確實嚴苛！王充在〈非韓〉篇中力斥嚴刑苛罰不足以治國安民，唯有刑

㉕ 見《後漢書集解・酷吏傳》卷77，頁890。
㉖ 同前㉕，頁891。
㉗ 同前㉖。

德兼施，才是爲國之道，當係對此而發；而王充之輕視文法吏，更是言出有因。

漢代用人之道，主要有察舉和辟召兩途。所謂察舉是由郡國按時向中央保薦當地的人材。自武帝時卽已設立的孝廉之擧，卽爲察擧之常例。孝廉包括孝子和廉吏兩項，到西漢末年，漸合爲一，但仍歲貢兩人。東漢初，沿用此制。到和帝時，始因丁鴻與劉方之議，而限定每郡察擧名額應依人口多寡爲準。於是大郡察擧者多，小郡察擧者少。順帝時，因選擧過濫，左雄遂建議年滿四十，始可被推擧，並由政府加以考試，綀其虛實，然後任用。但左雄時，孝廉之選專用儒學文吏，於取士之議，猶有所遺，於是黃瓊奏請增孝悌及能從政者，並爲四科。因此，孝廉之選，範圍日廣。

所謂辟召，卽國家有特殊需要時，下詔命官吏推擧人才。漢代的詔擧，除賢良方正、直言極諫之外，尙有文學高第、茂材異等、孝悌惇厚、勇猛知兵法、明當世之務、習先聖之術、明陰陽災異等項目。自武帝始，卽有遣使聘賢之事。東漢時，特詔徵召之事特多。主要的原因是因爲王莽篡漢時，賢者多隱逸不仕。光武中興以後，一則因求賢心切，一則爲收攬人心，因此屢屢徵召隱退之士。這在《後漢書・逸民列傳》中記載甚詳。其序文曰：

> 漢室中微，王莽篡位，士之蘊藉義憤甚矣！是時，裂冠毀冕，相攜持而去之者，蓋不可勝數。……光武側席幽人，求之若不及。旌帛蒲車之所徵賁，相望於巖中矣！若薛方、逢萌，聘而不肯至；嚴光、周黨、王霸，至而不能屈。群方咸遂，志士懷仁，斯固所謂擧逸民天下歸心者

乎！肅宗亦禮鄭均，而徵高鳳，以成其節[28]。

而且光武曾下詔以四科取士[29]。但是，這些察舉與徵召弊端叢生。有時固然是因爲處士純盜虛聲，無益於用。但主要原因乃在於權門請託以及主察擧之吏好參以已意，致使選擧乖實。此在明帝、章帝時均爲不諱之事實。如明帝初卽位有詔云：

今選擧不實，邪佞未去。權門請託，殘吏放手。百姓愁怨，情無告訴。有司明奏罪名，並正擧者[30]。

又章帝建初元（76）年三月亦詔曰：

朕旣不明，涉道日寡。又選擧乖實，俗吏傷人，官職耗亂，刑罰不中，可不憂與？……夫鄉擧里選，必累功勞。今刺史、守相不明眞僞，茂材孝廉，歲以百數，旣非能顯，而授之政事，甚無謂也[31]。

按彼時有察擧權的官吏很多，據光武建武十二（36）年下察擧詔曰：

三公擧茂才各一人，廉吏各二人。光祿歲擧茂才四行各一

---

[28] 見《後漢書集解・逸民列傳》卷83，頁984。
[29] 四科內容詳見本書後附〈王充年譜〉建初八年。又《後漢文・光武帝紀》下亦引四科詔，見頁483。
[30] 見《後漢書集解・明帝紀》卷2，中元二年十二月詔，頁66。
[31] 見《後漢書集解・章帝紀》卷3，頁77。

> 人，察廉吏三人。中二千石歲察廉吏各一人。廷尉、大司農各二人。將兵將軍歲察廉吏各二人。監察御史、司隸、州牧歲舉茂才各一人㉜。

換言之，凡俸祿二千石以上的官吏大都有察舉權，所以韋彪才會說：「然要其歸在於選二千石，二千石賢，則貢舉皆得其人」㉝。

建初二（77）年，羣臣為選舉人才的依據問題而起爭議。據《後漢書・韋彪傳》稱：「陳事者多言郡國貢舉，率非功次，故守職益懈，而吏事寖疏，咎在州郡」㉞。可見有人主張應以「功次門第」爲選舉的憑準。但韋彪反對，他說：

> 夫人才行少能相兼……忠孝之人持心近厚；鍛鍊之吏持心近薄。三代所以直道而行者，在其所以磨之故也。士宜以才行為先，不可純以閥閱㉟。

所謂「閥閱」，據王先謙《後漢書・章帝紀》集解曰：

> 《史記》曰：明其等曰閥，積其功曰閱。言前代舉人務取賢才，不拘門第㊱。

㉜ 見《全後漢文・光武帝》卷1，頁487。
㉝ 見《後漢書集解・韋彪傳》卷26，頁339。
㉞ 同前㉝。
㉟ 同前㉝。
㊱ 同前㉛。

故「積功明等」即爲「閥閱」，與「功次門第」一詞同義。按以功次門第取士是光武以來餘習。因光武興漢，功臣是賴；即位後，即封功臣而抑外戚。彼時鄭興已有「期廷若用功臣，功臣用則人位謬矣！」之諫[37]。同時，韋彪又因「置官選職不必以才」而上疏曰：

> 天下樞要在於尚書，尚書之選，豈可不重？而間者多從郎官超升此位，雖曉習文法，長於應對。然察察小惠，類無大能。宜簡嘗歷州宰素有名者，雖進退舒遲，時有不逮，然端心向公，奉職周密。宜鑒嗇夫捷急之對，深思絳侯木訥之功也。……又諫議之職，應用公直之士、通才謇正有補益於朝者[38]。

由此可見，彼時選舉標準，除了才行與功次門第之爭以外，尚有文吏與儒生之別。章帝深納韋彪之議，於是「才行」列爲選舉的主要考慮條件。到建初八（83）年十二月，章帝重申光武辟士四科之詔[39]。這四科兼及才能與德行，其實就是「才行」的最佳詮釋。

然而，才行無憑，往往流於虛名，而導致互相標榜之風。所以到了東漢末葉，徐幹（171-218）遂有「取士不由於鄉黨，考行不本於閥閱，多助者爲賢才，寡助者爲不肖。序爵聽無證之

---

[37] 見《後漢書集解・鄭興傳》卷46，頁440。

[38] 同前[33]。

[39] 《後漢書・和帝紀》及《太平御覽》六二八並引《漢官儀》。《全後漢文》卷4，嚴可均注曰：「此光武詔，章帝復申明之。」頁495。

論，班祿采方國之謠」之歎㊵。

考課之議，始自西漢京房，目的在補選舉不實之失。但後漢初，考課專尚嚴猛，誠如章帝元和二（85）年詔所謂「以苛爲察，以刻爲明」㊶，徒然使吏治更加嚴苛而已。此外，在位者參以己意、接受賄賂，以致司察偏阿亦爲常事，故馬嚴在永平十八（75）年冬上疏新即位的章帝說：

> 臣伏見方今刺史太守，專州典郡，不務奉事專心為國，而司察偏阿，取與自己同則舉為尤異，異則中以刑法。不即垂頭塞耳，採取財賂。今益州刺史朱酺、揚州刺史倪說、涼州刺史尹業等，每行考事，輒有物故。又選舉不實，曾無貶坐，是使臣下得作威福也。……宜敕正百司，各責以事，州郡所舉，必得其人。若不如言，裁以法令㊷。

章帝納其言，而免朱酺等人官職。自是以後，對考課失實才有較嚴厲的懲罰。

以上這些現象足以說明《論衡》有〈答佞〉、〈程材〉、〈量知〉、〈謝短〉、〈效力〉、〈狀留〉、〈定賢〉諸篇的原因。

（三）世族興起，爵祿世襲

㊵ 見增訂《漢魏叢書》本，《申論・譴交》篇一二，頁8下－9上。
㊶ 同前㉛，頁81。
㊷ 見《全後漢文・馬嚴》卷17，頁564。

世族制度，雖大盛於六朝，却醞釀形成於兩漢。尤其在王莽爲打擊西漢以來富商大賈、地主士豪、世官之家等新興貴族所做的改革失敗以後，貴族階級又乘時再起，東漢的豪族政權於焉樹立。

東漢的貴族政權，最有力的證明便是新興皇室和他的開國功臣們的家世與社會地位。據史稱地皇三（22）年，南陽荒饑時，光武避吏新野，賣穀於宛㊸。同在南陽，他人田荒而光武田腴，他人乏食而光武有餘穀出售，證明他的田必是上田。而光武爲白衣時，「藏亡匿死，吏不敢至門」㊹，可見光武的家世是地方豪族無疑。而光武的外祖樊宏、姊夫鄧晨、岳父郭昌，另一岳家陰氏，均與他家門當戶對，並屬豪富階級。不僅如此，他所領導以奪取政權的集團，也都是豪富階級中人，如李通、冠恂、祭遵、王丹、張堪、馬援、劉植、耿純、陰識、馮魴這批爲光武爭城奪地、聚衆助資的大將小卒們，或者以世姓見尊，或者以富厚稱雄，或者宗强族大，或者賓客盈門，都是當時社會上的上流階級及政治、經濟權的實際操縱者。所以東漢這一新政權的建立，在名義上、實質上、皇室血統上、政權屬性上，都是西漢末年那一舊政權的復活與延續。

在這種性質的政權之下，世族勢力的發育與長成，乃是必然的結果。而其途徑不外三種：第一種是憑藉經濟勢力。商賈自戰國時代興起以後，不斷地發展，在西漢時已成爲富豪的主要出身。到東漢時，地主與商賈並駕齊驅，同列富豪。東漢初產生地

㊸ 見《後漢書集解・光武帝紀》卷1，頁37。
㊹ 見《後漢書集解・董萱傳》卷77，頁890-891。

主的主要客觀條件，明顯可見的是明帝末年區種法的運用㊺以及永平十二（69）年汴渠堤的修築㊻，使灌溉便利，農產大增。再次，國庫與私租差率的增大，也是造成地主階級的原因。按漢高祖時是行什伍而稅一制，景帝二（前 155）年降為三十而稅一，此後遂成漢的定制。東漢初年，光武曾因師旅未解，用度不足，故行什一之稅。然至建安六（201）年又恢復舊制。但是，得益者非佃民，而為地主。因為地主放田與佃民時，常抽什伍分之一的稅。從董仲舒到王莽的時代均有此現象。於是貧者愈貧、富者愈富；土地的兼併和集中遂成不可避免的發展。桓帝時，崔寔（生年未詳，卒於 170 年左右）述漢代地主欺壓貧農的情形說：

> 上家累鉅億之資，戶地侔封君之土，行苞苴以亂執政，養劍客以威黔首，專殺不辜，號無市死之子，生死之奉，多擬人主。故下戶踦嶇，無所跱足，乃父子低首，奴事富人，躬率妻孥，為之服役。故富者席餘而日織，貧者躡短而歲踧；歷代為奴，猶不贍於衣食㊼。

此外，在東漢末，荀悅（148-209）的《申鑒・時事》篇、仲長統（179-219）的《昌言・損益》篇、王符（約生於和安之際，卒於桓靈之際）的《潛夫論・浮侈》篇，亦都曾論及這種貧富懸殊的情形。其實例之見於《後漢書》者，如明帝時的韓稜(?-98)，

㊺ 據《後漢書集解・劉般傳》曰：「郡國牛疫，通使區種增耕。」注引《氾勝之書》謂有上農、中農、下農三種區田法，其各區田地大小及收穫之穀物的分配各異，茲不具引。詳見卷39，頁471。

㊻ 同前⑱，〈漢紀〉三七，頁1453。

㊼ 見《全後漢文・崔寔》卷46，頁726。

「世爲鄉里著姓，及壯推先父餘財數百萬與從昆弟」[48]，和帝時的樊準（?-118）「以先父產業數百萬讓孤兄子」[49]，順帝時的種暠（102-163），「父爲定陶令，有財三千萬」[50]。這些富有之家，都不是孤立的。他們是支配着千家萬戶的地方集團，並藉這種力量要挾選擧，遂一躍而取得政治上的地位。

世族發展的第二條途徑是憑藉政治勢力。漢時，除了宗室姻親之外，任子制度和教育制度是培育世族的兩大途徑。任子制度源自西漢初，和帝時曾予廢除，但東漢仍與以延用。這是憑藉父兄的餘蔭得官職的一種制度。《後漢書》中，桓郁（?-93）、桓焉（?-142）、黃瓊（85-164）、黃琬（140-192）、馬廖（?-92）、耿秉（36(?)-91）、宗均（?-76）、伏恭（前6-84）均爲其例。

東漢太學名爲治學之所，實乃仕進之階。仕宦之家的子弟，都能獲入學的特權，由此以求仕進。此在《後漢書・儒林傳》序有言曰:

> 明帝即位……復為功臣子孫、四姓末屬別立校舍，搜選高能，以受其業。……太（應作本）初元（146）年，梁太后詔曰：「大將軍下至六百石，悉遣子就學，每歲輒於鄉射月，一饗會之，以此為常。」自是遊學增盛至三萬餘生，然章句漸疏，而多以浮華相尚，儒者之風蓋衰矣[51]！

---

[48] 見《後漢書集解・韓稜傳》卷45，頁549。
[49] 見《後漢書集解・樊準傳》卷32，頁406。
[50] 見《後漢書集解・种暠傳》卷56，頁651。
[51] 見《後漢書集解・儒林傳》卷79上，頁908。

在上述宗室姻親、任子、教育諸種制度的保育下，類似春秋時代的世卿制度，於焉產生。以致史稱鄧氏[52]、耿氏[53]、竇氏[54]、梁氏[55]諸家均是王侯羅列、將相滿門、窮極滿盛、威行內外。此外，《廿二史劄記》卷5「四世三公」條，亦謂楊震（?-124）四世三公，袁安（?-92）四世五公[56]，均可爲例證。這些世官之家的周圍，也聚結了若干家族或個人，如故吏門生之徒，以爲羽翼，增長他們的勢力。據趙翼說：「郡吏之於太守，本有君臣名分。爲掾吏者，往往周旋於死生患難之間」[57]。彼時故吏對於長官的臣僕義務可想而知。至於門生乃依附名勢之徒，其對師長的隸屬關係，一定也和故吏對長官不相上下。於是，自居高位者，由於故吏、門生之附從，政治勢力更大了。

世族發展的第三個途徑是憑藉世學的關係。兩漢學術，集中於經學。經學大家，累世傳業，如同其他工藝技巧之成爲世業一

---

[52] 見《後漢書集解・鄧禹傳》曰：「鄧氏自中興後，累世寵貴，凡侯者二十九人，公二人，大將軍以下十三人，中二千石十四人，列校二十二人，州郡牧守四十八人，其餘侍中、將大夫、郎、謁者，不可勝數，東京莫與爲比。」詳見卷7，頁233。

[53] 《後漢書集解・耿弇傳》曰：「耿氏自中興以後，迄建安之末，大將軍二人，將軍九人，卿十三人，尙公主三人，列侯十九人，中郎將、護羌校尉及刺史二千石數十百人，遂與漢興衰云。」卷19，頁272。

[54] 《後漢書集解・竇憲傳》曰：「竇氏父子兄弟，並居列位，充滿朝廷。叔父霸爲城門校尉，霸弟褒將作大匠，褒弟嘉少府，其爲侍中、將大夫、郎吏十餘人。憲既負重，陵肆滋甚。」卷23，頁305。

[55] 《後漢書集解・梁冀傳》曰：「冀一門，前後七封侯、三皇后、六貴人、二大將軍、夫人女食邑稱君者七人、尙公主三人，其餘卿將尹校五十七人。窮極盛滿，威行內外，百僚側目，莫敢違命。」卷34，頁426。

[56] 見趙翼《廿二史劄記》卷5，頁60-61，

[57] 同前，「東漢尙名節」條，頁61。

樣。而治學的人也注重家法，恪遵師說，口口傳授。這樣一來，往往一代經師的後裔總是世守祖業，相傳數十百年不墜。而負笈從學的門人子弟，也常是百千萬人，侍從請益。這些學者，在學術界裏，形成一個派系，在社會上也形成一個不可侮的勢力。趙翼在《廿二史劄記》卷5「累世經學」條，歷述孔、伏、桓三家傳業的系統及其傑出人才：計孔氏自孔子至孔昱，歷戰國、秦、漢約六百年；伏氏自伏勝至伏無忌，歷兩漢約四百年；桓氏榮、郁、焉三代，歷教五帝，著於東漢一期。這都是史有明文，確鑿可信的。其他見於記載者：如杜撫（?-80?）、魏應（?-71?）、周澤（?-80?）、李育（?-84?)、甄宇（?-40?)、張玄(?-40?)、王良（卒於建武中）、曹褒（?-102）、周磐（48-121）、樓望（21-101）、丁恭（?-46?）、樊儵（?-67）、丁鴻（?-94）均是東漢初以子弟多而聞名者。當時弟子對老師不但有奔喪守喪的任務，而且有求代老師死者，這種忠誠確實無別於故吏之對舊君、門生之對勢主，由此又發展出另一種世族關係。

東漢時，世族的觀念雖不像六朝時那般受重視，但是已然存在。最明顯的兩個證據是：第一、東漢時好以「閥閱」爲選擧之標準，以致在章帝建初二年才會有「才行」與「閥閱」之爭，此已俱如前述；第二、東漢譜牒之學盛行，如班固《白虎通》有〈宗族〉篇、王符《潛夫論》有〈志氏姓〉一篇，應劭《風俗通義》亦有〈氏姓〉一篇。

王充《論衡・自紀》，先溯家世，再言孤門細族，復辯聖賢無祖，多係針對當時已受重視的世族觀念而發。他既非出自名門望族，又不曾參與任何經濟、政治、學術的勢力集團，所憑藉以仕進的只是一己之才情和那孤高自賞的風骨，自然要歎仕數不耦、仕宦無常了。

（四）師法家法繁密，章句內學盛行

自西漢武帝獨尊儒術，罷黜百家、設置五經博士、招收博士弟子員以來，經學在朝廷的獎掖以及利祿的驅使下已成爲兩漢學術的主流。到了東漢，經光武、明、章三世的極力提倡經學，經學的盛況更有過於西漢。據《後漢書・儒林傳》序所言，上自天子，下至期門羽林之士，乃至匈奴外邦子弟，均能通經的盛況，在中國歷史上恐怕是空前絕後的了。

遺憾的是，這種盛況反倒加速了儒學的腐化，主要的原因在於師法家法的日趨繁密，使儒生經師流於「矜奇炫博，大爲經義之蠹」[58]，以及章句內學的逐漸昌熾，使儒學的內容流於「虛誕」（桓譚語）、「近鄙」（尹敏語）。

師法與家法之分，一在上溯其源，一在下衍其流。「漢人最重師法，師之所傳，弟之所受，一字毋敢出入，背師法卽不用。師法之嚴如此」[59]。在師法的限制下，每一經在漢初若只傳自一師，便應只有一家，亦就是一博士，如《書》《禮》、《易》、《春秋》四經，各止一家。但詩學在漢初便已有齊、魯、韓三家之分，所以申公、轅固生、韓嬰在漢初已爲博士。但自文帝首立詩學博士以降，歷景、武、宣、元、平諸帝的零星增置各經博士，到光武帝時，總計五經共有十四博士：《易》有施、孟、梁丘、京氏，《尚書》有歐陽、大小夏侯，《詩》有齊、魯、韓，《禮》有大小戴，《春秋》有嚴、顏，各以家法教授。由此可

---

[58] 見皮錫瑞《經學歷史・經學極盛時代》，頁211。

[59] 同前，〈經學昌明時代〉，頁59。

見，家法自西漢至東漢初逐日累增的情形。而且據史料看來，新的經說只要能取得朝廷的認可，便可立爲學官。

博士官的增設固然是因師法、家法愈分愈細所致，但其經師一旦立於學官成爲官學，其說解便不能有輕易更動，這使得各師法、家法之間的界限更加嚴明，間接促成了經學說解的分歧和各家間相互的攻詆排斥。自西漢初至東漢章帝時，學術界至少有四次激烈而且頗具規模的爭議是環繞着師法、家法的區別而發生的：第一次是宣帝甘露三(前51)年的石渠議奏，五經名儒蕭望之等數十人當殿大議《公羊》、《穀梁》的是非；第二次是哀帝時劉歆爲伸張《左氏春秋》、《毛詩》、《逸禮》、《古文尙書》四家經說，而與五經博士爭議；第三次是東漢光武帝建武年間，韓歆、許淑、陳元等爲伸張《費氏易》與《左氏春秋》，而和范升等當殿大議；第四次是章帝建初年間的白虎議奏，賈逵、李育爲《春秋》之公羊與左氏的是非發生爭議。而最後兩次正當王充之世，尤其白虎議奏正值王充撰寫《論衡》期間，對王充思想的衝擊可想而知。

大體說來，經學愈發達，經說愈詳密，家法也就愈多。縱然某一家派的經說已立爲學官，宗主此派經說的儒生還要分立好多家法，各有自己獨特的經說。所以《顏氏春秋》有數家法⑥⓪、《穀梁春秋》一度立爲學官，但旋被廢，仍擁有五家法⑥①。東漢初期，逾越家法者是不得立爲專家博士的，如張玄即以兼通嚴氏、冥氏《春秋》，而喪失拜爲《顏氏春秋》的博士資格。

---

⑥⓪ 《後漢書・儒林傳》下曰：「張玄……少習《顏氏春秋》，兼通數家法……及有難，輒爲張數家之說，令擇從所安。」

⑥① 《後漢書・賈逵傳》曰：「賈逵……兼通五家穀梁之說。」

這種專守師法的風習對經學的發展爲害極大。揚雄早斥之爲「曉曉之學」[62]。而王充更是指責漢儒爲利祿所誘，汲汲競進，不暇留精用心，考實根荄，所以妄傳先師的虛說，忽略辭語的深意，以致「五經並失其實」[63]。後來，范曄更痛斥家法與章句的繁興，使「學者勞而少功，後生疑而莫正」[64]，「通人鄙其固」[65]。這種鄙固的現象到了東漢中葉逐漸有了改變。博士弟子之不願入其樊籠者，解經時「皆以意說，不修家法」，以致保守派的徐防（約生於光武帝末，卒於安帝初）要擔心會導致「私相容隱，開生姦路」，而在和帝永元十四（109）年建議「博士及甲乙策試，宜從章句開五十難以試之。解釋多者爲上第，引文明者爲高說。若不依先師，義有相伐，皆正以爲非」[66]。

章句之盛與家法之繁是相表裏的。諸儒說經，爲了爭立學官，必須力求本身說經的獨特與詳密；爲求獨特與詳密，自然必須牽引證據，敷衍文字，把本身經說儘量組織成一體系，不能再靠疏闊的口授大義，於是各經各家的章句便都產生了。漢儒次章句最早的記載是在昭宣之世。據《漢書》卷75〈夏侯傳〉說，夏侯建敷衍章句，用左右采獲、具文飾說的方法，夏侯勝斥之爲「章句小儒，破碎大道」。到了元成之世，小夏侯建的再傳弟子秦恭竟「增師法至百萬言」[67]，不但章句的字數日益龐大，而且家數也愈來愈多。據應劭《風俗通義》序所載，每家說經之章句有

---

[62] 見新編諸子集成本《法言・寡見》篇卷7，頁19。
[63] 見黃暉《論衡校譯》卷28，〈正說〉篇，頁1119。
[64] 見《後漢書集解・鄭玄傳》卷35，頁437。
[65] 見《後漢書集解・儒林傳》卷79下，頁924。
[66] 見《後漢書集解・徐防傳》卷44，頁537。
[67] 見《漢書補注・儒林傳》卷88，頁1549。

多至五、六種的。在東漢初，學者次章句的實例：如包咸（前(6-65)作《論語章句》，程曾（卒於建初中）作《孟子章句》，楊統在建初中爲家傳圖讖作章句，曹褒爲自撰《漢禮》作章句等。這種情況，致使古人十五志於學，「三十而通一藝」、「三十而五經立也」的治學成果不復可見。學者只務僻碎之義以避他人之攻難；爲便辭巧說以析破文字的形體，以致說五字之文，至於二三萬言。於是自幼童謹守一藝，至白首而後始能言。班固遂歎道「安其所習，毀所不見，終以自蔽，此學者之大患也」[68]。

章句既多，又無益經學，刪省之風於是興起。據《後漢書》的記載，上自皇帝，下至有識之儒林大師，無不主張應減省章句。譬如：光武中元元（56）年之詔書謂「五經章句煩多，欲議減省」[69]，楊終上奏章帝云：「章句之徒，破壞大體，宜如石渠故事，永爲後世則」[70]。孔奇在光武帝時作《春秋左氏刪》，樊儵（?-67）刪《公羊》嚴氏章句，世號「樊侯學」[71]，張霸復於永元中再刪樊侯章句爲張氏學[72]，桓榮（卒於永平年間）入授顯宗，減朱普學章句四十萬言爲二十三萬言，其子郁復刪減成十二萬言，號「桓君大小太常章句」[73]。這些刪省之業，在反對章句之潮流中，尙屬保守，有些學者更主張毀棄章句，只就五經本文直探經義的，譬如桓譚「偏習五經，皆訓詁大義，不爲章

---

[68] 見《漢書補注・藝文志》卷30，頁887。
[69] 見《後漢書集解・章帝紀》卷3，頁78。
[70] 見《後漢書集解・楊終傳》卷48，頁574。
[71] 見《後漢書集解・樊儵傳》卷32，頁406。
[72] 見《後漢書集解・張霸傳》卷36，頁447。
[73] 見《後漢書集解・桓郁傳》卷37，頁453。

句」[74]，梁鴻（生於王莽亂世）「博覽無不通，而不爲章句」[75]，班固「所學無常師，不爲章句」[76]，班彪必亦不好章句[77]，王充受學班彪，亦「好博覽而不守章句」[78]。而在王充之後，不爲章句之士更是多不勝舉，如荀淑、韓融、盧植等均爲其例。

所謂「內學」，是指讖緯之學，由於其事隱密而得名。讖緯的興起，可以遠溯至戰國時的陰陽家，即騶衍及燕齊海上方士。西漢儒學由於充滿了陰陽災異的色彩，早富有緯書的性質[79]。東漢時，讖緯附經而行，已成風習。據《後漢書・方術列傳》注，當時有所謂「七緯」者——易緯、書緯、詩緯、禮緯、樂緯、孝經緯、春秋緯，凡三十餘種。此種現象與帝王的提倡有關。據史稱光武信讖，至於以讖用人決事，如王梁、孫咸名登圖錄，故可越登槐鼎之任，鄭興、賈逵以附同稱顯，但尹敏、桓譚反對讖緯而淪敗不用，以致「士之赴趣時宜者皆馳騁穿鑿爭談之也」[80]。明帝制樂、章帝定禮無不依讖從事[81]。逐漸地，這種以讖輔經的

---

[74] 見《後漢書集解・桓譚傳》卷28上，頁351。

[75] 見《後漢書集解・逸民梁鴻傳》卷83，頁987。

[76] 見《後漢書集解・班固傳》卷40上，頁479。

[77] 《後漢書・班彪傳》雖未明言班彪不好章句，但從其「沉重好古」的個性及「專心史籍之間」的學問態度看來，他必不好章句，故其子班固亦不好章句，其學生王充亦非章句之徒。正以此故，班彪不能成其一家之學，故王充不提受學於班彪之事。

[78] 見《後漢書集解・王充傳》卷49，頁585。

[79] 《四庫全書總目提要》卷6，〈經部・易類〉六曰：「伏生《尙書大傳》，董仲舒《春秋・陰陽》，核其文體，即是緯書。」

[80] 見《後漢書集解・方術列傳序》卷82上，頁965。

[81] 明帝即位，曹充以《河圖括地象》曰：「漢世禮樂文雅出」及《尙書璇璣鈐》曰：「有帝漢出德洽，作樂名予。」而建議制禮樂，於是明帝改「太樂官」爲「大予樂」。又章帝在章和元年，排除衆議，命曹褒重制漢禮，曹褒即受命，乃次序禮事，依準舊典，雜以五經讖記之文，撰次天子至於庶人冠婚吉凶終始制度以爲百五十篇。以上並見《後漢書・曹褒傳》。

情形，變而爲以讖正經，如永平元（58）年，樊儵與公卿共定郊祀禮儀，即以讖記校五經異說[82]，又東平憲王蒼正五經章句亦皆依讖[83]，此後言五經者皆憑讖爲說。白虎觀會議，皇帝親領羣儒校定國憲，亦以讖緯爲據，更是讖緯官學化的實證。

讖緯多浮說虛詞、怪誕無稽之言，致使朝野浸淫在迷信惡習中而不自知。所以，尹敏、桓譚、賈逵、張衡、鄭興等與王充同時代的人均反對圖讖。但其中不乏以此獲罪險送性命者，因此最後鄭興、賈逵二人不得不言圖讖以自固。

綜觀漢代學界爲經學的天下，而經學又因利祿的引誘和博士學官的門戶之見，致使師法、家法、章句愈演愈盛，士人解經受到瑣碎枝節的限制，反而忽略了諸經大義，於是淪爲眼光如豆、心胸蔽塞，缺乏高瞻遠矚的魄力。而且，由於嚴守師說，不敢生疑，只得囫圇吞棗，勉強附會，以圖自圓其說。所以王充作〈語增〉、〈儒增〉、〈藝增〉刺儒者經生立言的增累失實；作〈問孔〉、〈刺孟〉、〈非韓〉、〈實知〉、〈知實〉、〈正說〉諸篇以破除世俗所崇信的聖賢偶像觀念，鼓勵後學對經說有所批判，敢於質疑；又作〈別通〉、〈超奇〉兩篇以品評儒生的等級，而他最推崇的便是能精思著文、連結篇章的鴻儒；又作〈書解〉、〈案書〉兩篇，對〈六略〉提出質疑，且謂五經之外仍有可觀之文。

（五）迷信禁忌煩瑣，厚葬淫祀盛行

兩漢時期，在天人感應、讖緯迷信思想的統治下，各種迷信

---

[82] 見《後漢書集解・樊儵傳》卷32，頁405。

[83] 見《隋書・經籍志・緯書序》卷32。

忌諱大肆泛濫。《漢書・藝文志》的〈七略〉中有術數略一百九十家，二千五百二十八卷。其中有天文二十一家，四百四十五卷；曆譜十八家，六百零六卷；五行三十一家，六百五十二卷；蓍龜十五家，四百零一卷；雜占十八家，三百一十三卷；刑法六家，一百二十二卷。據班固的解說，無一不涉及預占吉凶。其中雜占類十八家的內容，包括占夢、裁衣、嚏耳鳴、禎祥變怪、人鬼精物變怪、執不祥劾鬼物、請官除妖祥、禳祀天文、請禱致福、請雨止雨、候歲、相土等方法。可見彼時世俗禁忌之多已到了舉手投足動則生咎的地步。此外，王充在〈四諱〉〈讕時〉、〈譏日〉、〈卜筮〉、〈辨祟〉、〈難歲〉、〈詰術〉、〈解除〉諸篇中也臚列了三十餘條漢代的禁忌，其所顧慮的對象很多，舉凡行事的時間、地點、方位以及主其事者的身分、行爲方式，還有天地鬼神、五行生剋等均在其列。又時代略晚於王充的王符，也在其《潛夫論・卜列》篇中指出當時民間凡事問卜的迷信歪風說：

> 聖人甚重卜筮，然不疑之事亦不問也；甚敬祭祀，非禮之祈亦不為也。……今俗人筴於卜筮，而祭非其鬼，豈不惑哉？……移風易俗之本，乃在開其心而正其情，今民生不見正道而長於邪淫譌惑之中，其信之也，難卒解也，唯王者能變之[84]。

以上事實在在說明漢代確實是個迷信禁忌煩瑣不堪的時代。迷信天地鬼神，自然得厚葬崇祀；加以漢代崇尙孝悌，而孝悌最具體的表現便是厚葬崇祀。打自西漢起，官府民間就都流

[84] 見新編諸子集成本《潛夫論・卜列》篇第二五，頁124。

行厚葬，這可以從成帝永始四年「禁奢侈詔」中得到證明，其文曰：

> 公卿列侯，親屬近臣……車服嫁娶，葬埋過制，吏民慕效，寖以成俗(85)。

事實上，彼時朝廷自身已有厚葬崇祀的傾向，所以谷永才上疏「說成帝拒絕祭祀方術」(86)，劉向也有〈諫營昌陵疏〉(87)。

中興以後，厚葬之風益熾。明帝永平十二（69）年下「申明科禁詔」，文中敍述民間厚葬的情形說：

> 今百姓送終之制，競為奢靡：生者無儋石之儲，而財力盡於墳土；伏臘無糟糠，而牲牢兼于一奠。糜破積世之業，以供終朝之費，子孫飢寒，絕命於此，豈祖考之意哉(88)？

此外，章帝建初二（77）年三月下「舉察奢侈詔」，也有「而今貴戚近親，奢縱無度，嫁娶送終，尤僞僭侈」(89)等語。以此之故，朝廷屢屢下詔申戒不得厚營帝王陵寢，如光武帝先後有「薄葬詔」(90)及「營壽陵詔」(91)，申明「薄葬送終」之義，明帝亦曾詔言「壽陵制」，令「流水而已」，「敢有興作者，以擅議宗廟

(85) 見《全漢文・成帝》卷 8，頁170。
(86) 見《全漢文・谷永》卷46，頁378。
(87) 見《全漢文・劉向》卷36，頁328。
(88) 見《全後漢文・明帝》卷 3，頁490。
(89) 見《全後漢文・章帝》卷 4，頁493。
(90) 見《全後漢文・光武帝》卷 1，頁478。
(91) 同前，頁482。

法從事」[92]。同時，官府也禁絕民間厚葬淫祀。

民間淫祀的情形，可以山東、河北地區崇拜城陽景王之事爲例，以見一斑。朱虛侯劉章，是齊悼王之子、高祖之孫，曾與周勃共誅諸呂之亂並尊立文帝，因而被封爲城陽王。城陽在今山東省莒縣。但是，他死後不但廣受山東、河北大部分地區的居民所祭祀，而且祭祀方式極盡奢縱，據應劭《風俗通義》所載：

> 自瑯琊青州六郡及渤海都邑鄉亭聚落，皆為立祠，造飾五二千石車。商人次第為之立服帶綬，備置官屬，烹殺謳歌，紛籍連日，轉相誑曜，言有神明，其譴問禍福立應，歷載彌久，莫之匡糾[93]。

後來雖經陳蕃、曹操禁絕，一度肅然，但其後又復如故。應劭出任營陵（今山東省昌樂縣）令後，只得再次重申禁絕令。結果是否眞有其效，史無明言。但從漢文帝到應劭（卒於獻帝朝），歷凡三百六十餘年，而城陽景王之祀始終不衰。在這期間，功蹟與城陽景王可以等列的人，未知凡幾，想必也都饗祀不絕。

王充的故鄉會稽，尤其是個淫祀風氣盛行的地方，根據《後漢書・第五倫傳》曰：

> 會稽俗多淫祀，好卜筮，民常以牛祭神，百姓財產以之困匱。其自食牛肉而不以薦祠者，發病且死，先為牛鳴。前

---

[92] 同前[88]，頁487。
[93] 見增訂《漢魏叢書》本應劭《風俗通義》卷9，頁2843。

> 後郡將莫敢禁[94]。

此等淫祀，一直等到建武二十九（53）年第五倫出任會稽郡守才下令禁絕。

以這樣的時代背景，終於刺激王充寫下反薄葬淫祀及禁忌迷信的文字，且其篇幅之巨，令人咋舌。相關的文字，計有〈論死〉、〈死僞〉、〈紀妖〉、〈訂鬼〉、〈言毒〉、〈薄葬〉、〈四諱〉、〈讕時〉、〈譏日〉、〈卜筮〉、〈辨祟〉、〈難歲〉、〈詰術〉、〈解除〉、〈祀義〉、〈祭意〉十六篇，幾占《論衡》總篇目的五分之一。

（六）災異祥瑞之說隆盛，歌功頌德之風熾烈

災異、祥瑞、符命、讖緯同爲漢儒藉天意以言政的幾種途徑，其中祥瑞與符命往往合言而爲符瑞。而災異、符瑞、讖緯是有其先後流變的程序的，據劉師培說：

> 雖然秦皇求仙僅重禮儀，漢武求仙兼言符瑞。而儒書多言受命之符，其說與鄒衍之書相近，故儒生之言禮儀者，一變而為言符瑞。言禮儀出于祀神，言符瑞亦出于祀神。而漢儒言符瑞，則由逢迎人主之求仙。厥後，求仙之說衰，而言符瑞者乃一變而侈言讖緯，故讖緯起於哀平之間[95]。

雖然如此，東漢之際，災異之說並未止息，符瑞之說也尚方興未

---

[94] 見《後漢書集解・第五倫傳》卷41，頁499。
[95] 見劉師培《國學發微》，頁27-28。

艾。

王充之世，以災異言人事的例子不少，諸如永平七(64)年，九江多虎暴，宗均以爲咎在殘吏，宜退姦貪、進忠善；永平八（65）年冬，壬寅晦，日有食之，在位者皆上封事，各言得失；永平三（60）年八月日食，鐘離意上緩刑罰疏，此均爲東漢人相信災異之實證。

祥瑞之說更是東漢人士所樂言者。祥瑞多係實物，與讖緯之比附經書有別。而祥瑞的範圍兼及各種動植物及人事現象。據《論衡·是應》說：

> 儒者論太平瑞應，皆言氣物卓异，朱草、醴泉、翔鳳、甘露、景星、嘉禾、蓂莢、屈軼之屬，又言山出車、澤出馬，男女異路，市無二價，耕者讓畔，行者讓路，頒白不提挈，關梁不閉，道無虜掠，風不鳴條，雨不破塊，五日一風，十日一雨；其盛茂者，致黃龍、麒麟、鳳凰[96]。

足見其內容琳瑯滿目，無所不包。

東漢人言祥瑞，意在粉飾太平，而不似西漢元成之際的符瑞說意在企盼受命新君。所以，此時瑞物的符命意義不大，僅合適稱爲祥瑞，而不宜符瑞之名。祥瑞之意，旣在粉飾太平，其中虛實就頗堪考究。據《廿二史劄記》卷 3〈兩漢多鳳凰〉一則說：

> 兩漢多鳳凰，而最多者：西漢則宣帝之世，東漢則章帝之世。……案宣帝當武帝用兵勞擾之後，昭帝以來，與民休

---

[96] 見《論衡校釋·是應》篇卷17，頁750-751。

> 息，天下和樂。章帝承明帝之吏治肅清，太平日久，故宜有此瑞，然抑何鳳凰之多耶？觀宣帝紀年，以神爵、五鳳、黃龍等為號。章帝亦詔曰：乃者鸞鳳仍集，麟龍並臻，甘露霄降，嘉穀滋生，似亦明其得意者。得無二帝本喜符瑞，而臣下遂附會其事耶？……當日所奏鳳凰，毋乃亦鶡雀之類耶？……以衰亂之朝，而鳳凰猶見，可知郡國所奏符瑞，皆未必得實也[97]。

蓋以爲祥瑞旨在粉飾太平；而且上之所好，下之所趨，羣臣爲附和帝王之所好，爭言祥瑞，其中不免穿鑿造作、無中生有之弊。此說甚的！除了鳳凰之外，其他各種祥瑞之出現於明、章二朝者，可參看本書末〈王充年譜〉所列，於此不擬贅述。

明、章之世，儒生在祥瑞並至、天下昇平的氛圍下，無不陶醉在帝國的威望和恩澤中，於是爭相歌頌太平、讚美帝德。最熱烈的一次可能是發生在永平十七（74）年。據《論衡・佚文》篇說：

> 永平中，神雀羣集。孝明詔上神爵頌。百官頌上，文皆比瓦石；唯班固、賈逵、傅毅、楊終、侯諷五頌金玉，孝明覽焉[98]。

由此可以想見當時百官爭頌太平的盛況。其中尤以班固最擅長作賦頌文字。據史載，他在永平年間陸續作成〈兩都賦〉、〈神雀

[97] 見《四部刋要》本《廿二史劄記》卷 3，頁38-39。
[98] 見《論衡校釋・佚文》篇卷20，頁861-862。

賦〉，又在元和、章和之際作成〈典引賦〉，在永元初作成〈燕然山銘〉，目的均在歌功頌德。

王充對於祥瑞之說，未能全面否認，但採取有選擇性的接納態度，進而導出「治亂有期」的國命論，故作成〈講瑞〉、〈指瑞〉、〈是應〉、〈治期〉等文以言祥瑞的性質和眞僞。此外，他在舉國熱烈歌頌太平的情況下，也不免以〈宣漢〉〈恢國〉、〈驗符〉、〈須頌〉、〈佚文〉諸篇言漢世極盛，可以上侔三代，以圖免罪全身。所以吾人對於這一組文字的了解，須特別留意其時代背景與寫作動機，否則極易誤入歧途。

（七）天文曆法知識進步，科學技術發達

秦漢時期，科技的發展有兩個高潮：一是在西漢的武、昭、宣時代，一是在東漢前期。但東漢前期科學技術出現的一系列進步是在西漢以來長期積累、提高的基礎上實現的。而其中對王充思想影響最大的是天文知識的進步和曆法體系的完成。

秦朝建立時，秦顓頊曆成爲統一頒行全國的曆法。漢初，仍繼續沿用。到漢武帝時，顓頊曆日漸疏闊，在年終放置閏月的方法也不能適應當時農業生產發展之需，於是改曆勢在必行。太初元（前 104）年，漢武帝下令由公孫卿、壺遂、司馬遷等人議造漢曆，並徵募民間天文學家二十餘人參加，其中著名的有唐都、落下閎、鄧平、司馬可、侯宜君等人。他們或作儀器進行實測，或進行推考計算，對所提出的十八種改曆方案，進行一番辯論、比較和實測檢驗。最後，選定了鄧平的方案，命名爲太初曆。從改曆的過程，我們可以看到，當時朝野兩方對天文學有較深研究的，可謂人才濟濟。特別是來自民間的天文學家數量之多，說明

在社會上天文學的研究受到廣泛的重視，有著雄厚的基礎。

太初曆早已失傳，但西漢末年劉歆所制定的三統曆，基本上是採用太初曆的數據。而三統曆被收載在《漢書・律曆志》裏，因此今日仍得以窺知太初曆的規模。太初曆已具備了氣朔、閏法、五星、交蝕周期等內容。它首次提出了以沒有中氣（雨水、春分、穀雨等十二節氣）的月份爲閏月的原則，把季節和月份的關係調整得十分合理，這個方法在農曆中一直被沿用到現在。太初曆還第一次明確提出了一百三十五個朔望月中有二十三個蝕季的蝕周概念。關於五星會合周期的精密度也較前有明顯的提高；並且依據五星在一個會合周期內動態的認識，建立了一套推算五星位置的方法。這些都爲後世曆法樹立了範例。

漢代對於月亮的運動也有所研究。關於月亮每日運行平均度值的概念，至遲在漢代也已形成。在《淮南子・天文訓》中就指出月亮每天運行十三度又十九分之七。東漢早期，天文學家李梵、蘇統等人發現月亮運動的不均勻性。故永元四（92）年，賈逵指出：「梵、統以史官候注考校，月行當有遲疾……乃由月所行道有遠近、出入所生，率一月移故所疾處三度，九歲九道一復」[99]。這裏明確指出了李、蘇二人不但認識到月行有快慢，而且已認識到月行的快慢與月道的遠近有關，這與東漢時期以君臣的關係論月行的快慢，在科學的認知上，眞有天壤之別，堪稱爲重要的創見。

東漢時期，在三統曆之外，尙有四分曆和乾象曆。四分曆由編訢、李梵、賈逵等人於章帝元和二（85）年集體修訂，它比太初曆有顯著的進步，如他們測得黃赤交角的數值已達到較高的精

[99] 見《後漢書集解・律曆志》中第二，頁1091。

度；又增加了二十四節氣昏旦中星、晝夜刻漏和晷影長度等新內容，爲後世曆法所遵循。乾象曆在東漢末（206）年始完成，更是以入漢以來在曆法上的種種新發現爲基礎，進而提高了推算日月蝕發生時刻的準確度，以及消除了爲何不是每次朔望都發生交蝕的疑竇，貢獻良多。

從太初曆到乾象曆，我們看到兩漢曆法確已爲後世曆法的發展提供了楷模，並形成了一個獨特的體系。

漢代在天文方面的發展，可由天文儀器、天象紀錄和天體運行三方面加以敍述。

東漢時期，天文測量儀器的進步也是十分突出的。早在制定太初曆時，落下閎便改進了渾儀，並以此重新測量了二十八宿的距度。漢宣帝時，耿壽昌以銅鑄成了用以演示天象的儀器——渾象，這在中國天文儀器史上是一大創擧。東漢前期，渾儀不斷得到改進。漢和帝永元四（92）年，賈逵在要求製造黃道銅儀的奏議中說：「臣前上傅安等用黃道度日，月弦望多近；史官以一赤道度之，不與日月同」(100)。這說明民間天文學家傅安等人，已經製成了置有黃道環的渾儀，並用以觀測日月行度，得到了比僅有的赤道環渾儀要精確的結果。

關於天體的運行，漢人持有三種不同的看法：蓋天、渾天和宣夜。它們都淵源自春秋戰國時代。其中宣夜說由東漢前期的郄萌作了系統的總結和明確的表述。他指出「天了無質，仰而瞻之，高遠無極」；並用人們日常生活得知的經驗，論證人眼所及的渾圓藍天，並非具有一個渾圓的邊界和蒼蒼的顏色。他指出「眼瞀精絕，故蒼蒼然也。譬如旁望遠道之黃山而皆青，俯察千

(100) 同前(99)，頁1090。

伢之谷而窈黑，夫青非眞色，而黑非有體也。」他又用日月五星的運動「遲疾任情」的特性，進一步論證宇宙間不存在一個「固體」的天球，從而打破了有形質的天的概念。他還指出「日月衆星，自然浮生虛空之中，其行止皆須氣焉」[101]。這從正面提出了日月衆星懸浮於宇宙空間，並依靠氣的作用而運動的重要概念。宣夜說的這些思想在人類認識宇宙的歷史上有極其重要的意義。

漢人的蓋天說是承成書於西元前一世紀的《周髀算經》的說法而來的。這一學說的主要論點是：半圓形的天，拱形的大地，日月星辰附着天而平轉，不能轉到地的下面等。它雖較最早期的蓋天說——即天圓地方之說——有所進步，但已爲越來越多的天文觀測事實所否定。

渾天說在西漢時期，得到了很大的發展，經落下閎、鮮于妄人、耿壽昌、揚雄等人的努力，它漸爲人們所接受。尤其是西漢末的揚雄提出了難蓋天八事[102]，給蓋天說以致命的打擊；而比王充略晚的張衡則爲渾天說的集大成者。

張衡的《渾天儀注》便是渾天說的代表作。他指出「渾天如鷄子，天體圓如彈丸；地如鷄中黃，孤居於內；天大而地小。天表裏有水，天之包地猶殼之裹黃。天地各乘氣而立，載水而浮」[103]。他還指出天體每天繞地旋轉一周，總是半見於地平之上，半隱於地平之下等等。在此，張衡明確地指出大地是個圓球，形象地說明了天與地的關係。張衡在他的另一著作《靈憲》中指出，渾圓的天體並不是宇宙的邊界，「宇之表無極，宙之端無窮」，從

---

[101] 參看《晉書・天文志》。
[102] 見《全漢文・揚雄》卷53，頁413。
[103] 見《全後漢文・張衡》卷55，頁771。

而表達了渾天的基本觀點。渾天說是一種以地球爲中心的宇宙理論，但在當時的歷史條件下，它能比較近似地說明天體的運行，於是對後世產生了極大的影響。

以上這些天文知識的發展，雖不盡正確，但可以確定的是彼時對於天象已由無知的崇敬畏懼進入有體系的探測和解釋，在這種環境下，實已爲王充「疾虛妄」的理論提供了最有利的氛圍。而曆法的改進，在科學精神上的激發，也同時在破除迷信上給予王充極大的鼓勵。因此，〈談天〉、〈說日〉兩篇所言均以當時的天文知識爲憑藉，進而奠定了王充「疾虛妄」的理論基礎。

（八）餘論

由上述王充的時代背景與《論衡》各篇的著作動機看來，王充對於儒家「進則盡忠宣化，以明朝廷；退則稱論貶說，以覺失俗」[104]的信念是十分信從的。他以爲「聖賢不空生，必有以用其心」，即使仕數不耦，退而著述，仍應顧及「匡濟薄俗，驅民使之歸實誠」的實際教化效益。他在仕途潦倒、幽居獨處之際，寫就《論衡》，就是這種憂世憂民精神的體現。其〈對作〉篇述《論衡》的寫作動機及風格說：

> 是故《論衡》之造也，起衆書並失實，虛妄之言勝眞美也。故虛妄之語不黜，則華文不見息；華文放流，則實事不見用。故《論衡》者，所以詮輕重之言，立眞僞之平；非苟調文飾辭，為奇偉之觀也。其本皆起人間有非，故盡思極心，以譏世俗。世俗之性，好奇怪之語，說虛妄之

[104] 見《論衡校釋・對作》篇卷29，頁1170。

> 文。……不得已，故為《論衡》，文露而旨直、辭姦而情實[105]。

蓋王充所要匡濟的便是不實之書、虛妄之言。他曾模仿孔子「《詩》三百，一言以蔽之，思無邪！」的口脗說：「《論衡》篇以十數，亦一言也，曰：疾虛妄」[106]！換言之，「疾虛妄」就是《論衡》的基本精神。這種精神，從《論衡》大多數篇目之名稱便可略窺端倪，如九虛、三增、〈問孔〉、〈非韓〉、〈刺孟〉、〈明雩〉、〈商蟲〉、〈死僞〉、〈調時〉、〈譏日〉、〈辨祟〉、〈難歲〉、〈詰術〉、〈正說〉、〈書解〉、〈案書〉等篇名均可見出譏刺、詰難、訂僞、辯解的意義。而其他篇章雖然不能從篇名讀出「疾虛妄」之意，但究其內容，每每使用「或曰」、「世俗之議」、「難曰」、「傳書曰」、「問曰」等設問語氣以爲「俗說」的代稱，均在在顯示其爲文的目的乃在疾世書俗說的不實誠。

這種「疾虛妄」的精神，加上王充那「內有所傷、外有所疾」的身世與性格，著於文字，就形成一種批判撻伐、直言不諱，乃至吹毛求疵的議論文風格。王充自認《論衡》一書屬於「論」的性質，有別於「作」與「述」。關於「作」、「述」與「論」的區分，王充說：

> 五經之興，可謂作矣；太史公書、劉子政序、班叔皮傳，可謂述矣；桓君山《新論》、鄒伯奇《檢論》，可謂論

---

[105] 同前，頁1170-1171。
[106] 同前[98]，頁869。

> 矣。今觀《論衡》、《政務》，桓、鄒之二論也，非所謂作也。造端更為，前始未有，若倉頡作書、奚仲作車是也。……今《論衡》就世俗之書，訂其真偽，辯其實虛，非造始更為無本於前也[107]。

然則，所謂「論」，既非「造端更爲，前始未有」的創發之作；亦非據實記載、敷衍史事的客觀記述；而是就已有的世俗之書，訂其眞僞，辯其虛實的批判之議。

總括《論衡》所批判的對象，雖然包羅萬象，但無一不與當代的思潮息息相關。其批判的方式，或直言無諱，或婉轉引申，或從邏輯層層逼進，或以史實驗證是非，在兩漢諸子形似意近的辯論文字中，確實別具一格，耐人尋味！

---

[107] 同前[104]，頁1172–1173。

第三章　王充與先秦諸子的關係

——王充學術思想的淵源之一

在中國思想史上，漢代是一個批判融合的時代，它承先秦諸子之後，對各家思想的長短優劣，都因時間的距離而有一個比較清晰的回顧。因此，漢代學者往往對先秦諸子之學有所批評、整理，乃至雜糅衆學而成其一家之學。王充旣志在「疾虛妄」，又富邏輯批判精神，於先秦諸子之學，無不施以不同程度的撻伐。可惜，他缺乏司馬談、劉歆的那種歷史意識，不能成就像《史記・論六家要旨》和《漢志・六藝略》那種追本溯源、權衡利害的文字。他對於諸子的批評大多散見於《論衡》各篇中，而比較集中且具體的批評只有〈問孔〉、〈刺孟〉、〈非韓〉三篇。其中除了〈非韓〉篇略涉及法家思想的本質，同時較具體地呈現王充個人的政治觀外，其他兩篇絲毫未觸及儒家思想的本質，也見不出王充個人思想的特色。可是，這並不意味着王充的思想旣不受法家的影響，也不承繼自儒家。以下擬就王充思想與儒、法、道、墨、名、陰陽諸家學說的關係，詳做分析，以探究王充思想的淵源。

一、儒　　家

先秦儒家諸子在《論衡》中出現的頻率是這樣的：孔子有二

百四十二次（其中有四十次是出現在〈問孔〉篇中），孟子有四十五次（其中有二十二次是出現在〈刺孟〉篇中），荀子有八次。從這些統計數子看來，可知孔子對王充的影響必定最深，孟子次之。但是，荀子被稱引的次數雖最少，却不表示王充絕少受荀學的影響。反之，由於個性取向、時代背景以及儒家發展的必然趨勢等因素的牽制，王充之學反而與荀學最爲接近。以下將分別敍述之。

(一) 孔　子

王充與孔學的關係，歷代學者爭辯已久。主要有兩種不同的意見：第一、認爲王充問孔、刺孟，非聖無法，是孔門叛徒，持此說的學者先後有贊寧、葛勝仲、黃震、王應麟、紀昀、錢大昕、惲敬、章學誠、杭世駿、趙坦等人；第二、認爲王充是發明孔子之道的孔學之徒，持此說的有熊伯龍、王淸等。他們甚至懷疑〈問孔〉、〈刺孟〉兩篇乃後人所妄加。以上各家說詞，已詳見本書第一章，不再贅引。

要而言之，本問題的癥結是在〈問孔〉、〈刺孟〉兩篇。但以筆者的看法，〈問孔〉、〈刺孟〉的主要目的在於實踐王充反師法（即反學術權威）、反貴古賤今以及疾虛妄的三大理想。此兩篇內容除了展示王充邏輯批判的能力之外，於孔孟思想的本質可以說絕少觸及。本節擬先就消極的一面否定〈問孔〉、〈刺孟〉有涉及孔孟思想的本質；再就積極的一面肯定王充是景仰孔孟的。此問題一經釐淸，則王充是否爲孔孟的叛徒，即可水落石出，眞相自明。

關於反師法及貴古賤今這兩點，王充在〈問孔〉篇中開章明義便有所說明。他說：

> 世儒學者，好信師而是古，以為賢聖所訂皆無非，專精講習，不知難問。夫賢聖下筆造文，用意詳審，尚未可謂盡得實，況倉卒吐言，安能皆是？不能皆是，時人不知難；或是，而意沉難見，時人不知問。案聖賢之言，上下多相違，其文前後多相伐者，世之學者不能知也❶。
>
> 凡學問之法，不為無才，難於距師，核道實義，證定是非也。問難之道，非必對聖人及生時也。世之解說說人（「說人」二字疑衍）者，非必須聖人教告乃敢言也。苟有不曉解之問，追難孔子，何傷于義？誠有傳聖業之知，伐孔子之說，何逆於理❷？

這些話顯然是針對那「師之所傳，弟之所學，一字毋敢出入，背師說即不用」❸的漢代師法而發的。王充深深痛惜當時博士系統的學術傳承所造成的「不求甚解」的弊病，因此鼓勵學子要有「距師」的勇氣。其本人不但跳出博士系統的藩籬之外，而且膽敢以其所崇敬、且深受影響的孔孟爲對象來印證「距師」的事實。這點同時也印證了他的「聖人非生而知之」的理論。

其次，王充駁斥俗論「孔門之徒，七十子之才，勝今之儒」的謬說。他認爲「七十子之徒，學於孔子，不能極問」，以致使「聖人之言，不能盡解；說道陳義，不能輒形」❹。由此觀之，

❶ 見黃暉《論衡校釋》卷 9，〈問孔〉篇，頁393。
❷ 同前，〈問孔〉，頁395。
❸ 見皮錫瑞《經學歷史》三，〈經學昌明時代〉，頁59。
❹ 同前❶，〈問孔〉，頁394。

「古人之才，今人之才也」，只因時間遠近的不同而有聖神、英傑的不同稱呼。吾人既知古人之才未必勝於今人之才，不妨代古人質問聖賢，冀使「淺言復深，略指復分」❺。此點與王充提倡的古今齊一，甚至今勝於古的進化史觀是一致的。以上是王充對〈問孔〉、〈刺孟〉的自我辯解，可見他對必然會遭到的抨擊早已預知，却仍義無反顧。

此外，王充在〈問孔〉中對孔子所提的十六項質詢，主要有展示他邏輯批判的能力，故極盡析理綿密之能事，致使文句冗費、觀念亦鉤析糾繞。加以所詢諸事，除了有一則出自《禮記・檀弓》，其餘均出自《論語》。《論語》所載孔子言行甚爲零碎，前後既不連貫，也沒有發展性；而且每一章節對話的特殊背景往往略而不述。在這種情況下，從《論語》的片言隻語去批判孔子當然有失公平。至於〈檀弓〉篇那段有關「脫驂賻喪」之說，據崔東壁《洙泗考信錄》卷 3〈辨脫驂賻喪之說〉一則說：「載記之文，本多附會。此或別有其故而傳者失其眞，或本無其事，均未可知。」以此言之，該材料的眞實性不能確知，王充的問詢有無意義仍待商榷。總之，有關王充問孔一事，王充本無意以此來否定孔子學說的價值，吾人自無需浪費筆墨代孔子答辯。我們所應着眼的，應是王充問孔的動機和方法。以下簡述此十六項質詢，以見王充邏輯批判方法之一斑。

1.〈爲政〉有孟懿子、孟武伯問孝兩章。孔子作答，既不依二孟之性情，又不依二孟之地位，而逕自有詳略之別，其故安在？且樊遲大才，孔子告之勑，懿子小才，反告之略，違反周公告小才勑、告大才略的原則。——孔子犯了所言無據及違反古聖

❺ 同前。

原則的錯誤。

2.〈里仁〉載孔子謂：「貧與賤，是人之所惡也，不以其道得之，不去也。」王充以爲應改「得」爲「去」，始合情理。——孔子「不能吐辭」、「相示不形悉」，是犯了敍述的錯誤。

3.〈公冶長〉載孔子謂「公冶長可妻」事。王充認爲「孔子之稱公冶長，有非辜之言，无行能之文。實不賢，孔子妻之非也；實賢，孔子稱之不具，亦非也。」——孔子犯了語意曖昧的錯誤。

4.〈公冶長〉有孔子問子貢：「汝與回也孰愈」一章。王充以爲「使孔子知顏淵愈子貢，則不須問子貢；使孔子實不知，以問子貢，子貢謙讓，亦不能知。」所以孔子之「問與不問，無能抑揚。」——孔子犯了「明知故問」或「問不得其人」的錯誤。

5.〈公冶長〉有孔子責宰予晝寢及孔子因宰予而改變論人之法二章。王充認爲宰予如有大惡，必不能躋身孔門。故孔子以大惡細，與其所修《春秋》中不貶小以大之旨相違。——孔子犯了「自相矛盾」的錯誤。又論人之法，取其言棄其行，取其行棄其言，宰予有「言語」一端，不應再求其「力行」，今孔子則備取人也。——孔子犯了「責人過深」的錯誤。

6.〈公冶長〉有孔子答子張問令尹子文可否稱仁章。王充以爲孔子旣以令尹子文爲忠，「忠者，厚也；厚人，仁矣」，則令尹子文必仁。——孔子是犯了不知代換律的錯誤。孔子更不應再以「未知，焉得仁？」一語求備於人，因「知與仁，不相干也。有不知之性，何妨爲仁之行？」——孔子犯了前提與結論不相干的錯誤。

7.〈雍也〉有「哀公問弟子孰爲好學」及「伯牛有疾」二章。〈先進〉亦有「康子問好學」章。王充以爲顏淵早夭，伯牛有疾，實則均爲「無命」。孔子不應指顏淵爲「短命」，伯牛爲「無命」。如必謂顏淵「短命」，則伯牛應爲「惡命」。——孔子犯了「措辭失當」的錯誤。又「康子問好學」章，若孔子知以顏淵攻哀公「遷怒」、「二過」之短，則亦應知以顏淵攻康子「患盜」之短。——孔子犯了「言無定旨」的錯誤。

8.〈雍也〉有「孔子見南子，子路不悅」章。王充以爲「孔子引未曾有之禍，以自誓於子路，子路安可曉解？」「孔子爲子路所疑，不引行事效己不鄙，而云天厭之，是與俗人解嫌引天祝詛何以異乎？」——孔子違反效驗的精神。而且根據〈顏淵〉中「死生有命，富貴在天」一語，知孔子以人之死生與操行無關，故不應以「天厭之」爲誓。——孔子犯了「自相矛盾」的錯誤。

9.〈子罕〉有「鳳鳥不至，河不出圖，吾已矣乎」章。王充以爲「于太平，鳳凰爲未必然之應（可能會有別種瑞物出現）。孔子，聖人也，引未必然以自傷，終不應矣！」——孔子犯了以「或然」爲「必然」的錯誤。再者，「任賢使能，治定功成；治定功成，則瑞物應矣。瑞物至後，亦不須孔子，孔子所望，何其末矣！不思其本，而望其末；不相其主，而名其物。治有未定，物有不至，以至而效明王，必失之矣！」——孔子犯了「本末倒置」、「求名不取實」的錯誤。

10.〈子罕〉有「子欲居九夷」章。王充提出三項駁難：第一、既謂「君子居之，何陋之有？」則中國亦可，何必夷狄？中國且不行，安能行於夷狄？——孔子犯了「自相矛盾」的錯誤。第二、禹不能教裸國衣服，孔子何能使九夷爲君子？王充的邏輯是：君子必着衣，不着衣必不爲君子；不能教民着衣，即不能教民爲君子。第三、王充推測孔子發此言的原因，可能由於意氣用事，所以他說：「孔子實不欲往，患道不行，動發此言」；也可能是由於要自圓其說，所以他說：「孔子知其陋，欲遂已然，距或人之諫。」

11.〈先進〉有「賜不受命，而貨殖焉，億則屢中」章。王充以爲「孔子知己不受命，周流求之不能得，而謂賜之受命，而以術知得富，言行相違，未曉其故。」——孔子犯了「自相矛盾」的錯誤。

12.〈先進〉有「顏淵死」章。王充認爲「賢者未必爲輔，猶聖人未必受命也……顏淵生未必爲輔，其死未必有喪」。且依孔子天命之說，顏淵之死與不死，實無與於孔子之稱王。——孔子犯了「自相矛盾」的錯誤。

13.《禮記・檀弓》有「孔子之衞，遇舊館人之喪」章。王充就此章與〈先進〉之「顏淵死，子哭之慟」及「鯉死也，有棺無槨」二章相較，認爲「弔舊館，脫驂以賻，惡涕無從；哭顏淵慟，請車不與，使慟無副。……於彼則情禮相副，於此則恩義不稱，未曉孔子爲禮之義。」——孔子有「矯情之嫌」。再者「不脫馬以賻舊館，未必亂制；葬子有棺無槨，廢禮傷法。孔子重賻舊人之恩，輕廢喪子之禮，此禮得於他人，制失親子也，然則孔子不粥車以爲鯉槨，何以解於貪官好仕？」——孔子有「貪仕之心」。

14.〈顏淵〉有「子貢問政」章，〈子路〉有「子適衞，冉子僕」章。王充認爲「孔子語冉子先富而後教之，教子貢去食而存信，食與富何別？信與教何異？二子殊教，所尙不同，孔子爲國，意何定哉？」——孔子犯了「自相矛盾」的錯誤。

15.〈憲問〉有「蘧伯玉使人於孔子」章。王充以爲孔子「使乎！使乎！」之言太約，使「後世疑惑，不知使者所以爲過」。——孔子犯了「語意曖昧」的錯誤。又孔子揚言「使乎！使乎！」與《春秋》爲賢者諱之義相違——孔子犯了「自相矛盾」的錯誤。

16.〈陽貨〉有「佛肸召，子欲往」及「公山弗擾以費畔，召，子欲往」二章❻。王充認爲：⑴子路引孔子前言「親于其身爲不善者，君子不入也」以諫，孔子旣不否定前言，又不改變赴召的決心。——孔子犯了「言行不一」的錯誤。⑵孔子復答以「不曰堅乎磨而不磷，不曰白乎涅而不淄？」意謂君子無處不可入，此與前言「親于其身爲不善者，君子不入也」不符。——孔子犯了「自相矛盾」的錯誤。⑶孔子不飮盜泉是，則欲對佛肸非。——這是「排中律」的應用。⑷孔子距子路，可云「吾豈匏瓜也哉，系而不仕也？」今言「系而不食」，孔子之仕，不爲行道，徒求食也。儒者說孔子周流應聘不濟，閔道不行，失孔子之情矣。——孔子謀利不謀道。⑸公山、佛肸俱爲畔者，行道于公山，求食于佛肸，孔子之言無定趨也。——孔子犯了「自相矛盾」的錯誤。

從以上這些分析，可以明顯地看出王充對孔子的批評，不外乎言行不一、自相矛盾、語意曖昧、本末倒置、矯情貪仕、意氣用事、自圓其說、言無定旨、不能吐辭、明知故問、問非其人這些皮相之談，對於孔子學說的本質則未曾稍加置評，如果一定要

❻ 此二章據崔述《洙泗考信錄》卷 2 及《論語錄說》之考證，恐爲後人僞託之作。

說王充對孔學有壞的影響，那恐怕只是孔子聖哲形象的問題，而這也正達成王充反對權威的目的。

旣知王充無批評孔子思想之意，以下再論王充尊孔之事。王充尊孔有以下幾項證據：

1.王充尊儒護儒

王充以爲孔墨之操高於黃老。故《論衡・定賢》曰：

> 以恬澹無欲，志不在于仕，苟欲全身養性為賢乎？是則老聃之徒也。道人與賢殊科者，憂世濟民於難；是以孔子棲棲，墨子遑遑。不進與孔墨合務，而還與黃老同操，非賢也❼。

而孔墨相較，儒學的實踐性又高於墨學。故《論衡・案書》曰：

> 儒家之宗孔子也，墨家之祖墨翟也。且案儒道傳而墨法廢者，儒之道義可為，而墨之法議難從也❽。

於是，一旦儒家思想遭到抨擊，王充必挺身代爲答辯，這在〈非韓〉中就有充分的證據。韓非明法尙功，謂儒者不耕而食，比之于一蠹。更以鹿馬爲喻，說儒者是無益之鹿，執法之吏才是有益之馬。對此，王充先責讓韓非不棄冠履之服，不廢拜謁之禮，是「言與服相違，行與術相反」；再力言儒生禮義之不容廢。他說：

---

❼ 同前❶，卷27，〈定賢〉，頁1108。
❽ 同前❶，卷29，〈案書〉，頁1155。

> 夫拜謁，禮義之效，非益身之實也，然而韓子終不失者，不廢禮義以苟益也。夫儒生，禮義也；耕戰，飲食也。貴耕戰而賤儒生，是棄禮義求飲食也。使禮義廢，綱紀敗，上下亂而陰陽繆，水旱失時，五穀不登，萬民饑死，農不得耕，士不得戰也。……故事成或無益，而益者須之；無效，而效者待之。儒生耕戰所須待也，棄而不存，如何也（「也」字衍）❾？

從這些言論看來，王充對儒家的推崇是至高的。

2.王充頻頻稱譽並立意仿效孔子

《論衡》中對孔子最直截了當的稱讚，便是冠孔子以聖人、大人（以上並見〈感類〉）、仁聖之人、不王之聖（以上並見〈指瑞〉）、鴻筆之人（〈須頌〉）、素王（〈超奇〉）、人之聖（〈講瑞〉）、百世之聖（〈別通〉）等尊號美名。而且孔子在王充心目中，至少具有道大、才高、智深、超俗這幾種特殊性格。以下列舉數則文字以資證明。

⑴道大之譽：

> 〈效力〉曰：「由斯以論，知能之大者，其猶十圍以上木也，人力不能篤舉，其猶薪者不能推引大木也。孔子周流，無所留止，非聖才不明；道大難行，人不能用也。故夫孔子，山中巨木之類也」❿。

---

❾　同前❶，卷10，〈非韓〉，頁434-436。
❿　同前❶，卷13，〈效力〉，頁586。

〈別通〉曰：「孔子道美，故譬以宗廟，眾多非一，故喻以百官。由此言之，道達廣博者，孔子之徒也」⓫。

⑵才高之譽：

〈效力〉曰：「孔子，周世多力之人也，作《春秋》，刪五經，秘書微文，無所不定」⓬。

〈自紀〉曰：「材鴻莫過孔子」⓭。

⑶智深之譽：

〈譴告〉曰：「使嚴王知如孔子，則其言可信」⓮。

〈龍虛〉曰：「以孔子之聖，尚不知龍，況俗人智淺……」⓯。

⑷超俗之譽：

〈累害〉曰：「動身章智，顯光氣於世，奮志敖黨，立卓異于俗，固常通人所讒疾也。以方心偶俗之累，求益反損，蓋孔子所以憂心，孟軻所以惆悵也」⓰。

〈本性〉曰：「孔子，道德之祖，諸子之中最卓者也」⓱。

⓫ 同前❶，卷13，〈別通〉，頁597。
⓬ 同前❿，頁582。
⓭ 同前❶，卷30，〈自紀〉，頁1194。
⓮ 同前❶，卷14，〈譴告〉，頁635。
⓯ 同前❶，卷6，〈龍虛〉，頁285。
⓰ 同前❶，卷1，〈累害〉，頁14。
⓱ 同前❶，卷3，〈本性〉，頁129。

總之，王充對孔子的高尙人格極端推崇，甚至視孔子爲他個人修德的最佳典範，其〈自紀〉說：

> 可效放者，莫過孔子。……處卑與尊齊操，位賤與貴比德，斯可矣⑱！

王充甚至以「行與孔子比窮」爲榮⑲，可見他對孔子的景仰是如何熱烈了。

不但如此，王充還認爲孔子爲漢作制，在政治制度上，也有極大的引領作用。〈佚文〉曰：

> 孔子曰：文王旣歿，文不在茲乎！文王之文，傳在孔子；孔子爲漢制文，傳在漢也。受天之文，文人宜遵⑳。

而王充發憤著《論衡》，自謂受到孔子「詩人疾之不能默，丘疾之不能伏」的感慨所刺激，《論衡》的寫作動機何其堂皇！而孔子對王充之影響又何其深！

3.王充好引孔子之言爲論據

《論衡》中引用孔子言辭爲王充立論之根據的地方不勝枚擧。這些引話中有些是可稽之史料，但也有些不明出處；有些是取孔子原意，但也有些是由孔子之言觸類旁通而引出新意的。譬如：〈齊世〉曰：「孔子曰『紂之不善，不若是之甚也』。則知

---

⑱ 同前❶，卷30，〈自紀〉，頁1183。
⑲ 同前，頁1195。
⑳ 同前❶，卷20，〈佚文〉，頁865。

堯舜之德，不若是其盛也」㉑。這是將孔子所謂「桀紂之惡不若傳言之盛」，進一步引申爲「堯舜之德不如傳言之盛」，以反駁世俗尊古卑今的觀念。又〈宣漢〉引孔子「修己以安百姓，堯舜其猶病諸」㉒！一語來證明「百姓安者，太平之驗」，從而推出漢代百姓安樂，堪稱太平盛世的結論。又〈辨祟〉引孔子「死生有命，富貴在天」來證明「百禍千凶，非動作所致」㉓。

由以上舉證可知王充推崇孔子並深受孔學影響，已無庸置疑。則其〈問孔〉，對孔子的人格及學說絲毫沒有蓄意攻擊之疑慮，而純粹是以刺孔來作爲反貴古賤今、反師法、反權威的一個實例，同時藉以展現他的邏輯批判能力。

(二) 孟　子

在先秦儒家諸子中，孟子在《論衡》中被稱引的次數，僅次於孔子，而且常與孔子並提，甚至共列爲聖賢。譬如〈逢遇〉謂孔孟爲「賢聖之臣」㉔，〈命祿〉謂「孔子聖人，孟子賢者」㉕，〈語增〉謂孔孟爲「一聖一賢」㉖。而據王充所謂「賢聖同類，可以共一稱」及「聖賢相出入，故其名稱相貿易也」㉗推之，聖賢並無本質上的差異，則孔孟二人實又無別。

不過，孟子在王充心目中的地位稍遜於孔子，却又是不爭的事實。除了聖賢這類泛稱之外，王充對孟子較具體的稱揚只有

㉑ 同前❶，卷18，〈齊世〉，頁813。
㉒ 同前❶，卷19，〈宣漢〉，頁817。
㉓ 同前❶，卷24，〈辨祟〉，頁1006。
㉔ 同前❶，卷1，〈逢遇〉，頁2。
㉕ 同前❶，卷1，〈命祿〉，頁23。
㉖ 同前❶，卷7，〈語增〉，頁340。
㉗ 同前❶，卷26，〈知實〉，頁1096。

「孟子，實事之人也」㉘一語，語氣之間就缺少他對孔子的那種景仰之情。如果說孟子有特別讓王充佩服的地方，也許就只是他那「好辯」的精神。〈對作〉篇曰：

> 孟子傷楊、墨之議大奪儒家之論，引平直之說，褒是抑非，世人以為好辯。孟子曰：「予豈好辯哉？予不得已也！」今吾不得已也！虛妄顯于真，實誠亂于偽，世人不悟，是非不定，紫朱雜厠，瓦玉雜糅，以情言之，豈吾心之所能忍哉㉙！

顯然，王充那疾「世人不悟，是非不定」的憤激之情與孟子是同出一轍的！

在〈刺孟〉中，王充對孟子提出九項質詢，分別出自〈梁惠王〉、〈公孫丑〉、〈滕文公〉、〈盡心〉諸篇。其指斥的內容亦與〈問孔〉一樣大致不出邏輯批判的範圍。譬如：就〈梁惠王〉責孟子不知利有安國之利、有貨財之利，故孟子以「何必曰利」答梁惠王「何以利吾國」之問。孟子若非犯了「無以驗效」的過失，便是犯了「失對上之指，違道理之實」的錯誤；又就〈公孫丑〉下篇的「致爲」、「陳臻」兩章及〈滕文公〉下篇的「彭更」章，責孟子之辭十萬，是失謙讓之理；又就〈公孫丑〉下篇的「沈同」章，責孟子愧爲知言之士；又就〈公孫丑〉下篇的「尹士」、「將朝」兩章，責「孟子之操，前後不同」；又就〈梁惠王〉之「魯平」章，責「孟子論稱，竟何定哉？」；又就

㉘ 同前，頁1088。
㉙ 同前❶，卷29，〈對作〉，頁1171。

〈公孫丑〉之「充虞」章，責孟子「論不實事考驗，信浮淫之語」；就〈滕文公〉之「彭更」章，責「孟子之責彭公，未爲盡也」；就〈滕文公〉之「匡章」章，責「孟子謂之若蚓乃可，失仲子之操所當化也」。以上這些指責盡屬於「自相矛盾」、「引喻不當」、「考驗失實」的範圍。

在〈刺孟〉中，王充的評論眞正有觸及孟子思想本身的，只有兩處：

(1)〈公孫丑〉之「充虞」章，孟子謂「五百年必有王者興」，王充指出這種「天故生聖人」的思想之謬誤。

(2)〈盡心〉之「莫非」章，孟子謂：「莫非天命也，順受其正。是故知命者，不立乎巖墻之下。盡其道而死者，爲正命也；桎梏而死者，非正命也。」王充評曰：「夫孟子之言，是謂人無觸値之命也。順操行者得其正命，妄行苟爲得非正命，是天命于操行也」㉚。

而事實上，對於孟子的思想，王充抨擊最力的應是人性論的部分。〈本性〉說：

> 若孟子之言，人幼小之時，無有不善也。……紂之惡，在孩子之時；食我之亂，見始生之聲。孩子始生，未與物接，誰令悖者？丹朱生於唐宮，商均生于虞室。唐虞之時，可比屋而封，所與封者，必多善矣。二帝之旁，必多賢也。然而丹朱傲，商均虐，並失帝統，歷世為戒。且孟子相人以眸子焉，心清而眸子瞭，心濁而眸子眊。人生目則眊瞭，眊瞭禀於天，不同氣也。非幼小之時瞭，長大與

㉚　同前❶，卷10，〈刺孟〉，頁471。

> 人接，乃更眊也。性本自然，善惡有質。孟子之言情性，未為實也。然而性善之論，亦有所緣……一歲嬰兒，無爭奪之心，長大之後，或漸利色，狂心悖形，由此生也㉛。

王充是對孟子「性本善」之說提出兩個反證：第一，丹朱、商均均成長於良好的教育環境中，却造就出傲虐的性行，可見善惡取決於本性，而非導因於環境；第二，孟子既謂相人以眸子，眸子之眊瞭係天生而成，可見人性之善惡亦為天生已具。關於這些評論，將在下文論人性一章中再論。

總言之，〈刺孟〉一文並不足以作為王充悖儒的充分證據。〈問孔〉、〈刺孟〉是王充對當時「傳先師之業，習口說之教，無胸中之造」的俗儒之批判的一種表現形式而已。

（三）荀　子

荀子在《論衡》中出現的次數只有八次，其中六次是在〈本性〉篇中（此六次重點均為王充對荀子性惡論之批評），另兩次分別為〈別通〉、〈對作〉兩篇。其內容依次如下：

> 〈對作〉曰：「賢聖不空生，必有以用其心。上自孔墨之黨，下至荀孟之徒，教訓必作垂文，何也？」㉜
>
> 〈別通〉曰：「周世通覽之人，鄒衍之徒，孫卿之輩，受時王之寵，尊顯于世」㉝。

㉛ 同前❶，卷 3，〈本性〉，頁125-128。
㉜ 同前❶，卷29，〈對作〉，頁1168。
㉝ 同前❶，卷13，〈別通〉，頁604-605。

大體說來，王充視荀子爲博覽之人，亦就是通人，與孟子的地位是一致的。但是，詳細比較王充的思想却發現與荀子的思想有許多近似處。所以吾人不能因荀子在先秦儒家諸子中被《論衡》稱引最少，就等閒視之。

歷來學者對於王充與荀子在思想上的近似處，已略有觸及。譬如：熊伯龍的《無何集》曾比較《論衡・治期》所謂「在天之變，日月薄蝕。四十二月日一食，五十六月月亦一食。食有常數，不在政治。百變千災，皆同一狀，未必人君政教所致。」和《荀子・天論》所謂「日月食而救之，非以爲得求，以文之也。故君子以爲文，百姓以爲神」二文，而歸結道：

> 荀子言非為得求，仲任言不在政治，同一意也㉞。

又比較《論衡・實知》所謂「古之水火，今之水火也；今之聲色，后世之聲色也。鳥獸草木，人民好惡，以今而見古，以此而知來。千歲之前，萬世之后，無以異也。」與《荀子・不苟》所謂「千人萬人之情，一人之情是也。天地始者，今日是也。百王之道，後王是也。」而歸結道：

> 蓋古今不相遠，真篤論也㉟。

㉞ 見北京中華書局出版之熊伯龍《無何集》卷之一，〈天地類・日食月食說〉二篇，頁56。

㉟ 同前，卷之二，〈古今類・古人今人無二〉四篇，頁 79-80。按此語乃出自韓二水，但熊伯龍既引述韓氏之語，可見亦同意此說。

這是最早將王充與荀子作比較的記錄。雖簡略，却予後人極大的啓發。

近世，蕭公權論王充政治思想時，更肯定地說：「王充思想有貌似荀子之處」[36]。而且從多方面比較其異同。又陳玉森在〈試論王充的思想淵源〉一文，進而由世界觀、認識論、政治思想諸方面論證王充思想係源自荀子，而非道家。

平心而論，王充思想所以近於荀子的主因，主要是緣於性格取向與時代背景有某些相似處，而非出自王充的蓄意模仿或師承。王充和荀子的性格中都有「不平則鳴」的傾向，《論衡·對作》曰：

> 是故《論衡》之造也，起衆書並失實，虛妄之言勝真美也。故虛妄之語不黜，則華文不見息；華文放流，則實事不見用。故《論衡》者，所以詮輕重之言，立真偽之平，非苟調文飾辭，為奇偉之觀也。其本皆起人間有非，故盡思極心，以譏世俗。世俗之性，好奇怪之語，說虛妄之文，……讀虛妄之書。明辨然否，疾心傷之，安能不論？……冀悟迷惑之心，使知虛實之分。虛實之分定，而華偽之文滅；華偽之文滅，則純誠之化日以孳矣[37]。

故整本《論衡》的寫作可以說是這種批判精神的實踐。而〈問孔〉、〈刺孟〉、〈非韓〉更是典型之作。

---

[36] 見蕭公權《中國政治思想史》第十章，第五節，〈王充論衡〉，頁345。

[37] 同前[32]，頁1170-1172。

《荀子・非十二子》篇開章明義即說：

> 假今之世，飾邪說，文姦言，以梟亂天下，矞宇嵬瑣，使天下混然不知是非治亂之所存者，有人矣㊳。

於是，接著批判十二子學說之是非。《史記・荀卿列傳》亦說：

> 荀卿嫉濁世之政，亡國亂君相屬，不遂大道，而營於巫祝，信禨祥。鄙俗小拘，如莊周等，又滑稽亂俗。於是推儒墨之行事興壞，序列著數萬言而卒，因葬蘭陵㊴。

故荀子的哲學思想是春秋戰國時代各家學說有批判性的總結；王充思想則是東漢以前各家理論帶批判性的總結。

但是，王充與荀子二人又均因主客觀條件的種種限制，而使其在採擇融會諸家之說時，產生了不可避免的矛盾。譬如二人思想均是以儒家學說爲基本出發點，然後以他家之說對儒學加以修正，最後歸於隆禮義、尊教化的主題。而其間思想的一貫性就常有牽强之處。

以下簡析荀、王思想的異同。首先論其相同處：

1.《論衡》之書名有得自荀子的啓發。

《荀子・解蔽》曰：

> 聖人知心術之患，見蔽塞之禍，故無欲無惡，無始無終，

㊳ 見《荀子集解》卷 3，〈非十二子〉，頁57。
㊴ 見《史記・荀卿列傳》卷74。

> 無遠無近，無博無淺，無古無今，兼陳萬物，而中懸衡焉。（集解曰：「不滯於一隅，但當其中而懸衡，揣其輕重也。」）是故衆異不得相蔽以亂其倫也。何謂衡？曰：道。故心不可以不知道；心不知道，則不可道而可非道㊵。……

又同書〈正名〉曰：

> 凡人之取也，所欲未嘗粹而來也；其去也，所惡未嘗粹而往也。故人無動而不可以不與權俱。衡不正，則重懸於仰，而人以為輕，輕懸於俛，而人以為重，此人所以惑於輕重也。權不正，則禍託於欲，而人以為福。福託於惡，而人以為禍：此亦人所以惑於禍福也。道者，古今之正權也。離道而內自擇，則不知禍福之所託㊶。

則荀子以道爲衡辨別輕重。而王充解釋「論衡」一詞曰：

> 論衡者，論之平也㊷。

顯然他和荀子一樣都是以「衡」爲衡量言論是非的標準。

2.荀、王二人均重視心的作用。

王充重心辨，荀子亦謂：「心者，形之君也，而神明之主

㊵ 見《新編諸子集成》二，《荀子集解・解蔽》卷15，頁263-264。

㊶ 同前，卷16，〈正名〉，頁285-286。

㊷ 同前❶，卷30，〈自紀〉，頁1187。

也」㊸。以爲認識雖由五官開始，但須由心加以檢驗辨別。又謂：「凡觀物有疑，中心不定，則外物不淸；吾慮不淸，則未可定然否也」㊹。「人何以知道？曰：心」㊺。在在以爲唯有思維才能實踐認識過程，而且感官的錯覺須由思維來校正。否則見寢石以爲虎，見植林以爲後人。

3.荀、王二人均重視人的主觀能動性。

荀子有制天、勘天的「天論」思想，亦有「靑取之於藍，而靑于藍」㊻的勸學之語。王充也一再强調聖人可學而成，否定先驗的知識。

4.荀、王二人均重符驗與辨合。

《荀子・性惡》曰：

> 凡論者，貴其有辨合，有符驗。故坐而行之，起而可設，張而可施行㊼。

符驗、辨合，細言之，就是分析、綜合及證驗三者。荀子評論孟子性惡說時即採用此法（詳見〈性惡〉篇）。辨合是實現由抽象上昇到具體的方法。但辨合並非主觀臆斷，而是有客觀根據。又〈正名〉篇說：

> 辨說也者，不異實名以喻動靜之道也㊽。

㊸　同前㊳，卷15，〈解蔽〉，頁265。
㊹　同前，頁269。
㊺　同前㊸，頁263。
㊻　同前㊳，卷1，〈勸學〉，頁1。
㊼　同前㊳，卷17，〈性惡〉，頁294。
㊽　同前㊳，卷16，〈正名〉，頁281。

認為辨合的客觀根據就是事物的同異。因此，正確的分析和綜合，要求「辨異而不過」，恰當地處理事物的異同，使「同則同之，異則異之」。王充對於演繹、歸納及證驗的重視則詳見下文專論「王充的立論方法和邏輯思想的特色」一章。二人的相似之處不待贅述。

5.荀、王二人均重視推類的方法。

「類」的概念，在荀子學說中被視為決定判斷的主要環節。因而荀子在明貴賤、辨同異、決是非、判正亂、別智愚的邏輯活動上，也以把握「類」為首要前提。所以他說：

> 其言有類，其行有禮，其舉事無悔，其持險應變曲當，與時遷徙，與世偃仰，千舉萬變，其道一也，是大儒之稽也。……其言行已有大法矣，然而明不能齊（讀作濟），法教之所不及，聞見之所未至，明知不能類也。……以淺持薄，以古持今，以一持萬，苟仁義之類也，雖在鳥獸之中，若別白黑，倚（奇）物怪變，所未嘗聞也，所未嘗見也，卒然起一方，則舉統類而應之，無所儗怍，張法而度之，則晻然若合符節，是大儒者也㊾。

他認為能「舉統類」而解決疑難，才是大儒的方法；知而能類，才是以一持萬的前提；「知不能類」就是「明不能濟，法教之所以不及，聞見之所未至」的感性局限的原因。總之，荀子以知類為立言之本，這一點是很顯然的。他在〈非相〉、〈王制〉、〈大略〉諸篇中也都有強調推類之重要的言論。而荀子所謂的「大

㊾ 同前㊳，卷4，〈儒效〉，頁87-89。

儒」，其實就是聖人的同類。換言之，他也認為聖人有類推的能力，這點又與王充所言相同。

6.荀、王二人均重名實相符。

《荀子・正名》曰：

> 名無固宜，約之以命，約定俗成，謂之宜；異於約，則謂之不宜。名無固宜，約之以命實；約定俗成，謂之實名[50]。

據荀子的看法，名乃約定俗成，具有社會性，且隨社會習俗而變化，因而社會實踐可作為檢驗名的標準，故曰：

> 知之，不若行之。……聖人也者，本仁義，當是非，齊言行，不失毫釐，無它道焉，已乎行之矣[51]。

王充亦以名為反應實，名應依實而立。因而反對名實不符或有名無實的思想言行。他說：

> 取舍宜同，賢佞殊行，是是非非，實名俱立[52]。
> 外內不相稱，名實不相副，際會發現，奸偽覺露也[53]。
> 夫觟䚦之觸罪人，猶倉光之覆舟也，蓋有虛名，無其實效也。人畏怪奇，故空褒增[54]。

---

[50] 同前[38]，卷16，〈正名〉，頁279。
[51] 同前[38]，卷 4，〈儒效〉，頁90。
[52] 同前[1]，卷11，〈答佞〉，頁521。
[53] 同前[52]，頁526。
[54] 同前[1]，卷17，〈是應〉，頁761。

這與董仲舒那種神秘、空洞、抽象的名實關係全然不同，而較接近荀子那種具體而平實的名實關係。

7.荀子「法後王」的觀念，其實就是王充反「貴古賤今」觀念的前導。

《荀子·非相》曰:

> 聖王有百，吾孰法焉？故曰：文久而息，節族久而絶，守法數之有司，極禮（俞樾云：疑禮字衍）而褫。故曰：欲觀聖王之跡，則於其粲然者矣，後王是也。彼後王者，天下之君也，舍後王而道上古，譬之是猶舍己之君而事人之君也。故曰：欲觀千歲，則數今日；欲知億萬，則審一二；欲知上世，則審周道；欲知周道，則審其人所貴君子。故曰：以近知遠，以一知萬，以微知明，此之謂也[55]。

在荀子看來，古聖先賢之事迹常因時日久遠而模糊難知，卽使欲有所取法亦難矣！而且後王旣與先王同爲天下之君，其政敎事蹟必與先王無二，何不取近而易見者爲效法的對象，以彰其效？所以他認爲「文久而息，節族久而絶」是吾人須法後王的主因，而「久」字實已點出「時間」的影響力。他以爲時間的遠近會影響記載的詳略，時遠則載略，並非古人不如今人。

王充的背景與荀子不同，因彼時儒家一尊、經典至上，近世之事反而不載，故王充轉而提倡齊世。看似與荀子相反，實則是一致的。王充說:

[55] 同前[38]，卷3，〈非相〉，頁50-51。

> 辯士則談其久者，文人則著其遠者，近有奇而辨不稱，今有異而筆不記[56]。

> 世俗之性，賤所見貴所聞也。有人于此，立義建節，實核其操，古無以過；為文書者肯載于篇籍，表以為行事乎？作奇論，造新文，不損于前人，好事者肯舍久遠之書，而垂意觀讀之乎[57]？

此等言論，在〈齊世〉篇中俯拾可得，不待多引。王充以爲近者所載略，遠者所載反詳，是當時的通病，而由這個通病就可以看出時人「貴古賤今」的心態。實則今之人與古之人無別，故曰：

> 夫上世治者，聖人也；下世治者，亦聖人也。聖人之德，前後不殊。則其治世，古今不異。……上世之民，下世之民也，俱稟元氣。元氣純和，古今不異，則稟以為形體者，何故不同？……氣之薄渥，萬世若一。帝王治世，百代同道。人民嫁娶，同時共禮。……以今之人民，知古之人民也[58]。

以此之故，王充繼承和發展了荀子法後王的思想，提出漢高于周的觀點，强調革新前進，反對復古倒退。

8.荀、王對人的品類區分有近似的看法。

荀子在〈儒效〉篇中，分人爲俗人、俗儒、雅儒、大儒四

[56] 同前[1]，卷18，〈齊世〉，頁810。
[57] 同前[56]，頁811。
[58] 同前[56]，頁804。

大類。簡而言之，不學無術，唯利是圖的是俗人，假古欺今，唯唯諾諾的是俗儒，尊賢畏法但無類推能力的是雅儒，以古持今並知學統類的是大儒。王充在〈超奇〉篇中說：

> 故夫能說一經者為儒生；博覽古今者為通人；采掇傳書，以上書奏記者為文人；能精思著文連結篇章者為鴻儒。故儒生過俗人，通人勝儒生，文人踰通人，鴻儒超文人[59]。

雖然王充是以治學的能力區分儒生的等級，其考慮的範圍小於荀子，但是荀子的分類法無疑地是王充的前導。

雖然如此，王充的思想仍有若干不同於荀子的地方。茲舉數例以明之：

1.荀子認爲「天行有常」，不爲人變易其節也；王充更進一步駁斥天生人、復爲人類主宰之說。

《荀子・天論》曰：

> 天行有常，不為堯存，不為桀亡，應之以治則吉，應之以亂則凶[60]。

這是說天不爲人所影響。而《論衡・物勢》曰：

> 夫天地合氣，人偶自生也，猶夫婦合氣，子則自生也。…夫天不能故生人，則其生萬物，亦不能故也；天地合氣，

---

[59] 同前[1]，卷13，〈超奇〉，頁606-607。
[60] 同前[38]，卷11，〈天論〉，頁205。

> 物偶自生矣[61]！

是說天不能主宰人。二者都在强調天無意志，不過王充的語氣較荀子更爲强烈。而且，荀子與其他儒家一樣都認爲天生民而立之君，使司牧之。王充雖然未曾加以直接駁斥，然就其思想之大體推之，勢亦難於承認。王充謂天生萬物，悉出於自然，未嘗有意爲人類生衣食之資。衣食旣不由天生，則君師亦非天所立。上古天賦神權之說，自王充看來，純屬無稽之談，而天人感應、災異譴告、五行生剋諸說，其虛妄更無待論。

2. 荀子破除天人感應之迷信，意在建立一人本主義之積極政治觀；王充破除天人感應，其目的則在闡明悲觀之宿命論。

《荀子・天論》所謂「應之以治則吉，應之以亂則凶」的說法，就是在强調人本主義的積極政治觀。而王充認爲宇宙間一切事物之發生，悉由偶然之際會。此偶然之際會，王充稱之爲「命」，故曰：

> 命，吉凶之主也。自然之道，適偶之數，非有他氣旁物厭勝感動，使之然也[62]。

然而所謂偶會者，就宇宙全體言之也。天運自然，萬物之生，旣非有意，更無目標，故得謂之偶然。若就各個之事物言，則偶然之會，絕不由已，而一經具體，改造無方，則此偶然遂成必然。故進而歸結道：「形不可變化，命不可減加」[63]，非但個人受宿

---

[61] 同前❶，卷3，〈物勢〉，頁136-137。
[62] 同前❶，卷3，〈偶會〉，頁91。
[63] 同前❶，卷2，〈無形〉，頁54。

命之支配，國家亦然。政教既不足爲，「以不治治之」乃成爲唯一合理之治術。政教既無益，君長亦成贅旒。王充雖未發爲無君之結論，但此實爲宿命論邏輯上之必然發展。

3.荀子不信命相可以決定心性善惡；王充則以命相論吉凶。

荀子有〈非相〉篇曰：

> 故相形不如論心，論心不如擇術。形不勝心，心不勝術，術正而心順之。則形相雖惡，而心術善，無害為君子也。形相雖善，而心術惡，無害為小人也[64]。

其意以爲觀人應察心術，而不應憑形相，而王充有〈骨相〉篇曰：

> 非徒富貴貧賤有骨體也，而操行清濁亦有法理也。貴賤貧富，命也；操行清濁，性也。非徒命有骨法，性亦有骨法。惟知命有明相，莫知性有骨法，此見命之表證，不見性之符驗也[65]。

係以形相骨法來論人之貴賤貧富與操行清濁。此與荀子之說大異其趣。

4.荀子主張人性惡，王充則認爲「善惡以人異殊上中下」[66]。

荀子性惡說，已爲定讞，不待贅述。但是，王充對荀子性惡

---

[64] 同前[38]，卷3，〈非相〉，頁46。
[65] 同前[1]，卷3，〈骨相〉，頁112。
[66] 見章炳麟《國故論衡》下，〈辨性〉上。

論的批判，與其說是反對荀子學說，無寧說是修正荀子的學說。因爲荀、王之間在人性論上出發點雖然不同，但其目的却是一致的，都注重環境的影響和教化。王充〈率性〉篇所擧「練絲」、「蓬生麻間」及「白紗入緇」之喩，以明人性「在所漸染而善惡變矣」的看法，則與荀子〈勸學〉的思想內容相似。

綜觀荀、王二人思想的同異處，可知王充的思想有不少是得自荀子的啓發，而在王充本人却不自知的。他尊孔崇孟，但對荀子未給予太高的推崇，主要的原因是荀子在漢代學界的地位並未獲得肯定；而且王充在博覽衆書，成就一家之學時，因爲性格的取向及其將儒學理性化的緣故，自然而然承襲或引申荀子之說，其間本無刻意師承之意。若以此而認定王充思想源自荀子，因此是儒家者流，則未免有武斷之嫌。

二、法　　家

《論衡》中凡三十二處提及韓非，但有二分之一以上是在〈非韓〉篇中，所以〈非韓〉篇是吾人了解王充對法家的批判的主要憑藉。

〈非韓〉篇的性質與〈問孔〉、〈刺孟〉兩篇不同，王充在該篇中除了對韓非的言論作邏輯的批判之外，同時也對其政治哲學的內涵作了深刻的抨擊。王充的主要論點在於反對韓非的「明法尙功」及「非儒」二個觀念，並且擧出韓非不能貫徹其「明法尙功」的主張，以致言行相違的一些事實，作爲王充反對法家思想的部分憑據。

〈非韓〉篇開章明義卽討論韓非「非儒」的問題。韓非旣講求「明法尚功」，所以主要是從「效益」的角度來非議儒家。他以爲儒家「不耕而食」、「無益而有損」。對此，王充先做消極的反駁，他舉出兩事來反駁韓非：第一，冠履乃無益之服，但韓非不去；第二，跪拜之禮，煩勞人體，無益人身，但韓非不棄。由此言之，韓非自身「不廢禮義以苟益」。其次，王充復積極地舉出儒生禮義之效用，其舉證有二：第一，王充說：

> 儒者之在世，禮義之舊防也；有之無以益，無之有損。庠序之設，自古有之。重本尊始，故立官置吏。官不可廢，道不可棄。儒生，道官之吏也，以為無益而廢之，是棄道也。夫道無成效於人，成效者須道而成。然足蹈路而行，所蹈之路，須不蹈者，身須手足而動，待不動者。故事或無益，而益者須之；無效，而效者待之。儒生，耕戰所須待也，棄而不存，如何也[67]？

王充此說是老子「有之以爲用，無之以爲利」[68]及莊子所謂「無用之用」[69]的哲學之運用。儒生之禮義看似無用，但其他有用之物却須仰賴它才能完成其效用； 第二， 王充以爲治國之道有養德、養力二途，不可偏廢。他說：

> 夫德不可獨任以治國，力不可直任以御敵也。韓子之術不養德，偃王之操不任力，二者偏駮，各有不足。偃王有無

---

[67] 同前[1]，卷10，〈非韓〉，頁435-436。
[68] 見新編諸子集成本《老子本義》卷上，第十章，頁 9。
[69] 此說詳見《莊子・逍遙遊》。

力之禍，知韓子必有無德之患(70)。

王充固然知道「世衰事變，民心靡薄」是促使韓非「作法術，專意於刑」的因素，但他却更堅信「人君治一國，猶天地生萬物。天地不爲亂歲去春，人君不以衰世屏德」(71)的道理。由此可知王充的政治觀是以儒家的禮義爲本，以法家的法度爲輔。這其實與荀子學說之禮表法裏異曲同功。

王充並認爲韓非所指責的有益無損之儒，其實是「無行操，擧措不重禮，以儒名而俗行，以實學而僞說，貪官尊榮」(72)的俗儒，此與「志潔行顯，不徇爵祿」，足以爲禮義之表率的眞儒是大相逕庭的。所以，韓非實爲俗儒之汚行敗德所蔽，而對儒家做出不公允的抨擊。

除了上述原則性的問題之外，王充在〈非韓〉篇中的論點都屬於邏輯批判的範圍。譬如他就狂譎、華士不仕於齊，太公誅之，而韓非是之一事，指責韓非「失誤之言也」、「好惡無定矣」。又就魯公繆問龐撊是子不孝於子思及子服歷伯，以及鄭子產聞婦人哭不哀而查其殺夫之罪兩事，指責韓非論事無定則，言詞與術意相違。

但是，王充對韓非學說也並非完全採取否定的態度。譬如：《韓非子》一書的設問辯答以及一以貫之的寫作形式，王充頗爲讚賞。〈案書〉篇曰：

---

(70) 同前❶，卷10，〈非韓〉，頁440-441。
(71) 同前，頁444。
(72) 同前(70)，頁436。

> 兩刄相割，利鈍乃知；二論相訂，是非乃見。是故韓非之〈四難〉，桓寬之《鹽鐵》、君山《新論》之類也[73]。

〈自紀〉篇亦說：

> 韓非之書，一條無異，篇以十第，文以萬數[74]。

此外，王充齊世的歷史觀可能也有受到《韓非子・五蠹》的影響，〈五蠹〉篇曰：

> 是以聖人不期修古，不法常可。論世之事，因為之備……今欲以先王之政，治當世之民，皆守株之類也。……故事因於世，而備適於事[75]。

文中否定以古治今，實已暗含古不勝今之意。由此推論，齊世的觀點自然得以滋生。這種觀念，若溯其源，當與荀子「法後王」的觀念是一脈相承的。

三、道　家

《論衡》中對於道家之學，多擧黃老爲例，從未提及莊子之

---

[73] 同前[1]，卷29，〈案書〉，頁1165。
[74] 同前[1]，卷30，〈自紀〉，頁1194。
[75] 見新編諸子集成本《韓非子集解》卷19，〈五蠹〉，頁339-341。

名。這顯然是受了漢初以來政治上流行的黃老之術的影響；而且，老莊未被連稱並舉，亦爲彼時風尙，王充不出其外。不過，《論衡》中未有莊子之名，並不表示王充未受莊子的影響。這種情形就像王充多言孔孟，少述荀子的情形一樣，都是時尙所致。《論衡・自然》曰：

> 道家德厚，下當其上，上安其下，純蒙無為，何復譴告？故曰：政之適也，君臣相忘於治，魚相忘於水，獸相忘於林，人相忘於世，故曰天也[76]。

王充在此顯然是取《莊子・大宗師》「魚相忘乎江湖，人相忘於道術」之意。

《論衡》中黃老並舉的例子有四：

1. 〈譴告〉曰：「夫天道，自然也，無為；如譴告人，是有為，非自然也。黃老之家，論說天道，得其實矣」[77]。
2. 〈自然〉曰：「至德純渥之人，稟天氣多，故能則天自然無為。稟氣薄少，不遵道德，不似天地，故曰不肖。……賢之純者，黃老是也。黃者，黃帝也；老者，老子也。黃老之操，身中恬淡，其治無為，正身共己，而陰陽自和，無心於為而物自化，無意於生而物自成」[78]。

---

[76] 同前❶，卷18，〈自然〉，頁783-784。
[77] 同前❶，卷14，〈譴告〉，頁635-636。
[78] 同前❶，卷18，〈自然〉，頁781-782。

3.〈定賢〉曰：「以恬澹無欲，志不在于仕，苟欲全身養性為賢乎？是則老聃之徒也。道人與賢殊科者，憂世濟民於難，是以孔子棲棲，墨子遑遑。不進與孔墨同務，而還與黃老同操，非賢也」[79]。

4.〈對作〉曰：「衞驂乘者越職而呼車，惻怛發心，恐上之危也。夫論說者，閔世憂俗，與衞驂乘者同一心矣。愁精神而幽魂魄，動胸中之靜氣，賊平損壽，無益于性。禍重于顏回，違負黃老之教，不得已故爲《論衡》」[80]。

由以上四段引文，可知王充對於黃老之學的褒貶互見。他褒揚黃老的天道自然及無爲而治的觀念，但貶抑道家志不在于仕，不知憂世濟民的超俗態度。他明知著述害生傷神，却仍不惜違反黃老無言之敎，而行儒家著述之事 。

關於天道自然一項，王充運用之範圍極廣，舉凡斥譴告之非實及天故生萬物之不可信，均憑此自然之義爲說，故〈自然〉篇曰：

或說以為天生五穀以食人，生絲麻以衣人。所謂天為人作農夫、桑女之徒也。不合自然，故其義疑，未可從也。試依道家論之。天者普施氣萬物之中，穀愈饑而絲麻救寒，故人食穀、衣絲麻也。夫天之不故生五穀絲麻以衣食人，由其有災變不欲以譴告人也。物自生而人衣食之，氣自變

[79] 同前[1]，卷27，〈定賢〉，頁1108。
[80] 同前[1]，卷29，〈對作〉，頁1171。

而人畏懼之。以若說論之，厭於人心矣[81]。

至於無爲之政治思想，王充雖一再强調是屬於黃老的範疇。但是，據《論衡》全書看來，王充重禮義及聖君賢臣，與道家棄禮義、絕聖棄智的觀念實相違背，可見王充所謂「無爲」，必已非老學的純任無爲之意。而且，〈自然〉篇曰：

舜禹承安繼治，任賢使能，恭己無為而天下治。舜禹承堯之安，堯則天而行，不作功邀名，無為之化自成，故曰：蕩蕩乎民無能名焉[82]。

此亦可證明王充所言無爲，已非先秦老學本義，而係荀子以後，儒家所言的無爲之政。這將留待後文詳論。

按道家思想入漢以後，分裂爲三派而發展：第一、老子尋求超越的思想遭受歪曲，而成爲求長生的道教；第二、老子否定禮制的思想，被襲取皮相而逐漸形成漢末魏初的放誕思想，終發展成魏晉的清談；第三、老子守柔、無爲的技術觀念，逐漸轉變爲政治上的權術思想，這就是漢初朝野所共同推崇的黃老之治。王充對於第一、第二兩支流都採取反對的態度，他認爲恬淡無欲、愛精養氣，實不足以延年度世，故曰：

夫草木無欲，壽不踰歲，人多情欲，壽至于百。此無情欲者反夭，有情欲者壽也。夫如是，老子之術，以恬淡無欲

[81] 同前[78]，頁775。
[82] 同前[78]，頁782。

延壽度世者，復虛也[83]。

顯然老子這種養生的想法與王充稟命的觀念是相衝突的，所以王充不會置信。但到王充晚年時，情隨境轉，遂熱衷於修身養性一事，而自作《養性書》。可見他終究逃不出養生派道敎的影響。此外，王充在《論衡》中，一再強調禮義的重要，謂「國之所以存者，禮義也」[84]，此與道家第二支流的思想自不相應。所以，王充思想得自老子的部分，只有「自然」及「無爲」兩義，雖然此「無爲」已有權術的色彩。

總括言之，黃老在王充心目中的地位遠遜於孔孟（見前引第三則〈定賢〉篇文）。王充一本他截長補短的雜家色彩，對道家思想固有所採擇融會，但並不足以論定王充思想源自道家。

四、墨　　家

墨子之名在《論衡》中出現過二十餘次，其中有十一次是與孔子並擧，兩次與魯般同列，四次與楊朱連言。

孔墨並擧的部分，主要在褒揚墨子的賢材以及棲棲遑遑的憂世濟民的心胸，同時也連帶歎息孔墨的仕數不耦。以下試擧數例：

〈別通〉曰：「孔墨之業，賢聖之書……賢聖之書，有必尊之聲」[85]。

---

[83] 同前[1]，卷7，〈道虛〉，頁328。
[84] 同前[1]，卷10，〈非韓〉，頁436。
[85] 同前[1]，卷13，〈別通〉，頁598。

〈自紀〉曰：「孔墨祖愚，丘翟聖賢」[86]。

〈定賢〉曰：「憂世濟民於難，是孔子棲棲，墨子遑遑。不進與孔墨合務，而還與黃老同操，非賢也」[87]。

〈累害〉曰：「夫未進也，身被三累；已用也，身蒙三害。雖孔丘、墨翟不能自免，顏回、曾參不能全身也」[88]。

至於墨子、魯般同列的例子，顯然只就墨子在工藝及軍事上的才能言。楊墨連言的段落，則主要在談墨子對於人性的看法以及其違亂儒家禮義的謬論。如〈率性〉曰：

十五之子，其猶絲也。其有所漸化為善惡，猶藍丹之染練絲，使之為青赤也。青赤一成，真色無異。是故楊子哭歧道，墨子哭練絲也，蓋傷離本，不可復也[89]。

關於人性易受環境薰染這個觀點，王充是贊同的，此詳後文論人性專篇。又〈對作〉曰：

孟子傷楊墨之議大奪儒家之論，引平直之說，褒是抑非，世人以為好辯[90]。

---

[86] 同前[1]，卷30，〈自紀〉，頁1197。
[87] 同前[1]，卷27，〈定賢〉，頁1108。
[88] 同前[1]，卷1，〈累害〉，頁11。
[89] 同前[1]，卷2，〈率性〉，頁64-65。
[90] 同前[80]，頁1171。

王充一再强調孟子造論乃是由於楊墨之横議充斥天下之故。可見他亦認爲墨子的思想有違儒家之旨。

不過，整體觀之，王充對墨子的批評，主要還是在於其思想內在的矛盾。這些議論主要多集中在〈薄葬〉篇中。王充認爲墨子的節葬和明鬼兩個觀點，基本上是互相衝突的。因爲明鬼必使人以爲「死人有知，與生人無以異」，同時以爲「人死輒爲鬼神而有知，能形而害人」。於是那些輕信禍福的人，便「破家盡業，以充死棺；殺人殉葬，以快生意」[91]，造成生活上一種浪費。若要求薄葬，便應盡掃鬼神迷信，否則猶如緣木求魚，徒勞無功。墨子不知其自身理論的謬差，反而津津樂道地引周宣王大夫杜伯死後化爲厲鬼，射死宣王一事作證驗，以明人死可化爲鬼。因此，王充進而批評墨子曰：

> 夫論不留精證意，苟以外效立事是非，信聞見於外，不詮訂於內，是用耳目論，不以心意議也。夫以耳目論，則以虛象為言，虛象效則以實事為非。是故是非者不徒耳目，必開心意。墨議不以心而原物，苟信聞見，則雖效驗章明，猶為失實。失實之議難以教，雖得愚民之欲，不合知者之心，喪物索用，無益於世，此蓋墨術所以不傳也[92]。

此所謂「外效」就是指杜伯之類的傳說，因此等無根之說未經愼密的思慮加以審察眞僞，故只是「原物」而不以「心」。這種不經心意詮定的效驗之可靠性，在王充看來，是十分可疑的。不

---

[91] 同前[1]，卷23，〈薄葬〉，頁958。
[92] 同前[91]，頁959。

過，墨子的其他邏輯觀念也曾予王充極大的啓發，這是不容否認的。詳見後文論王充的邏輯思想一章。

王充不但從邏輯上指出薄葬與明鬼的矛盾，而且從根本上反對鬼神論。他堅持「死人不爲鬼，無知，不能害人」的觀點，故從〈論死〉篇到〈薄葬〉篇，加上〈祀義〉、〈祭意〉凡八篇，集中論述了「人死不爲鬼」的無神論思想，對當時社會上流行的厚葬、禁祀等迷信進行了抨擊和批評。此亦待後詳。

五、名家與陰陽家

《論衡·案書》有一段文字兼論名家與陰陽家的是非，曰：

> 公孫龍著堅白之論，析言剖辭，務曲折之言，無道理之較，無益於治。齊有三鄒子之書，瀇洋無涯，其文少驗，多驚耳之言。案大才之人，率多侈縱，無實是之驗，華虛誇誕，無審察之實(93)。

王充認爲名家除去擅長詭辯，對社會毫無益處。王充所好者乃「有益之辯」。至於陰陽家只會說些虛誕不經的話以危言聳聽，在王充看來，亦是不足法的，王充所好者乃「有效驗之言」。

除此之外，《論衡》對於名家雖沒有更進一步的批判，但全書所呈現的辯論多集中在與風俗民情、世道人心有益的事情上，便是對名家最具體的抨擊。至於陰陽家「瀇洋無涯之言」，《論衡》有大半的篇幅都是因它而作。只是，王充抨擊的對象多半是

(93) 同前❶，卷29，〈案書〉，頁1159-1160。

漢代陰陽化了的儒家所倡行的天人感應之論，而眞正批判先秦陰陽家的部分其實不多，卽便有，其論點也多集中在鄒衍談天文地理的言論。如〈談天〉論鄒衍大九州之說中「方今天下在地東南，名赤縣神州」的謬誤。此外，王充對於鄒衍方術的誇誕傳言亦往往有所批評。他在〈感虛〉以及〈變動〉兩篇中均曾指出「鄒衍無罪，見拘于燕，當夏五日，仰天而歎，天爲隕霜」一事的虛誕不可信[94]。但這些與陰陽五行的理論本身關係畢竟不大，何況王充本人事實上並未擺脫陰陽五行學說的影響，對鄒衍學說的批評終究是不徹底的。

在貶抑之外，王充對公孫龍與鄒衍的才情却又頗爲推崇，除了在〈案書〉篇中稱此二人爲「大才之人」外，在〈別通〉篇中更將鄒衍與荀卿並列爲「周世通覽之人」[95]。由此看來，王充對名家、陰陽家的批評，主要着眼於「無益」、「無效」兩點，其他諸事恐怕都不是王充眞正介意或關心的。

六、餘　論

從王充對各家的評論看來，他既不黜諸說而尊一家，也不爲了獨創一家之說而唯我獨尊。誠如〈對作〉所說：「《論衡》者所以詮輕重之言，立眞僞之平，非苟調飾文辭爲奇偉之觀也。」其目的只是在尋求事物的眞。獨尊一家之言，難免流於偏頗而好

---

[94] 王充在〈寒溫〉中曾以「鄒衍吹律，寒谷可種」證明「寒溫之災，復以吹律之事，調和其氣。變易政行，何能滅除？」（《論衡校釋》卷14，頁630），此乃以俗論駁俗論之例，並非王充相信鄒衍之術。

[95] 同前[85]，頁604-605。

其所好，惡其所惡，喪失了學術研究上應追求的「眞」與「是」。因此，堅持論斷王充之學是源自那一家，都不免有牽強之弊，而且也抹殺了王充的求眞精神。

平心而論，就王充的求學過程及整體言論看來，在潛意識裏，他是比較偏向儒家的。而且，在糅合諸家之說以成一家之言時，王充有時固然是有意在運用對比原則，以甲之是指出乙之非；但多半時候，他是在無意地左採右獲，不求一定的指向，只求合乎己意以成其思想體系。他眞正意識到自己是在採取儒家的異說以成就其言論，恐怕只有在論天道有無一事上，故〈譴告〉篇曰：

> 夫天道，自然也，無為；如譴告人，是有為，非自然也。黃老之家，論說天道，得其實矣⑯。

又〈自然〉篇亦曰：

> 夫〈寒溫〉、〈譴告〉、〈變動〉、〈招致〉，四疑皆已論矣。譴告於天道尤詭，故重論之，論之所以難別也。說合于人事，不入于道意。從道不隨事，雖違儒家之說，合黃老之義也⑰。

道家「自然」之義有違漢儒之說，王充特予說明，可見他採取道家「自然」之義是自覺的。

---

⑯　同前⑰，頁635-636。
⑰　同前⑱，頁789。

第四章　王充對漢代諸子的批評

——王充學術思想的淵源之二

漢代諸子中，比較常被王充稱引且讚揚的有董仲舒、司馬遷、揚雄、班彪、班固、桓譚諸人。其中尤以桓譚所受獎譽最高，而且予王充的影響最深。以下分論王充對各家的批評，兼談王充所受當代思想家的影響。

一、董 仲 舒

《論衡・案書》論衆書所言的虛實優劣，其中有一大段論董仲舒的文字，最能見出王充對董仲舒的看法。王充先依據他「疾虛妄」的一貫精神，對仲舒「雩祭應天，土龍致雨」之說提出三點質疑：第一、「以政致旱，宜復以政，政虧而復修雩治龍，其何益哉？」第二、「陰陽相渾，旱湛相報，天道然也，何乃修雩設龍乎？」第三、「寒溫與旱湛同；俱政所致，其咎在人。獨爲亢旱求福，不爲寒溫求祐，未曉其故」❶。同時承認鴻材巨識之人必會對土龍雩祭之事置疑。但是，隨後語氣急轉直下，否認董仲舒曾煩亂孔子之書、儒家之學，進而肯定土龍雩祭必有緣由。他說：

---

❶ 見黃暉《論衡校釋》卷29，〈案書〉，頁1162。

> 董仲舒著書，不稱子者，意殆自謂過諸子也。漢作書者多，司馬子長、揚子雲，河漢也；其餘涇渭也。然而子長少臆中之說，子雲無世俗之論，仲舒說道術奇矣，比方二家尚矣！讖書云：「董仲舒，亂我書」，蓋孔子言也。讀之者，或〔以〕為「亂我書」者，煩亂孔子之書也；或以為亂者，理也，理孔子之書也。共一亂字，理之與亂，相去甚遠，然而讀者用心不同，不省本實，故說誤也。夫言煩亂孔子之書，才高之語也；其理孔子之書，亦知奇之言也。出入聖人之門，亂理孔子之書，子長、子雲無此言焉。……案仲舒之書，不違儒家，不反孔子，其言煩亂孔子之書者，非也；孔子之書不亂，其言理孔子之書者，亦非也。……亂者，終孔子之言也。孔子生周，始其本；仲舒在漢，終其末。班叔皮續《太史公書》，蓋其義也；賦頌篇下其有「亂曰」章，蓋其類也。孔子終論，定於仲舒之言，其修雩治龍，必將有義，未可怪也❷。

這段文字不但說明了王充作〈亂龍〉的原因，而且也透露出王充對董仲舒的敬意。

學者有以〈案書〉中王充對土龍致雨的質疑，而認定王充忽而不信此事，忽而作〈亂龍〉大談土龍致雨的道理，若不是由於王充「於感類順應的現象，尙未徹底的清晰，故此他不免爲董仲舒土龍以求雨的見解辯護」❸，便是由於〈亂龍〉乃後人僞

❷ 同前，頁1163-1164。

❸ 見容肇祖〈論衡中無僞篇考〉，原載天津《大公報・史地周刊》第九十期，1936年6月26日。現收入蔣祖怡《王充卷》中。

作❹。此兩種臆測，其實都是由於未解王充眞意所致。

細繹〈案書〉之文，王充並不認爲董仲舒之書有違儒家之旨，故其土龍致雨之說必非僅屬迷信無稽，而應別有深意。而此深意何在呢？據〈亂龍〉看來，其深意在於「四義」而非「十五效驗」。所謂「四義」，是指四種禮俗的意義。這四種禮俗分別爲：立土人土牛田中以順氣應時，立木主象先祖以表孝敬，設塗車芻靈以象生存，畫布爲熊麋之象，並名布爲侯，示射無道諸侯。據王充的分析，這四種禮俗都是貴在意象，而不在實效，所以他說：「禮貴意象，示義取名」❺，分明是受儒家「爾愛其羊，我愛其禮」的心態所支配。但是，好辯且重理實的王充却非爲它在邏輯上尋出一個理致不可。於是，不惜以類推法爲它尋出十五個效驗以爲辯護。

「十五效驗」，可簡述如下：

1. 鑄陽燧能取飛火於日，作方諸能取水於月。
2. 取刀劍偃月之鉤，摩以向日，亦能感天。
3. 鶵可以姦聲感。
4. 精神可感動木囚。
5. 禹鑄金鼎象百物，以入山林，亦辟凶殃。
6. 磁石、鉤象之石（即象牙）非頓牟（即瑇瑁、玳瑁），但皆能掇芥（即吸引芥草）。
7. 葉公畫龍以致眞龍。

---

❹ 胡適《中國哲學史大綱》卷上〈導言〉曰：「王充的《論衡》，是漢代一部奇書，但其中如〈亂龍〉篇極力爲董仲舒土龍求雨一事辯護，與全書宗旨恰相反。篇末又有『《論衡》終之，故曰亂龍；亂者，終也。』的話，全無道理，明明是後人假造的。」

❺ 同前❶，卷16，〈亂龍〉，頁702。

8.神靈可以象見實。

9.今人相信斬桃爲人、畫虎之形可以禦凶，此皆刻畫效象之類。

10.刻木爲鳶，可蜚之三日而不集。

11.刻木爲魚，丹漆其身，可使眞魚聚會。

12.郅都（漢景帝時曾任雁門太守）之精神可在形象之中。

13.先母之圖象可使人感泣。

14.弟子知有若非孔子也，但以其肖似孔子，猶共坐而尊事之。

15.漢武帝見李夫人之影像而感動。

以上十五例證，有的屬於物理現象，有的誠係心理作用，有的則爲虛浮之傳言，王充統統視之爲「效應」，實難取信於人！而這些胡亂的象類比附，全係由於那無所不通的「類推」法所奏之功。這將在「王充的立論方法和邏輯思想的特色」一章中詳論。

總而言之，王充並不因董仲舒之學雜有陰陽五行、災異祥瑞的天人感應思想而予以排斥。相反地，王充所見，實是董子之學中所保有的儒家之義。而且，就其陳述之道術的奇特一方面言，王充認爲董仲舒應凌駕在司馬遷和揚雄之上；就其談論道德政治而言，董仲舒之書的價值亦應受到肯定。故他說：「仲舒之言道德政治，可嘉美也」❻。事實上，董子之學雖兼糅陰陽，但尙約而不侈，未失儒家眞旨。以此言之，王充確實是具有相當的洞悉能力，才能對董仲舒作出此等中肯的評析！

在對董仲舒之學的充分了解之餘，王充當然也多少受到董仲舒的影響。最明顯的例子，便是在於「類推」法的運用和推廣之

❻ 同前❶，〈案書〉，頁1165。

上。這也一併留待論王充的邏輯思想時再述。

二、司馬遷

在漢代諸子中，司馬遷被王充稱引的次數最多，計凡四十一次。其中大部分都是被引作王充立論的旁證，但也有少數是涉及褒貶的。

王充對司馬遷的褒揚多著重在他的通達和紀實之上：〈案書〉稱「太史公，漢之通人也」❼；〈定賢〉也說太史公「有博覽通達之名」❽；〈感虛〉則說「太史公書，漢世實事之人」❾。同理，他對司馬遷記載史實有失詳審之處，也直言無諱。譬如〈案書〉對《史記》中〈世表〉與〈殷周本紀〉記載之互相牴觸提出質詢說：「夫觀〈世表〉，則契與后稷，黃帝之子孫也；讀〈殷周本紀〉，則玄鳥、大人之精氣也。二者不可兩傳，而太史公兼紀不別」❿。又〈禍虛〉也直指太史公對蒙恬遇誅的解說有誤⓫。這些都是王充「求是」精神的表現，無庸多述。

此外，王充對司馬遷最嚴重的指責，是在於司馬遷畢竟只是史家，而非議論家，故〈超奇〉說：「若司馬子長、劉子政之徒，累積篇第，文以萬數，其過子雲、子高遠矣。然因成紀前，無胸中之造」⓬。就王充載道的文學觀觀之，史書只在紀實而不

❼ 同前❶，〈案書〉，頁1157。
❽ 同前❶，卷27，〈定賢〉，頁1110。
❾ 同前❶，卷5，〈感虛〉，頁227。
❿ 同前❶，〈案書〉，頁1161。
⓫ 同前❶，卷6，〈禍虛〉，頁269。
⓬ 同前❶，卷13，〈超奇〉，頁607-608。

能舒發己意，終究是不足的。

三、揚　雄

在西漢諸子中，王充對揚雄的評價最高，而且揚雄的志趣與遭遇也與王充最爲接近。

據《漢書・揚雄傳》所載揚雄生平事略，與王充〈自紀〉迹近者約有以下幾點：

1.出身於一再遷徙、家道沒落、終至務農的王侯之家。

《漢書・揚雄傳》曰：「揚雄，字子雲，蜀郡成都人也。其先出自有周伯僑者，以支庶初食采於晉之楊，因氏焉。……周衰而楊氏或稱侯，號曰楊侯。會六卿爭權……當是時偪楊侯，楊侯逃於楚巫山，因家焉。楚漢之興也，楊氏遡江上處巴江州，而楊季官至盧江太守。漢元鼎間，避仇復遡江上處嶓山之陽，曰郫。有田一壥，有宅一區，世世以農桑為業。自季至雄，五世而傳一子，故雄亡它楊於蜀」⓭。

2.爲學態度趨向自由，不爲時尚所限。

《漢書・揚雄傳》曰：「雄少好學；不為章句，訓詁而已。博覽無所不見」⓮。

⓭ 見《漢書補注》卷87上，〈揚雄傳〉，頁1514。
⓮ 同前。

3.爲人木訥寡言、清心寡慾、安貧樂道、有所不爲。

《漢書・揚雄傳》曰：「為人簡易佚蕩，口吃不能劇談，默而好深湛之思，清靜亡為少耆欲，不汲汲於富貴，不戚戚於貧賤，不修廉隅以徼名當世，家產不過十金，乏無儋石之儲，晏如也，自有大度。非聖哲之書不好也，非其意雖富貴不事也」⑮。

又班固贊曰：「初雄年四十餘，自蜀來游至京師。大司馬車騎將軍王音奇其文雅，召以為門下史。薦雄，待詔歲餘，奏〈羽獵賦〉，除為郎，給事黃門，與王莽、劉歆並。哀帝之初，又與董賢同官。當哀平間，莽賢皆為三公，權傾人主，所薦莫不拔擢，而雄三世不徙官。以耆老久次，轉為大夫，恬於埶利迺如是」⑯。

從上述這些揚雄與王充生平志趣的近似之處，可以判斷王充性格即使未必眞與揚雄相似，至少他是以揚雄爲其個人修養的典範，以故其〈自紀〉所述性行似乎大半與揚雄雷同。

除此之外，王充的學術思想亦有繼踵揚雄的痕迹，譬如揚雄有「遇不遇，命也」⑰之說，也有「書惡淫華之淈法度也」⑱之言，更反對神仙長生之說，以爲「有生者必有死，有始者必有終，自然之道也」⑲。進而指責仙人爲「名生而實死」⑳。無疑

⑮ 同前⑬。
⑯ 同前⑬，卷87下，〈揚雄傳〉，頁1541。
⑰ 同前⑬，頁1514。
⑱ 見新編諸子集成本之揚雄《法言・君子》卷2，頁5。
⑲ 同前⑱，《法言・君子》卷12，頁40。
⑳ 同前⑱，《法言・君子》卷12，頁39。

地，這些都給予王充或多或少的啓發。

王充對揚雄的批評是褒多於貶。其褒揚的主要重點在於揚雄的文辭之美和才華之高。〈佚文〉說：「玩揚子雲之篇，樂於居千石之官」㉑。〈超奇〉又借桓譚之口說：「漢興以來，未有此人」㉒！〈效力〉也稱「董仲舒、揚子雲，文之烏獲也」㉓！又〈講瑞〉稱「知能之美若桓、揚者」㉔都是褒美之言。而且他對於揚雄著書，秉心公正，不爲利誘一事也表讚揚，他說：「子雲不爲財勸，叔皮不爲恩撓。文人之筆，獨已公矣」㉕！

王充對揚雄的貶抑，主要是從「載道」的文學觀着眼，指責揚雄之文雖美，却無益於教化。〈定賢〉曰：

> 以敏于賦頌，爲弘麗之文爲賢乎？則夫司馬長卿、揚子雲是也。文麗而務巨，言眇而趨深，然而不能赴定是非，辨然否之實。雖文如錦綉，深如河漢，民不覺知是非之分，無益於彌爲崇實之化㉖。

顯然地，揚雄徒具文美之名，而不能有賢者之實，是王充最大的感慨，舉實例以證之，〈譴告〉曰：

> 孝成皇帝好廣宮室，揚子雲上〈甘泉賦〉，妙稱神怪，若曰非人力所能爲，鬼神力乃可成。皇帝不覺，爲之不

㉑ 同前❶，卷20，〈佚文〉，頁862。
㉒ 同前⓬，〈超奇〉，頁608。
㉓ 同前⓬，〈效力〉，頁583。
㉔ 同前❶，卷16，〈講瑞〉，頁720。
㉕ 同前㉑，〈佚文〉，頁868。
㉖ 同前❽，〈定賢〉，頁1112。

止。……子雲之頌，言奢有害，……孝成豈有不覺之惑哉㉗？

賦的諷諫作用遭到懷疑，並非始於揚雄，殆自司馬相如以下便有此弊，故此事實關乎一代文風，不宜怪罪揚雄。

四、班氏父子

王充曾師事班彪，也與班固相識，且對班氏父子的才華褒獎有加，但是，在學術思想上，王充却站在與班氏父子幾近完全相反的立場。換言之，班氏父子代表的是傳統官學、御用文人的典型，其學問即使與傳統官學有異，也只是極小的差距；但王充所代表的却是反官學、反傳統的異端思想家。以王充與班彪的師生關係，却在思想上有如此的逕庭之別，的確是值得探究的問題。

王充對班氏父子只有褒揚，而未曾貶抑。褒揚的重點有二：一在史才，一在文采。〈超奇〉曰：

班叔皮續《太史公書》百篇以上，記事詳悉，義淺理備，觀讀之者以為甲，而太史公乙。子男孟堅為尚書郎，文比叔皮，非徒五百里也，乃夫周召、魯衛之謂也㉘。

以爲班彪之史才勝過太史公，而班固之文章與班彪可以等

㉗ 同前❶，卷14，〈譴告〉，頁641。
㉘ 同前❶，卷13，〈超奇〉，頁615-616。

列，蔚爲大國。此外，對於班固歌功頌德的一系列文字，王充更是景仰之至！以下舉數例以明之：

> 孝明之時，衆瑞並至，百官臣子，不為少矣。唯班固之徒，稱頌國德，可謂譽得其實矣㉙。
>
> 今上上至高祖皆為聖帝矣，觀杜撫、班固等所上漢頌，頌功德符瑞，汪濊深廣，滂沛無量，逾唐虞，入皇域，三代隘辟，厥深洿沮也㉚。
>
> 永平中，神雀群集，孝明詔上神爵頌。百官頌上，文皆比瓦石，唯班固、賈逵、傅毅、楊終、侯諷五頌金玉，非奇而何㉛？
>
> ……今尚書郎班固……雖無篇章，賦頌記奏，文辭裴炳，賦象屈原、賈生，奏象唐林、谷永，並比以觀好，其美一也㉜。

王充甚至因而寄望自己也能「至台閣之下，蹈班賈之迹，論功德之實，不失毫釐之微」㉝。語氣之中，有羨艷，也有傷感，是不容否認的事實。

王充不論言個人的成敗或國家的興亡，都堅持有命論。這點與班彪的〈王命論〉固有脗合之處，但是只要仔細品味即可看出兩者同中有異。其主要的不同在於：第一、班彪之〈王命論〉目

㉙ 同前❶，卷20，〈須頌〉，頁855。
㉚ 同前❶，卷19，〈宣漢〉，頁824。
㉛ 同前㉑，〈佚文〉，頁861-862。
㉜ 同前❶，〈案書〉，頁1167。
㉝ 同前㉙，〈須頌〉，頁857-858。

的在鞏固王權，告戒臣民不可輕擧妄動有思亂之心。他說：

> 由是言之，帝王之祚，必有明聖顯懿之德，豐功厚利積累之業，然後精誠通于神明，流澤加于生民，故能為鬼神所福饗，天下所歸往。未見運世無本，功德不紀，而得倔起在此位者也。世見高祖興於布衣，不達其故，以為適遭暴亂，得奮其劍，游說之士，至比天下於逐鹿，幸捷而得之。不知神器有命，不可以智力求也。悲夫！此世所以多亂臣賊子者也。若然者豈徒闇于天道，又不覩之於人事矣！……貧窮亦有命也，況虖天子之貴，四海之富，神明之祚，可得而妄處哉㉞？
>
> 歷古今之得失，驗行事之成敗，稽帝王之世運，攷王者之所謂，取舍不厭斯位，符瑞不同斯度，而苟昧於權利，越次妄據，外不量力，內不知命，則必喪保家之主，失天年之壽，遇折足之凶，伏鈇鉞之誅㉟。

而王充之言國命，則爲政治上徹底之悲觀主義，與鞏固王權無必然之關係。第二、班彪言命，是認爲命乃由有意志和有目的的天所決定；而王充所謂之天，乃是自然純淨的天，故命不是由天所主宰，而是由人所稟之氣的厚薄强弱所決定。第三、班彪受命之說，是主張天降大命於聖君；王充則認爲王者之命，是由母親懷衽時直接賦予，而不是出生時或出生之後額外受命自天，所以王充說：「其命當王，王命定於懷衽，猶富貴骨生，鳥雄卵成

㉞ 見嚴可均輯《全後漢文》卷23，〈班彪〉，頁600。
㉟ 同前。

也」[36]。第四、班彪謂「窮達有命，吉凶由人」，以爲若知命之人，便可避凶趨吉，就像陳嬰之母，深知陳家歷世貧賤，猝得富貴不祥，以此而使陳氏一家得以安寧。這是在一定的範圍內，承認人的主觀能動作用。王充則認爲「禍福吉凶者命也」、「命自有吉凶」[37]，是將吉凶也一併歸於命，故人在命運操縱之下，無所逃遁；即使努力行善修身、趨吉避凶，最後仍舊要做命運的順臣。第五、班彪相信符瑞是王者受命之徵兆，故有所謂「靈瑞符應」之說；但王充則以爲符瑞乃和氣所致，故太平之世多符瑞乃自然偶會，並無天意造做。綜而言之，班彪〈王命論〉代表一般漢儒對天命的典型看法，王充之治期觀與之大異其趣。不過，此事並不足以視爲王充受學於班彪的反證，因爲：第一、太學中師徒制度原只重經說訓詁，而未必兼及思想的傳授；第二、王充專門之學並不是得自班彪，誠如本書年譜一節所考。

至於班固之學與王充之學更是南轅北轍，殊不相類。班固奉章帝之命作《白虎通義》。《通義》的學術淵源是繼承董仲舒的天人感應說加以發展，把經學和陰陽五行說雜糅在一起，以讖緯解釋經義，構成完整的封建神學體系。此係章帝稱制臨決欽定之書，在漢代具有最高的權威，也是漢代正統哲學的結集。這雖然不能視爲班固一己之創作，但是至少其內容不爲班固所反對。王充的思想則處處與《通義》所言相違，此乃不諱之事實。舉例言之：㈠有關帝王受命說，《白虎通義・號》謂改號在「明天命已著，欲顯揚己於天下也」[38]，《論衡・初稟》則以「人生受性則

---

[36] 同前[1]，卷3，〈初稟〉，頁119。
[37] 同前[1]，卷2，〈命義〉，頁47。
[38] 見增訂漢魏叢書本《白虎通・號》卷1，頁651。

受命矣。性命俱稟，同時並得，非先稟性，後乃受命也」㊴爲由加以反駁。㈡關於五行相害之說，《白虎通義・五行》論五行相勝之理，《論衡・物勢》則指出五行相害說在理論與實踐上的諸種矛盾，並提出以筋力、氣勢、巧便解說物之勝負的新觀點。㈢關於災變譴告說，《白虎通義・災變》以「陰侵陽」釋日食，以「陰失明」釋月食；《論衡・說日》提出三點駁議，以爲1.「案月晦光既，朔則如盡，微弱甚矣，安得勝日？」2.「夫日之蝕，月蝕也。日蝕謂月蝕之，月誰蝕之者？無蝕月也，月自損也。」3.「以月論日，亦如日蝕，光自損也。」最後歸結道：「蝕之皆有時，非時爲變。及其爲變，氣自然也」㊵。又《通義・災變》謂「天所以有災變何？所以譴告人君，覺悟其行，欲令悔過修德深思慮也」㊶。《論衡・譴告》則力駁其說之謬，以爲「血脈不調，人生疾病；風氣不和，歲生災異，災異謂天譴告國政，疾病天復譴告人乎？」又說：「天道自然無爲，如譴告人，是有爲，非自然也」㊷。㈣關於符瑞應德而至之說，《通義・封禪》曰：「符瑞並臻，皆應德而至」㊸。《論衡・是應》則駁曰：「夫儒者之言，有溢美過實，瑞應之物，或有或無。夫言鳳凰、麒麟之屬，大瑞較然，不得增飾；其小瑞徵應，恐多非是」㊹。《論衡・指瑞》更指出「物生爲瑞，人生爲聖，同時俱然，時其長大，相逢遇矣。……聖王遭見聖物，猶吉命之人逢

㊴ 同前㊱，頁116-117。
㊵ 同前❶，卷11，〈說日〉，頁506。
㊶ 同前㊳，卷2，〈災變〉，頁676。
㊷ 同前❶，卷14，〈譴告〉，頁635。
㊸ 同前㊳，卷3，〈封禪〉，頁678。
㊹ 同前❶，卷17，〈是應〉，頁751。

吉祥之類也，其實相遇，非相爲出也」㊺。又《論衡・講瑞》亦謂「陰陽之氣，天地之氣也；遭善而爲和，遇惡而爲變，豈天地爲善惡之政，更生和變之氣乎？」㊻㈤關於吹律定姓之說，《通義・姓名》曰：「古者聖人，吹律定姓，以紀其族。人含五常而生，身有五音，宮商角徵羽、轉而相雜，五五二十五，轉生四時，故百而異也」㊼。而《論衡・詰術》不但指出俗說所謂「人得五行之氣爲姓」與「以口張歙、聲內外爲姓」之間的矛盾，而且提出另一不同的解說，以爲「其立姓則以本所生，置名則以信，義、像、假、類，字則展名取同義，不用口張歙、聲外內」㊽。㈥關於天賦聖人卓識之說，《通義・聖人》曰：「聖人者何？聖者，通也，道也，聲也。道無所不通，明無所不照，聞聲知情，與天地合德，日月合明，四時合序，鬼神合吉凶。……聖人所以能獨見前覩，與神通精者，蓋皆天所生也」㊾。《論衡・實知》則駁曰：「凡聖人見禍福也，亦揆端推類，原始見終，從閭巷，論朝堂。由昭昭，察冥冥。……放象事類以見禍，推原往驗以處來事，賢者亦能，非獨聖也」㊿。又說「所謂聖者，須學以聖」(51)。顯然王充是反對《通義》的天生聖人之說。㈦關於性陽情陰之說，《通義・情性》曰：「性者，陽之施；情者，陰之化也。……陽氣者仁，陰氣者貪；故情有利欲，性有仁也」(52)。此說與董仲舒性說相同，而《論衡・本性》有駁董子性

㊺ 同前❶，卷17，〈指瑞〉，頁745。
㊻ 同前❶，卷16，〈講瑞〉，頁730。
㊼ 同前㊳，卷 3，〈姓名〉，頁695。
㊽ 同前❶，卷25，〈詰術〉，頁1030。
㊾ 同前㊳，卷 3，〈聖人〉，頁685-686。
㊿ 同前❶，卷26，〈實知〉，頁1066-1067。
(51) 同前㊿，頁1076。
(52) 同前㊳，卷 3，〈情性〉，頁692。

說的一段文字，謂：「夫人情性，同生於陰陽，其生於陰陽，有渥有泊，玉生於石，有純有駮；情性生於陰陽，安能純善？仲舒之言，未能得實」[53]。(八)關於祭祀之說，《通義・五祀》曰：「五祀者何謂也？謂門、戶、井、竈、中霤也。所以祭何？人之所處，出入所飲食，故爲神而祭之。……非所當祭而祭之，名曰淫祀，淫祀無福」[54]。是認爲：凡當祭而祭之，即可得福。《論衡・祀義》駁云：「世信祭祀，以爲祭祀者必有福，不祭祀者必有禍。……其修祭祀是也，信其享之非也。實者，祭祀之意，主人自盡恩懃而已；鬼神未必歆享之也」[55]。(九)關於卜筮之說，《通義・蓍龜》曰：「定天下之吉凶，成天下之亹亹者，莫善於蓍龜」[56]。《論衡・卜筮》駁曰：「夫蓍之爲言耆也，龜之爲言舊也。明狐疑之事，當問耆舊也。由此言之，蓍不神，龜不靈，蓋取其名，未必有實也」[57]。(十)關於附會曲解經說，《通義・號》曰：「故受命王者必擇天下美號，表著己之功業。……夏者，大也，明當持守大道；殷者，中也，明當爲中和之道；……周者，至也，道德周密，無所不至也。……或曰唐虞者號也。唐，蕩蕩也，道德至大之貌也。虞者，樂也，言天下有道，人皆樂也」[58]。蓋以爲王者之號悉與其功業有關。王充認爲這是曲解經意，故《論衡・正說》駁曰：「唐虞夏殷周者，土地之名。堯以唐侯嗣位，舜從虞地得達，禹由夏而起，湯因殷而興，武王階周而伐，皆本所興昌之地。重本不忘始，故以爲號，若人之有姓矣。說

---

[53] 同前[1]，卷 3，〈本性〉，頁132-133。
[54] 同前[38]，卷 1，〈五祀〉，頁654。
[55] 同前[1]，卷25，〈祀義〉，頁1042。
[56] 同前[38]，卷 3，〈蓍龜〉，頁684。
[57] 同前[1]，卷24，〈卜筮〉，頁995。
[58] 同前[38]，卷 1，〈號〉，頁651-652。

《尚書》謂之有天下之代號，唐虞夏殷周者，功德之名，盛隆之意也。……然而違其正實，失其初意」[59]。由前述《白虎通義》與《論衡》對同一事件的不同看法之對照，王充與班固的思想之差異，已不辯自明。

五、桓　譚

《論衡》中有二十六次提及桓譚，除了在〈亂龍〉中，對桓譚反對「土龍致雨」一事略表異議之外，其餘無一貶抑之詞。

王充對桓譚的褒揚遠勝過其餘的漢代諸子。褒揚的重點在於桓譚的辨惑能力和獨到見解。在〈案書〉中，王充認爲桓譚長於「質定世事，論說世疑」，仲舒長於「言道德政治」，各有所事，但是「仲舒之文可及，而君山之論難追也。」顯然桓譚在王充心目中的地位是高於董仲舒。非但如此，王充還認爲桓譚在漢代諸子中的地位也是高居其首的，故〈超奇〉論漢代諸子品差時，依各家才能排比，共分五級，地位逐次提昇，至桓譚而止：㈠谷永、唐子高，能爲牘奏，但不能連結篇章；㈡司馬子長、劉子政，能累積篇第，文以萬數，但因成紀前，無胸中之造；㈢陸賈、董仲舒，能論說世事，由意而出，但淺露易見，形同傳記；㈣陽成子長、揚子雲，造於眇思，極窅冥之深，非庶幾之才，不能成也。可謂「卓爾蹈孔子之跡，鴻茂參貳聖之才者也」。㈤桓譚能「差衆儒之才，累其高下，賢於所累。又作《新論》，論世間事，辨照然否。虛妄之言，僞飾之辭，莫不證定。彼子長、子雲論說之徒，君山爲甲」[60]。更有甚者，王充以《新論》比美《春

[59] 同前❶，卷28，〈正說〉，頁1137-1139。
[60] 同前❶，卷13，〈超奇〉，頁608-609。

秋》。〈案書〉謂:「《新論》之義,與《春秋》會一也」[61]。〈定賢〉也說:「孔子不王,素王之業存於《春秋》;然則桓君山不相,素丞相之迹存於《新論》也」[62]。言下之意,君山之才僅次於孔子,此等褒揚,在王充對漢代諸子的稱美中可謂無與倫比。

王充之所以如此稱美桓譚,最主要的因素是在於他和桓譚於思想上有許多相同的觀點。茲比較如下:

(一)反對讖緯

《新論》云:「讖出河圖洛書,但有兆朕而不可知,後人妄復加增,依託稱是孔丘,誤之甚也」[63]。此段文字顯示桓譚對讖緯是否爲聖賢的預言採取保留的態度。而《後漢書・桓譚傳》載桓譚於光武帝時曾上〈抑讖重賞疏〉力斥讖緯之虛妄,又曾在光武帝御前坦承「臣不讀讖」,並「極言讖之非經」,以致獲得「非聖無法」之罪名,險些喪命[64]。可見桓譚反讖緯的堅決態度。《論衡・實知》云:「案神怪之言,皆在讖記,所表皆效圖書。亡秦者胡,河圖之文也。孔子條暢增益,以表神怪,或後人詐記,以明效驗」[65]。又曰:「讖書秘文,遠見未然,空虛闇昧,預睹未有,遠聞暫見,卓譎怪神」[66]。可見王充亦反讖緯。《論衡》中駁讖緯的實例甚多,如:〈奇怪〉駁讖緯中聖人感生

[61] 同前[1],卷29,〈案書〉,頁1166。
[62] 同前[1],卷27,〈定賢〉,頁1118。
[63] 同前[34],卷14,〈桓譚〉,頁544,《意林》引。
[64] 見《後漢書集解》卷28上,〈桓譚傳〉,頁352-353。
[65] 同前[1],卷26,〈實知〉,頁1064-1065。
[66] 同前[65],頁1066。

說[67]。〈說日〉駁《春秋・元命包》中「日中有三足烏，月中有兔、蟾蜍」之說[68]。〈商蟲〉駁《春秋・考異郵》及《河圖秘徵篇》等所言「貪擾生蝗」之說[69]。〈書虛〉駁「讖書言始皇還，到沙丘而亡」之說[70]。皆仲任反對讖緯之例。

(二) 主張形亡神滅說

《新論・袪蔽》曰：「言精神居形體，猶火之然燭矣。如善扶持，隨火而側之，可毋滅而竟燭。燭無，火亦不能獨行於虛空，又不能後然其灺。灺猶人之耆老，齒墮髮白，肌肉枯臘；而精神弗爲之能潤澤內外周徧，則氣索而死，如火燭之俱盡矣」[71]。是桓譚以「燭滅而火不能獨行」來說明「形亡神滅」的道理。《論衡・論死》亦有近似的比喻和道理，其文曰：「天下無獨燃之火，世間安得有無體獨知之精」[72]。又曰：「人之死猶火之滅也，火滅而耀不照，人死而知不惠。二者宜同一實。論者猶謂死有知，惑也。人病且死，與火之且滅何以異。火滅光消而燭在，人死精已而形存。謂人死有知，是謂火滅復有光也」[73]。

在這一方面，桓譚與王充二人不但觀念相同，而且舉證也有雷同之處。譬如二人俱引「荀偃卒而視，不可含」一事，《新論》曰：「荀偃病而目出，初死其目未合，屍冷乃合，非其所知

---

[67] 《論衡・奇怪》批評讖書所謂「堯母慶都野出，赤龍感己，遂生堯。」之說，而此說實出自《春秋・合誠圖》及《詩・含神霧》。詳見黃暉《論衡校釋》卷3，頁148。
[68] 同前[1]，卷11，〈說日〉，頁503。
[69] 同前[1]，卷16，〈商蟲〉，頁710。
[70] 同前[1]，卷4，〈書虛〉，頁191。
[71] 同前[34]，卷14，〈桓譚〉，頁544-545，《弘明集》五引。
[72] 同前[1]，卷20，〈論死〉，頁874。
[73] 同前，頁876。

也」(74)。《論衡・死僞》曰：「荀偃之病，卒苦目出，則口噤，口噤則不可唅。新死氣盛，本病苦目出，宣子撫之早，故目不瞑，口不閭；少久氣衰，懷子撫之，故目瞑口受唅。此自荀偃之病，非死精神見恨於口目也」(75)。又桓、王二人俱引「楚成王自縊而死」一事；《新論》曰：「自縊而死，其目未合，屍冷乃瞑，非由縊之善惡」(76)。《論衡・死僞》曰：「成王於時縊死，氣尚盛，新絕，目尚開，因謚曰靈，少久氣衰，目適欲瞑，連更曰成。目之視瞑，與謚之爲靈，偶應也；時人見其應成乃瞑，則謂成王之魂有所知，則宜終不瞑也」(77)。由此可見，王充之說有受桓譚之影響。

（三）反對神仙長生之說

《新論・袪蔽》謂：「今人之養性，或能使墮齒復生，白髮更黑，肌顏光澤，如彼促脂轉燭者，至壽極亦獨死耳」(78)。又說：「人與禽獸昆蟲皆以雌雄交接相生。生之有長，長之有老，老之有死，若四時之代謝矣。而欲變異其性，求爲異道，惑之不解者也」(79)。

《論衡・道虛》則一再申明「物無不死」的道理，並斬釘截鐵地說：「諸學仙術不死之方，其必不成」(80)。

---

(74) 見陸德明《經典釋文》左襄十九年引。
(75) 同前❶，卷21，〈死僞〉，頁891。
(76) 見《左傳》文公元年《正義》引。
(77) 同前(75)，頁892。
(78) 同前㉞，卷14，〈桓譚〉，頁545，《弘明集》五引。
(79) 同前。
(80) 同前❶，卷 7，〈道虛〉，頁333。

（四）反對卜筮及迷信鬼神

《新論》指責楚靈王以「信巫祝之道」，而爲吳人所擄[81]，又批評王莽「好卜筮，信時日，而篤於事鬼神，多作廟兆，潔齋祀祭，犧牲殽膳之費，吏卒辨治之苦，不可稱道」，以致見叛於天下[82]。可見他是反對卜筮及鬼神的。而《論衡》自〈論死〉至〈祭意〉凡十六篇，皆在批判各種鬼神迷信、卜筮占卦之說。

（五）主張天道自然，而不具目的

《新論・祛蔽》曰：「余與劉子駿言養性無益。其兄子伯玉曰：天生殺人藥，必有生人藥也。余曰：鉤吻不與人相宜，故食則死，非爲殺人生也。譬若巴豆毒魚，礜石賊鼠，桂害獺，杏核殺豬；天非故爲作也」[83]。這是反對有目的的天道論。而《論衡・物勢》曰：「天地故生人，此言妄也。夫天地合氣，人偶自生也」[84]。又曰：「天地合氣，物偶自生矣」[85]。且《論衡・自然》亦說：「天地合氣，萬物自生。猶夫婦合氣，子自生矣。萬物之生，含血之類，知饑知寒：見五穀可食，取而食之。見絲麻可衣，取而衣之。或說以爲天生五穀以食人，生絲麻以衣人；此謂天爲人作農夫桑女之徒也。不合自然，故其義疑，未可從也」[86]。

---

[81] 同前[34]，卷13，〈桓譚〉，頁540，《御覽》五二六又七三五引。
[82] 同前[81]，頁540，《羣書治要》引。
[83] 同前[78]，頁545《御覽》九九〇引。
[84] 同前[1]，卷3，〈物勢〉，頁136。
[85] 同前[84]，頁137。
[86] 同前[1]，卷18，〈自然〉，頁775。

由以上的對照，可以明顯地看出王充在思想上有不少繼承桓譚的地方，而這也正好說明了王充對桓譚備極推崇的原因。

總而言之，王充在思想上與揚雄、桓譚，乃至尹敏、鄭興等人的雷同處，顯示西漢末葉以至東漢以來，理性主義逐漸萌芽以至茁壯的痕迹。王充之時代略晚於上述諸人，故判斷王充思想有受以上諸人的影響。

第五章　王充的立論方法和邏輯思想的特色

《論衡》是一部具有極大批判性和挑戰性的作品。在其中作者發展而且論證了其學說的一系列基本觀念。他所批判挑戰的對象，絕不僅限於某一特定學派，而是包括多種與他同時以及早已存在的各家思想、自然哲學、宗教觀念、迷信和偏見等。這種批判的性質，使得其議論方法受到一定程度的限制，也使得其邏輯思想在某種程度上受到其所批判對象的影響。以下詳論其立論方法和邏輯思想的九大特色:

一、章法謹嚴、篇以類聚

就《論衡》中各篇文字整體的結構而言，王充大致採用三種不同的立論方式: 第一種是歸納法，也就是先在篇首列擧當時廣爲流行，但在王充看來却是虛妄的某種議論，然後詳細地用當代事實、歷史實例、文學掌故等證據來印證這個議論的虛妄性，最後才歸納出眞實而唯一的論斷。如〈物勢〉、〈奇怪〉以及九虛各篇均循此法立論。第二種是演繹法，也就是先在篇首提出自己的論點，然後再將這個論點推衍運用到各種不同的事例中，或同時否定與此論點不合的其他謬說，以證明原論點的可靠性，如

〈逢遇〉、〈幸偶〉等篇均依此法立說。上述兩種方法的推理過程適巧互相顛倒：前者是用觀察的事實以爲推理的根據；後者是以前提的眞來保證結論一定眞。至於第三種是折衷修正法，有別於前二者。它是先針對某一觀念列擧兩種以上的不同意見，隨而設身處地說明所擧每一種意見的可能論據，並指出其優劣，然後再作取捨定奪，或進而修正發展出有別於所列諸種觀點的作者個人之論斷。但這種方法並未被王充廣泛地採用，大約只有在〈命義〉、〈本性〉、〈薄葬〉三篇中被採用。以上三種章法的交互使用，使《論衡》各篇的義理淸晰、彌補了因反覆擧證所導致的冗漫瑣屑之弊。議者常昧於《論衡》各篇章法的整體架構，而一味着眼在瑣碎的擧證上，甚至因不能體會王充抒論時的邏輯趣味常超過其論斷的價値，而譏之爲「談助而已」。

此外，《論衡》各篇在結集成書時，已有依性質編纂的傾向。大體說來，凡主題相近的篇目均以類相聚，前後相貫。作者雖未標明類別，但讀者自可一目了然。如從〈逢遇〉到〈奇怪〉凡十五篇，均論性命，從〈書虛〉到〈藝增〉凡十二篇，俗稱「九虛三增」，批判了漢儒的天人感應謬論，揭露了他們揑造歷史、誇大事實、神化聖人、頌古非今的種種虛言妄說。〈問孔〉、〈非韓〉、〈刺孟〉三篇，則爲直指儒法大師弱點、消除聖人崇拜的實例。〈談天〉、〈說日〉兩篇反應了王充對宇宙的認識。〈答佞〉到〈狀留〉八篇加上後面的〈定賢〉，言人材賢愚及擢黜的問題，兼論儒生之品類。〈寒溫〉至〈感類〉凡十五篇，批判天人感應、吉凶妖祥諸說。〈齊世〉至〈佚文〉六篇，則以王充反駁「尊古卑今」的理論爲基礎，進而推崇漢朝。〈論死〉至〈薄葬〉六篇則集中論述了人死不爲鬼的無神論思想，對當時社會上流行的厚葬之迷信活動進行批判。〈四諱〉到〈祭意〉十篇，更集中批判當時流行的各種迷信、忌諱和淫祀。〈實知〉、〈知實〉兩篇，均在考察知識來源的問題，同屬認識論範圍。〈正說〉、〈書解〉和〈案書〉三篇，從糾正儒書篇題方面的錯誤，進而肯定遭到當代朝廷冷落的諸子百家著述之價值，並對先秦以至東漢的一些著作，粗略地作了書評。〈對作〉和〈自紀〉兩篇，則爲王充自敍之文，前者言其書，後者言其人。

此外，同一主題的各篇內容，不但主題相同，一以貫之，而且在內容的安排上有時還具有互相證成、互相補助的作用，顯然王充在寫作之先，已預作安排，企圖從不同的角度和層面來探討同一問題。最明顯的例證，是從〈論死〉到〈薄葬〉這六篇一組有關鬼神的論證。王充首先在〈論死〉中建立三個論題：「死人不爲鬼」、「死人無知」和「死人不能害人」，然後得出「死人不爲鬼，無知，不能害人」的結論；其次，在〈死僞〉中，著重對史書上記載的和當時社會上流行的一些所謂人死後變成鬼，有知，能害人的典型之迷信傳說，逐次加以批駁，揭露其虛僞性，始終堅持「死人不爲鬼，無知，不能害人」的觀點；復次，在〈紀妖〉中對史書上記載的六件離奇古怪之迷信傳說進行分析和解釋；再其次，在〈訂鬼〉中，對社會上流傳的七種對鬼的闡釋，進行了分析、考訂，同時也把〈死僞〉和〈紀妖〉兩篇中所述關於鬼的觀點，重新進行了比較系統的闡述。〈言毒〉則由氣的觀點，解說毒的來源。認爲一切之妖怪毒物均由太陽之熱氣構成，故鬼實爲「太陽之妖也」，「鬼爲烈毒，犯人輒死」，再度强調了「鬼非死人之精」的論點。不過，此篇末段說危害最大的是「讒夫之口」，它可使「一國潰亂」。這話顯然有點岔離了主題，而成為發抒王充個人遭遇之感慨。這是《論衡》中常有的現象，雖可垢病，却不足為奇。最後，在〈薄葬〉中，王充反對「竭財以事神，空家以送終」的厚葬惡習，故一方面指出墨家的有鬼論和薄葬說的矛盾，另方面揭發儒家為了維護封建主義及「懼開不孝之源」而諱言「人死無知」，以致無法阻止厚葬惡習的弊病。其實，這最後一篇才是本組文字的最終極目的。

另外一組例證，是從〈齊世〉到〈佚文〉六篇。王充先由古今社會齊同（〈齊世〉），進而說漢已有聖帝（〈宣漢〉），並極論漢德非常，乃在百代之上（〈恢國〉），再羅列一些所謂的符瑞現象，以證明漢德豐雍，超越前代（〈驗符〉），再進一步說漢世太平有待鴻筆之臣加以頌揚（〈須頌〉），最後强調「造論之人，頌上恢國，國業傳在千載，主德參貳日月；非適諸子書傳所能並也。」（〈佚文〉），由此終於導出《論衡》之宗旨與價值。這種層層推進的論說法遂構成《論衡》結構上的一大特色。

總之，《論衡》的謹嚴章法，在中國議論文的發展史上應佔一席地位。

二、以事效與論證共定虛實

王充是一個重視效驗的實證主義者。他認為「凡論事者，違實不引效驗，則雖甘義繁說，衆不見信」❶。又說：「凡天下之事，不可增損；考察前後，效驗自列；自列則是非之實定矣❷。而且《論衡》中常見「何以驗之」、「何以效之」、「何以明之」

❶ 見黃暉《論衡校釋》卷26，〈知實〉，頁1079。
❷ 同前，卷 7，〈語增〉，頁339。

的設問語氣，都是王充重視效驗的明證。

按今日用語釋之，「效」、「驗」、「明」三者各有其定義，但就《論衡》上下文義觀之，此三者的意義其實可以互通的。「效」是指「事效」，王充所謂「事莫明於有效」❸一語卽爲其證。「驗」包涵「應驗」❹、「結果」❺、「徵象」❻、「證明」❼諸義，都是就事物的具體實效言。此外，「效」、「驗」兩字在《論衡》中不但常連用成詞，而且也有互用成句的例子。如：「夫論雷之爲火有五驗，言雷爲天怒無一效」❽。「有殊奇之骨，故有詭異之驗；有神靈之命，故有驗物之效」❾。二句中之「效」、「驗」二者之字義卽可互通。至於「明」字，意指「證明」、「說明」、「闡明」，也是在求取證據和效驗，其義自然也可與「效」或「驗」互通。

王充重視效驗的主要原因有二：第一，因爲自古以來「空言虛語」、「浮虛之事」充斥人間，有加以廓淸的必要。譬如俗信

---

❸ 同前❶，卷23，〈薄葬〉，頁958。

❹ 「驗」作「應驗」解的實例，如：
〈骨相〉曰：「案骨節之法，察皮膚之理，以審人之性命，無不應者。」（按：此句中「應」字可作「驗」字解，故亦可視爲「驗」作「應驗」解之證。）

❺ 「驗」作「結果」解的實例，如：
〈吉驗〉曰：「有殊奇之骨，故有詭異之驗。」

❻ 「驗」作「徵象」解的實例，如：
〈吉驗〉曰：「凡人稟貴命於天，必有吉驗見於地。」

❼ 「驗」作「證明」解的實例，如：
〈命義〉曰：「衰則疾病，被災蒙禍之驗也。」
〈無形〉曰：「毛羽未可以效不死，仙人有翼，安足以驗長壽乎？」

❽ 同前❶，卷6，〈雷虛〉，頁301。

❾ 同前❶，卷2，〈吉驗〉，頁78。

「五行之氣相賊害，含血之蟲相勝服」❿，却提不出有力的證驗；又《孟子・盡心》篇有「五百年有王者興」之說，但王充細數自帝嚳以至孟子之間的聖王明君，沒有任何二人的距離是在五百年左右的，因此他質問：「五百歲必有王者之驗，在何世乎？」並且指責孟子「論不實事考驗，信浮淫之語」⓫。第二，有些正確的論斷，常因缺乏效驗的支持，以致不能取信於人。如「道家論自然，不知引物事以驗其所言，故自然之說未見信也」⓬；儒家論薄葬，但不知舉證「死人無知之驗」，終究無法說明那些「畏死不懼義，重死不顧生，竭財以事神，空家以送終」之徒⓭；孔子見南子而爲子路所疑，不引行事效己不鄙，而云：「予所鄙者，天厭之！天厭之！」是與俗人解嫌引天祝詛無異⓮，如何取信於人？

王充不但認爲必須有證據，才能取信於人；而且主張要盡量多方取證。〈龍虛〉曰：「以山海經言之，以愼子、韓子證之，以俗世之畫驗之，以箕子之泣訂之，以蔡墨之對論之，知龍不能神，不能昇天，天不以雷電取龍，明矣；世俗言龍神而升天者，妄矣！」⓯此卽王充多方取證，以求信實之一例。

然而「據見效，案成事」⓰的這種訴諸效驗的方法，過分依賴感官經驗，在王充看來，依舊不免有掛一漏萬的缺憾。因此，他主張在效驗——卽事物的實踐性之外，應該也要講求論證——

---

❿ 同前❶，卷 3，〈物勢〉，頁139。
⓫ 同前❶，卷 3，〈刺孟〉，頁461。
⓬ 同前❶，卷18，〈自然〉，頁781。
⓭ 同前❹，卷23，〈薄葬〉，頁958。
⓮ 同前❹，卷 9，〈尚孔〉，頁414。
⓯ 同前❶，卷 6，〈龍虛〉，頁281。
⓰ 同前❶，卷 1，〈逢遇〉，頁 9。

即事物的邏輯性，以確保論斷的可靠性。他說：「事莫明於有效，論莫明於有證。空言虛語，雖得道心，人猶不信」⑰。講求論證的可靠，自然得重視邏輯的方法和心意辯說的理性。換言之，王充的意見是：邏輯的認識，必須讓有效的眞實性同邏輯的正確性統一起來，使感覺經驗的事實和心意辯說的認識一致地表達出來。所以他一方面强調效驗的重要，一方面又極言效驗的不足，並謂只有待心意的進一步論證辯說才能獲得可靠的論斷。

王充談論以理性思維補感官認知之不足，最有力的一段文字如下：

> 夫論不留精澄意，苟以外效立事是非，信聞見於外，不詮訂於內，是用耳目論，不以心意議也。夫以耳目論，則以虛象為言；虛象效，則以實事為非。是故是非者，不徒耳目，必開心意。墨議不以心原物，苟信聞見，則雖效驗章明，猶為失實；失實之議難以教。雖得愚民之欲，不合知者之心。喪物索用，無益於世，此蓋墨術所以不傳也⑱。

簡言之，王充以爲單憑聞見以斷是非，難免於訴諸感官的謬誤，易爲虛象所蒙蔽。一般的愚夫愚婦可能以此自足，但是，眞正的智者絕對要經過心智作用的理智裁決，考察事物的前因後果之間的聯屬性和邏輯性，以求建立正確的論斷。這與王充重視「心辯」、而漠視「口辯」的精神是一致的。

在《論衡》中，王充常對一些似是而非、混淆視聽的「效

⑰　同前❶，卷23，〈薄葬〉，頁958。
⑱　同前⑰，頁959。

驗」作理性裁決的正本清源之工作。譬如：圖讖上的神怪之言，常可應證史實，但王充認爲不應視之爲眞實的效驗。因爲讖書所言，據王充的推測，可能是「孔子條暢增益，以表神怪；或後人詐記，以明效驗」⑲這種虛假的效驗絕不可取證。又說者謂「禹卨逆生，闓母背而出；后稷順生，不坼不副。不感動母體，故曰不坼不副。逆生者，子孫逆死；順生者，子孫順亡。故桀紂誅死，赧王奪邑」⑳。此中的因果關係看似效驗甚明，實然可信，誠如王充所說：「言之有頭足，故人信其說；明事以驗證，故人然其文」㉑。但是經王充舉出反證之後，證明這其實只是一種偶合，而非效驗。王充所列的反證是：「世間血刄死者多，未必其先祖初爲人時，生時逆也。秦失天下，閻樂斬胡亥，項羽誅子嬰，秦之先祖伯翳，豈逆生乎」㉒？由此言之，世俗取證常以有利於己的證據來支持預設的論斷，不免失之偏頗。以此之故，王充遂進而提倡以心意辯說的邏輯論證方法，以補具體效驗法之不足。

在先秦諸子中，對於心意辨說的思維作用作全面肯定的，首推荀子。荀子揚棄墨家和道家認識論的片面性，克服墨家重感性、輕理性和道家忽視主觀能動性的弱點，而全面研究了認識論。他強調認識由「五官」起，然後由「天君」檢驗。「天君」就是「心」，具有主體性，所以說「心居中虛，以治五官，夫是之謂天君」㉓。而心如何治理五官呢？就積極的一面說，「心慮而能

⑲　同前❶，卷26，〈實知〉，頁1064-1065。
⑳　同前❶，卷 3，〈奇怪〉，頁147-148。
㉑　同前⑳，頁148。
㉒　同前⑳，頁149。
㉓　見新編諸子集成本《荀子集解》卷11，〈天論〉，頁206。

爲之動，謂之僞」㉔。所有人類的行爲都是由「心慮」的作用來加以主宰的。就消極的一面說，「情然而心爲之擇，謂之慮」㉕。所有情欲的發動都是靠「心擇」的作用加以制約的。總之，荀子認爲「心有徵知」㉖，能觀照萬物。如果心的作用喪失，則其他的感官也無法起作用，以致「白黑在前而目不見，雷鼓在側而耳不聞」㉗。所以心有主宰感官的能力。但是，另一方面，荀子也未忽視感官在認知過程中的價值。他認爲「然則徵知必將待天官之當簿其類然後可也」㉘。以此推之，王充所謂聽聞目睹的效驗既在感官之列，而其所謂的邏輯論證方法又隸屬於心的作用，則其兼重事物的效驗性和邏輯論證性，當有得自荀子的啓發。

不過，效驗法在歷史人文學上的運用有其先天的局限性，常須仰賴類推法始能突破這種約限。因爲歷史事件或人文活動，並不是只決定於某些顯而易見的客觀因素，譬如溫度、濕度、空氣、光線、食物等；而是同時受制於某些不易捉摸的主觀因素，諸如人類的意識活動、情緒波動、個性差異等。以故，同樣的因可以導致不同的果；同樣的果也可以源自不同的因。換言之，歷史、人文事件的因果關係並不是絕對一成不變的，其間的聯屬性恐非常理所盡能規範。再者，在歷史人文學中，大部分的事件是無法模擬重寫的，也就是無法像自然科學那樣加以控制實驗的㉙。在歷史事件的描述中，永遠要依據別的科學所決定的因果關係來

㉔ 同前㉓，卷16，〈正名〉，頁274。
㉕ 同前㉔，頁274。
㉖ 同前㉔，頁277。
㉗ 同前㉓，卷15，〈解蔽〉，頁258。
㉘ 同前㉔，頁277。
㉙ 《論衡》中亦有以實驗取證之例，如〈雷虛〉說「雷者，太陽之激氣…中人輒死。」王充以小型的實驗加以證實；曰：「試以一斗灌冶鑄之火，氣激嬖裂，若雷之音矣。或近之，必灼人體。」（《論衡校釋》卷6，頁299。）

決定其因果的假設。當其他科學的發展尚處萌芽階段或根本尙未起步時，這種因果的假設就很難有眞實可靠的依據。在上述的諸種限制下，那些因果關係可以被稱爲「合乎效驗」？那些又應被視爲「不合乎效驗」？分辨匪易。王充爲了堅守效驗的原則，常得援用類推法「推類驗之」㉚，以補效驗法之不足。所以「類推」與「效驗」二法的交互運用乃是王充在其邏輯論證觀點的要求下無可避免的必要法則。

三、以類推度未知

在王充的論證方法中，以類推和比對兩種被運用得最爲廣泛。

所謂「類推」法，又稱爲「類比論證」法。其定義和作用可由《論衡》中的下列幾段文字窺知：

〈卜筮〉曰：「天與人同道。欲知天，以人事」㉛。

〈變虛〉曰：「天人同道，好惡不殊，人道不然，則知天無驗矣」㉜。

〈譴告〉曰：「驗古以今，知天以人」㉝。

〈譴告〉曰：「占大以小，明物事之喻，足以審天」㉞。

〈治期〉曰：「以今之長吏，況古之國君，安危存亡，可得論也」㉟。

㉚ 同前❶，卷15，〈明雩〉，頁668。
㉛ 同前❶，卷24，〈卜筮〉，頁996。
㉜ 同前❶，卷 4，〈變虛〉，頁197-198。
㉝ 同前❶，卷14，〈譴告〉，頁647。
㉞ 同前㉝，頁635。
㉟ 同前❶，卷17，〈治期〉，頁773。

〈齊世〉曰：「今人不肯行，古人亦不肯舉，以今之人民，知古之人民也」㊱。

〈實知〉曰：「古之水火，今之水火也；今之聲色，後世之聲色也。鳥獸草木，人民好惡，以今而見古，以此而知來，千歲之前，萬世之後，無以異也」㊲。

〈明雩〉曰：「推生事死，推人事鬼。陰陽精氣，倘如生人能飲食乎，故共馨香，奉進旨嘉，區區惓惓，冀見答享」㊳。

〈知實〉曰：「聖人據象兆，原物類，意而得之；其見變名物，博學而識之，巧商而善意，廣見而多記。由微見較，若揆之今睹千載，所謂智如淵海」㊴。

據此，則王充所用的類推法是依據兩事物之間的相類似性，而由其中一事物之已知性推知另一事物的未知性的論證形式。換言之，如果有兩件不同事物之間有某些類似的地方，王充就根據這些類似性，進而推論或證明其他未知的性質。這種方法的進行，通常是以淺近的事理，或人們所熟悉的事物，來類比較爲艱深的事理。因此，只需舉出類比的事類，不必列出其間的相似點。譬如：以人事推測天道鬼神，以小事推測大事，以當今推測遠古或未來。其中尤以第一類運用得最爲廣泛。因爲王充好辯天人相感、鬼神迷信之虛妄不實，而天道鬼神之事殊難驗知，唯有借用

㊱　同前❶，卷18，〈齊世〉，頁804。
㊲　同前❶，卷26，〈實知〉，頁1077。
㊳　同前㉚，頁677。
㊴　同前❶，卷26，〈知實〉，頁1089。

類推法以求得結論。王充並認爲這種「方比物類」[40]的能力，就是聖賢之所以能「見竅睹微，思慮洞達，材智兼倍，强力不倦，超逾倫等」[41]的原因。

然而王充所使用的這些類推法，只能說是一種較低級、較平常的；或者說，只是一種描述性和類似性的推斷形式。有時這些推斷形式，不過是些模糊不確的假定而已，常不免淪於不倫不類。譬如：王充以人之有癰腫不能以素服哭泣治之，而推論景公素縞而哭使河水爲之暢通之必爲虛妄[42]；以父笞子致死則母必哀哭，而推論天以雷殺人而地獨不哭之說必違常情[43]；以陶冶不能使銅鑠皆成、器燔盡善，而推論天地故生人之說必非眞理[44]。此等例證，不一而足，以致當時卽遭到「比不應事，未可謂喻；文不稱實，未可謂是也」[45]的批評。其後，元人韓性作〈論衡序〉時，也有類似的評論，他說：

> 其釋物類也，好舉形似以相質正，而其理之一者，有所未明[46]。

實則，王充所犯的錯誤就是今日邏輯學上所謂的「錯誤類比」。這些錯誤的形成，有些固由於證驗難求所致，但有些則肇因於王充要求「文淺形露」以致强作比喻之故。雖然如此，在

[40] 同前[1]，卷23，〈薄葬〉，頁959。
[41] 同前[39]。
[42] 同前[1]，卷 5，〈感虛〉，頁247。
[43] 同前[1]，卷 6，〈雷虛〉，頁288。
[44] 同前[1]，卷 3，〈物勢〉，頁137。
[45] 同前[44]，頁136。
[46] 同前[1]，附編六，〈論衡舊序〉，頁1348。

《論衡》中迄未發現有因連續使用譬喻，而致離題愈來愈遠的現象。因此，我們不要以上述這些例證來批評王充不懂邏輯的類比法則。相反的，却要就這一種思想的表述形式來指出王充論著中具有豐富的邏輯思想。

若溯古以求源，「類」的觀念早在墨子時便已建立了。後來幾經曲折發展，才演變成《論衡》中類推法的新貌。墨子說：

> 子未察吾言之類，未明其故也㊼。
>
> 義不殺少而殺衆，不可謂知類㊽。
>
> 臣以三事之攻宋也，為與此同類㊾。

他首先建立「類」的概念，並將「類」概念同「故」（意即理由）概念一起來，奠定了先秦邏輯學說的基礎。後期墨家更把類、故、理視爲立辭必備的三個因素。所以〈大取〉篇說：

> 夫辭，以故生，以理長，以類行者也㊿。

〈小取〉篇也說：

> 以類取，以類予51。

㊼ 見新編諸子集成本，《墨子閒詁》卷 5，〈非攻〉下，頁96。
㊽ 同前㊼，卷13，〈公輸〉，頁294。
㊾ 同前㊽，頁294-295。
㊿ 同前㊼，卷11，〈大取〉，頁249。
51 同前㊼，卷11，〈小取〉，頁250-251。

「以類取」即是以個別判斷作前提，找出它們的共同點而達到一個普遍性判斷，也就是「歸納」之意。「以類予」即是根據普遍性前提，推斷出個別事物如何之結論過程。這種從已知進到未知的方法，也就是「演繹」之意。由此可見，「類」的觀念是演繹、歸納兩種推論方法得以實踐的基礎。

荀子亦强調「類」的觀念。他認爲聖人就是因爲具有「以人度人，以情度情，以類度類，以說度功，以道觀盡」的「度類」能力，所以才能「鄉乎邪曲而不迷，觀乎雜物而不惑」[52]，他甚至認爲「類」的觀念可運用於治理天下，以補法的不足。所以他說：

> 其有法者以法行，無法者以類擧，聽之盡也。……王者之人，飾動以禮義，聽斷以類，明振毫末，擧措應變而不窮。夫是之謂有原，是王者之人也[53]。

此外，荀子在概念分類中，提出「同則同之，異則異之」[54]的同一律原則，明確地把邏輯學的「同異」原則作爲概念分類的必要條件，並且揭示了概念間的隸屬性，而建立了所謂「大共名」、「大別名」、「別名」的相互依存關係。這在先秦邏輯史上是一豐碩成果。

但是，「推知」的可行性，早在《呂氏春秋・別類》中已遭到質疑。其文曰：

---

[52] 同前[23]，卷 3，〈非相〉，頁52。
[53] 同前[23]，卷 5，〈王制〉，頁96-101。
[54] 同前[23]，卷16，〈正名〉，頁278。

> 知不知上矣。過者之患，不知而自以為知，物多類然而不然，故亡國僇民無已。夫草有莘有藟，獨食之則殺人，合而食之則益壽。萬堇不殺。漆淖水淖，合兩淖則為蹇，溼之則為乾。金柔錫柔，合兩柔則為剛。燔之則為淖。或溼而乾，或燔而淖。類固不必可推知也。小方，大方之類也；小馬，大馬之類也；小智，非大智之類也[55]。

這裏根據事物的多樣性，提出了「類」的複雜性，即所謂「物多類然而不然」，由此獲得「類固不必可推知」的初步結論。然後，進而懷疑「推知」的可能性。曰：

> 物固有可以為小，不可以為大；可以為半，不可以為全者也。……射招者欲中其小也，射獸者欲中其大也。物固不必，安可推也？……目固有不見也；智固有不知也；數固有不及也。不知其說所以然而然，聖人因而興制，不事心焉[56]。

由此言之，各種人文制度的設立，其目的乃在於杜絕隨意類推的弊命。聖人興制遂在邏輯上取得了强而有力的支持。

這種「類不可必推」[57]的觀念在成書稍後於《呂氏春秋》的

[55] 見新編諸子集成本，《呂氏春秋新校正》卷25，〈別類〉，頁318-329。

[56] 同前[55]，頁319-320。

[57] 見新編諸子集成本，《淮南子》卷16，〈說山訓〉，頁285；又卷17，〈說林訓〉，頁295。

《淮南子》中也有所發揮。《淮南子》不但極言推類的困難，謂：「推與不推，若非而是，若是而非，孰能通微？」[58]、「得失之度，深微窈冥，難以知論，不可以辨說也」[59]，而且最後歸結道：「故耳目之察，不足以分物理；心意之論不足以定是非。故以智爲治者，難以持用。唯通于太和，而持自然之應者，爲能有之」[60]。所謂「太和」、「自然之應」無疑是道家的觀念。由此言之，《淮南子》不但在邏輯上否定推知的必然可行性，而且在實際上也否認人文典章制度的普遍適用性，其心態比《呂氏春秋》所表現的更見消極。

總而言之，先秦乃至漢初的思想家極重視類的相對關係。他們一般都認爲推知不及經驗可靠，類推的知識不及實踐的知識可信。因物有多類，有可知亦有不可知，有然亦有不然。同一草類的莘藟，因獨食合食，而有殺人與益壽的差異。同一堇類，只以量的多少而有殺不殺的相反之例。同類的大小，有可推的亦有不可推的。類之變異，各依實際情況爲轉移，不必都按推理的形式進行。所以物有可以爲小不可以爲大的，有可以爲半不可爲全的。這些變異的類別不一，只有靠客觀經驗來證明，靠正確的反映來認識。在不同的條件下，只有取各類對象的所是者個別說明，不必冀圖推其全類。因爲有時推而以爲合理的事情，往往不能適應它的類變的情況；也有在經驗上雖合乎事實，而在推論的反證上又適得其反的。這都是所謂類別的差異問題。因此，荀子主張結合類推、效驗及理性的思辨力三者以爲論斷是非的依據。

---

[58] 同前[57]，〈說山訓〉，頁285。
[59] 同前[57]，卷6，〈覽冥訓〉，頁91。
[60] 同前[59]，頁92。

他說:「是非疑，則度之以遠事，驗之以近物，參之以平心」[61]。「度」即「推度」;「驗」即「效驗」;「平心」即「壹心」，亦就是清澄的理性思辨力。後者便是邏輯論證的最主要憑藉。

但到了董仲舒立論時，因受到天人感應思想的牽制，不但對推知的可能性不假懷疑，而且更擴大觸類旁通的範圍。董仲舒是以《春秋》起家的，他認爲一部《春秋》微言大義甚多，讀《春秋》的人應善於連通比附。換言之，就是要運用所謂的「偶類」法。他說:

> 是故為《春秋》者，得一端而多連之，見一空而博貫之，則天下盡矣[62]。
>
> 是故論《春秋》者，合而通之，緣而求之。五其比，偶其類[63]。

此所謂「連」、「貫」、「偶類」，並不是事物在客觀條件上眞正的相類，而是帶有一種主觀的「比附」之意味。換言之，「偶類」應有別於「同類」。但在《春秋繁露・同類相動》篇中，這種區別終因「天人感召」的實際需要而混淆爲一了。該篇中有「氣同則會，聲比則應，其驗皦然也」[64]及「美事召美類，惡事召惡類，類之相應而起也」[65]諸語，就是偶類法的主要理論根據。董仲舒甚至認爲宇宙的自然現象和人類社會的吉凶禍福、

---

[61] 同前[23]，卷19，〈大略〉，頁239。
[62] 見蘇輿《春秋繁露義證》卷 3，〈精華〉，頁22上。
[63] 同前[62]，卷 1，〈玉林〉，頁22上。
[64] 同前[62]，卷13，〈同類相動〉，頁 4 下。
[65] 同前[64]，頁 5 上。

自然界的陰陽之氣和人的病臥喜憂、以至龍和雨都是同類。既是同類，就會互相感應、互相引動，這就是董仲舒的同類相動的邏輯。這種邏輯在漢代天人感應之學中被普遍的運用，以致不免於「以人心效天意」[66]之弊。

王充和董仲舒一樣對類推法持樂觀的態度。每當事物的效驗無法印證時，他便輔以類推法。由於他始終未有「類不可必推」的疑慮，常一味推導，以致有強不同類爲同類的「錯誤類比」之弊。而這種樂觀的傾向，頗受自董仲舒的影響。這點可以從王充特著〈亂龍〉以澄清董仲舒以降漢儒對「土龍致雨」一說的諸多詰難獲得印證。董仲舒在《春秋繁露・求雨》中，認爲土龍可以致雨。其邏輯論證過程如下:

1. 龍可以致雨
2. 土龍象眞龍
3. 所以，土龍也可以致雨。

根據這個邏輯推演下去，所有肖似眞品之假物，均具有與眞品同樣的作用。王充受到儒家「爾愛其羊，我愛其禮」的心態所支配，深信一切禮俗都貴在意象，不在實效，誠如他所說的「禮貴意象，示義取名」[67]。因此，他贊同「土龍致雨」之祭。他於是尋出十五個假物肖像却具有與眞品實物同等作用的例證，以類推的邏輯來證明土龍也可致雨。這十五個例證，王充合稱之爲「十五效驗」。然後又擧「四義」，就儒家的理念來支持「土龍致雨」之祭。王充所列的「十五效驗」，都是建立在「假物也和眞物一樣具有同類相動的作用」之假設上。這明明是董仲舒的觀念

---

[66] 同前[1]，卷14，〈譴告〉，頁647。
[67] 同前[1]，卷16，〈亂龍〉，頁702。

之重現。所以我們可以說，類推法到了漢儒手中，反而超越了理性的範疇。董仲舒、劉歆及王充三大學者都不免於這種弊病，是以他們都相信「土龍致雨」之說。所幸，當時尙有部分理智淸明的儒者對這種邏輯加以批駁，桓譚便是一例。儒者所持的五個反證在《論衡・亂龍》中有所記載，其主要論點在於：他類雖肖似，但氣性異殊，不能相動。不管王充等人贊同「土龍致雨」之說的眞正動機何在，就邏輯的觀點看來，桓譚等人的反駁是值得稱許的。

不過，王充是否眞正相信土龍可以致雨，大有商榷餘地。王充在〈案書〉中說：「土龍可以致雨，頗難曉也。」顯然與〈亂龍〉之言有牴觸。《黃氏日鈔・分類》卷57〈讀論衡〉已指出其矛盾；胡適甚至曾以此證明〈亂龍〉係僞作。但《論衡》各篇非寫於同時，王充本人思想先後不一致的現象，在《論衡》中不止一見。此種矛盾，實不足以作爲〈亂龍〉出自僞作的根據，這點在容肇祖的〈論衡中無僞篇考〉一文中已有詳實的論證，不必贅述。再者，如本書前章所述，王充對這種不一致性是自覺的，而且也有其說詞。

王充對此事，實際上是持兩種不同的觀照角度：就科學實證的觀點言，他旣提出「天能動物，物焉能動天」(68)的質詢，當然不會相信「土龍可以致雨」這種「以物動天」的謬說。所以，在〈死僞〉中，他以《尙書・金滕》所載周公爲武王向二王請禱除病之詞與董仲舒土龍致雨之說相比，認爲二者皆爲欲以精誠動天，以致忽略所引喩事物之眞僞的例子。他說：

(68) 同前(1)，卷15，〈變動〉，頁649。

> 董仲舒請雨之法，設土龍以感氣。夫土龍非實，不能致雨，仲舒用之致精誠，不顧物之僞真也。然則周公之請命，猶仲舒之請也；三王之非鬼，猶聚土之非龍也[69]。

很顯然地，王充在此是絕對肯定土龍不能致雨。此與他在〈明雩〉篇中堅持祭祀不能得雨、亦不能止雨的看法是一致的。他說：

> 天之暘雨，自有時也。一歲之中，暘雨連屬；當其雨也，誰求之者？當其暘也，誰止之者[70]？

實則，以土龍致雨是董仲舒行雩祭的一種形式，詳載於《春秋繁露・雩祭》中。王充在〈明雩〉中對雩祭的批判在在可以顯現王充對「土龍致雨」的眞實觀點。

雖然如此，王充却又主張雩禮當存勿廢，其所持理由凡五，〈明雩〉中已條列淸晰，在此無庸贅述。總括言之，不外乎存古禮、撫民心二義。就存古禮言，《春秋》三傳及孔子均不反對雩祭，雩祭就如社祭一樣必有其存在之理，故不應廢除；就撫民心言，王充以爲「夫災變大抵有二：有政治之災，有無妄之變。政治之災，須耐求之。求之雖不耐得，而惠愍惻隱之恩，不得已之意也。…… 無妄之災，而民不知，必歸於主，爲政治者愍民之望，故亦必雩」[71]。故就禮數及政治的雙重角度來看，土龍致雨

[69] 同前[1]，卷21，〈死僞〉，頁889-890。
[70] 同前[1]，卷15，〈明雩〉，頁667。
[71] 同前[70]，頁669。

之祭也和雩祭一樣有其必須存在的理由，只是吾人必須辨明其眞相和用意，始不致淪於迷信惑亂。王充並認爲在孔子、董仲舒之後，大約只有他一人能明其深意，故他語重心長地說：

> 不出橫議，不得從說；不發苦詰，不聞甘對。……推春秋之義，求雩祭之說；實孔子之說，考仲舒之義。孔子旣歿，仲舒已死，世之論者，孰當復問？唯若孔子之徒、仲舒之黨，爲能說之[72]。

此中的微言大義，已不表自明了。

四、以比對顯眞僞

比對法是就兩種或兩種以上互爲矛盾的說詞加以比較，以定眞僞。換言之，比對法是一種運用矛盾律以定是非的方法。所謂矛盾律，意卽兩個矛盾判斷不能同時俱眞；一是一非，不能兩立。這種邏輯早在先秦時已發展成功，而到王充時更被充分地應用。

先秦諸子中，對矛盾律的發展最有功的首推韓非子。他以「不可陷之楯與無不陷之矛，不可同世而立」[73]一說建立了中國邏輯史上最明確的矛盾律。但韓非的矛盾原則與西方邏輯中的矛盾原則並不完全一致。在西方邏輯裏，以爲同一論點不能旣眞又假，或者說，對於同一對象的同一屬性，不能旣肯定又否定。也

[72] 同前[70]，頁678。
[73] 見新編諸子集成本，王先謙《韓非子集解》卷15，〈難一〉，頁265。

就是說，兩個矛盾的判斷不能同時都眞，然而韓非的矛盾之說並沒有指出這一點。他的矛盾律不是從同一主詞的兩個矛盾謂詞之不相容或不兩立的屬性關係說的。矛之物與盾之物是對立地存在着，只有在人們想要以矛陷盾這種思想活動的同時，才有矛盾的邏輯表現。同理，韓非所擧的故事裏，「堯明察」與「舜救敗」、「聖堯」與「賢舜」等等皆非矛盾不兩立的主謂關係。如果主觀上斷定有「賢舜，則去堯之明察；聖堯，則去舜之德化」[74]這樣的不兩立，或者直認「堯」、「舜」是不可兩譽，「賢」、「勢」是兩不相容，這不過是因歷史傳說和政治倫理的抽象定義所導致的主觀條件。實際上，這種矛盾並不是嚴格的邏輯矛盾，因爲這裏既沒有眞正對立的概念，也沒有什麼不相容的屬性存在。

韓非的矛盾說的另一特色是：他對矛盾律與排中律的區別，並沒有找到邏輯的解決方法。例如有些判斷屬於矛盾律而不屬於排中律，但韓非並未明確地加以辨別。他承認兩個矛盾判斷不能同時俱眞，然而却未指出兩個相否定的判斷有一個一定是眞的這樣的排中律。他只概括地說：「故不相容之事不兩立也」[75]。這種傾向的主要原因在於韓非的矛盾律是針對當時政治倫理範疇的內容說的，其目的在指出「俱聽」與「兼聽」之壞亂政治，所以他說：「今兼聽雜學繆行同異之辭，安得無亂乎？」[76]這便是當時政敎不能大治的原因。他曾擧出一個明顯的矛盾之例說：「是墨子之儉，將非孔子之侈也；是孔子之孝，將非墨子之戾也。今孝戾、侈儉俱在儒墨，而上兼禮之，……是漆雕之廉，將非宋榮

---

[74] 同前。
[75] 同前[73]，卷19，〈五蠹〉，頁345。
[76] 同前[73]，卷19，〈顯學〉，頁352。

之怨也；是宋榮之寬，將非漆雕之暴也。今寬廉、恕暴俱在二子，人主兼而禮之」(77)。

此外，《墨子・經說》上也運用矛盾律以為論斷的根據。其文曰：

> 辯，或謂之牛，謂之非牛，是爭彼也，是不俱當。不俱當，必或不當。不當若犬(78)。

是牛與非牛，係同一指謂，這種矛盾的形式，就很符合西方的邏輯形式。而且在兩個互相否定的論斷中，確定其中必有一眞，這已進入排中律的領域中。

王充在《論衡・薄葬》篇中說：「異道不相連」(79)，其實與韓非所謂「不相容之事，不能兩立」是同義的。而且《論衡》中就常以此種比對法來顯眞僞。不過，他所使用的比對法較之韓非之法已有顯著的進步。最明顯的事實是，《論衡》中大多數的矛盾律都是就同一主詞的兩個矛盾謂詞立說的。譬如：他認為「說雷之家，謂雷天怒呴吁也」和「圖雷之家，謂之雷公怒引連鼓也」(80)，是一對矛盾謂詞，儒者和工技之家的「一日」之說跟《山海經》、《淮南子》載世俗傳言的「十日」之說(81)，也是一對矛盾謂詞。在表面上看來，其矛盾的形式雖然不是正如甲與非甲之斷然，但前二文談的都是雷，後二文談的都是日，已是同一主

(77) 同前。
(78) 同前㊼，卷10，〈經說〉上，頁209。
(79) 同前❶，卷23，〈薄葬〉，頁961。
(80) 同前❶，卷 6，〈雷虛〉，頁297。
(81) 同前❶，卷11，〈說日〉，頁508-510。

詞的矛盾謂詞。更有甚者，像〈案書〉篇中所謂:「夫觀〈世表〉，則契與后稷，黃帝之子孫也；讀〈殷周本紀〉，則玄鳥、大人之精氣也。二者不可兩傳，而太史公兼紀不別」[82]。已明顯呈現「契與后稷，黃帝之子孫」和「契與后稷，玄鳥、大人之精氣」的兩個同一主詞的矛盾謂詞。可惜，有時王充也仍因循韓非從不同主詞的兩個矛盾謂詞之不相容的屬性關係立說，譬如他認爲商紂的「索鐵伸鉤」和周武的「兵不血刃」[83]是一對矛盾謂詞，卽爲一例。

此外，王充的比對法還具有一個特色，那就是他常喜就同一人之言詞自相矛盾或言行相違的情形作一比對，以批判此人言詞的可信度，並試圖藉此削弱古聖先哲的權威性。這種實例在〈問孔〉、〈刺孟〉、〈非韓〉、〈薄葬〉諸篇中最爲普遍，也最可見出其妙趣。譬如說:

> 案賢聖之言，上下多相違，其文前後多相伐者，世之學者，不能知也[84]。
>
> 孔子知己不受貴命，周流求之不能得。而謂賜不受富命，而以術知得富，言行相違，未曉其故[85]。
>
> 何孟子之操，前後不同，所以為王，終始不一也？……前不遇于魯，后不遇於齊，無以異也。前歸之天，今則歸之于王，孟子論稱，竟何定哉[86]？
>
> 不專意於明法，而專心求奸，韓子之言與法相違[87]。

[82] 同前[1]，卷29，〈案書〉，頁1161。
[83] 同前[1]，卷 7，〈語增〉，頁339。
[84] 同前[1]，卷 9，〈問孔〉，頁393。
[85] 同前[84]，頁418。
[86] 同前[1]，卷10，〈刺孟〉，頁458-459。
[87] 同前[1]，卷10，〈非韓〉，頁451。

> 墨家之議，自違其術，其薄葬而又右鬼。……如以鬼非死人，則其信杜柏非也；如以鬼是死人，則其薄葬非也。術用乖錯，首尾相違，故以為非。非與是不明，皆不可行[88]。

文中所舉諸事，包括孔子的言行不一、孟子的言詞前後相違、韓非的明法與求奸之不得兩立、墨子的右鬼和薄葬之互不相容等，遂構成前述各篇中的主要論題。

在比對法中，王充不但對矛盾律已有充分運用的能力，而且也和墨子一樣已意識到排中律的邏輯方法。最有力的證據是在〈語增〉篇中，他說：

> 索鐵、不血刃，不得兩立；殷周之稱，不得二全；不得二全，則必一非[89]。

文中所謂「不得兩立」是矛盾律的定義，「不得二全，則必一非」則為排中律的定義。

以上均是比對法在《論衡》中運用的實例。由於在這些篇章裏，王充對邏輯方法的追求熱誠遠勝過他對各家哲學的追求熱誠，以是，他的〈問孔〉、〈刺孟〉不必是在批判儒家哲學的內涵的這種論斷，絕對可以成立。吾人不必以此譏刺王充離經叛道，更不必謂此兩篇係後人僞託之作來為王充辯護。

王充用比對法的目的和《論衡》「疾虛妄」的主要精神甚相一致。他認為「二家相違也，並而是之，無是非之分；無是非之

---

[88] 同前❶，卷23，〈薄葬〉，頁963-964。
[89] 同前❶，卷 7，〈語增〉，頁339。

分，故無是非之實；無以定疑論，故虛妄之論勝也」(90)。故要去除虛妄之論，必須比對互相矛盾的說詞以定是非，此即所謂「兩刄相割，利鈍乃知；二論相訂，是非乃見」(91)。這種方法的運用，使《論衡》猶如天平一樣可以量輕重，又恰似明鏡一樣可以鑑黑白，印證了王充自許的「如衡之平，如鑑之開」(92)的特色。這種方法尤其有利於解決那些「通人談士，歸於難知，不肯辨明。是以文二傳而不定，世兩言而無主」(93)的各種冥渺難測的天象問題。對王充而言，天象固難知，但透過比對與考核，眞相依舊可尋。茲擧數例以明之:

1. 〈明雩〉曰：「世審稱堯湯水旱，天之運氣，非政所致。夫天之運氣，時當自然，雖雩祭請求，終無補益。而世又稱湯以五過禱於桑林，時立得雨。夫言運氣，則桑林之說絀；稱桑林，則運氣之論消。世之說稱者，竟當何由？救水旱之術，審當何用？」(94)
2. 〈順鼓〉曰：「大雨、久旱，其實一也。成王改過，春秋攻社，兩經二義，行之如何？」(95)

五、以名分符事實

由於王充十分重視科學的效驗與實證的論證方法，所以他把

(90) 同前❶，卷6，〈雷虛〉，頁297-298。
(91) 同前❶，卷29，〈案書〉，頁1165。
(92) 同前❶，卷30，〈自紀〉，頁1199。
(93) 同前❶，卷11，〈說日〉，頁510。
(94) 同前❶，卷15，〈明雩〉，頁668-669。
(95) 同前❶，卷15，〈順鼓〉，頁681。

舊日名辯學者形而上學的正名問題，特別是那些「是反爲非，虛轉爲實」的辯證論題，一併都用他所謂「論貴是而事尙然」與「正是審明」的邏輯加以批判。

〈自紀〉曰：「論貴是而不務華，事尙然而不高合」96。顯示王充深知正確的思維活動，必自眞實的前提出發。所謂「論貴是」，就是說要依靠客觀事實來進行論斷，有是言就要有是實，既不能因推論的「强類」，以致喪失自然本性的形式．亦不能虛僞調辭，而使其不合情實。所以說：「事尙然」，而不使其「飾貌以强類」、「調辭以務似」97。因此之故，〈是應〉篇對於儒者論太平瑞應多「溢美過實」一事多所批評。

王充進一步分析「溢美過實」的深淺程度爲二。第一類，是「有其事而褒增過其實」98譬如「五日一風，十日一雨」99是風調雨順的增益之詞；「男女異路，市無二價」100是禮敎淳厚的過褒之詞。這些過溢之詞，不可盡信。至於第二類，則係「殆無其物」101，純屬虛構之詞。譬如儒者謂「萐脯生于庖厨以寒涼食物，使之不臭」102、「王者南面視荚生落，則知日數多少」103都是子虛烏有的事，尤不可信。就這點而言，王充是不容許人的想像力有馳騁的自由。他的態度是極端嚴肅的。

此外，王充反對取虛名以正名的思想，並且認爲儒家的正名

---

96 同前1，卷30，〈自紀〉，頁1189。
97 同前96，頁1192。
98 同前1，卷17，〈是應〉，頁752。
99 同前98。
100 同前98，頁751。
101 同前。
102 同前98，頁752-753。
103 同前98，頁754。

主義，一般說來，就是取名而不取實的方法。王充學例說：

子路問孔子曰：「猪肩羊膊可以得兆；雚葦藁芼可以得數。何必以蓍龜？」孔子曰：「不然。蓋取其名也。夫蓍之為言『耆』也，龜之為言『舊』也，明狐疑之事，常問耆舊也。」由此言之，蓍不神，龜不靈，蓋取其名，未必有實也。无其實，則知其無神靈；無神靈，則知不問天地也[104]。

王充認爲以「蓍」形近「耆」、「龜」音諧「舊」，而決定必須以蓍龜卜筮，是儒家取名不取實的例證。王充「論貴是」而「事尙然」的邏輯，正好與這種以虛名爲義的正名主義相對立。此外，王充又學例說：

盜泉、勝母有空名，而孔曾恥之；佛肸有惡實，而子欲往。不飲盜泉是，則欲對佛肸非矣[105]。

這也是儒家取名而棄實之例。

總之，王充認爲名是實之反應，應依實立名。因而極力反對名實不符或有名無實的思想言行。他說：

外內不相稱，名實不相副，際會發見，奸偽覺露也[106]。

---

[104] 同前❶，卷24，〈卜筮〉，頁995。
[105] 同前❶，卷 9，〈問孔〉，頁429。
[106] 同前❶，卷11，〈答佞〉，頁526。

夫𩵋䱐之觸罪人，猶倉兕之覆舟也；蓋有虛名，無其實效也；人畏怪奇，故空褒增[107]。

名實不符，厥爲大病。而且「名」所依憑的「實」，必須是社會經驗之「實際情形」，而不可有所偏離。這與《荀子・正名》中所謂的「約定俗成，謂之實名」的觀念是一致的。荀子以爲名旣爲約定俗成，就具有社會性，而且會隨着社會風俗而變化，因而社會實踐可作爲檢驗名的標準。換言之，王充和荀子一樣都是以名爲客體，實爲主體，主體決定客體，是道理之所當然。

但是，漢儒中也有反過來主張以客體決定主體的，譬如：董仲舒所說的「是非之正，取之逆順；逆順之正，取之名號；名號之正，取之天地。天地爲名號之大義也。……是故事各順於名，名各順於天，天人之際，合而爲一」[108]。董子之說全因受天人感應的理念所拘限，而不得不反賓爲主，顚倒本末了。王充旣反對天人之學，自然沒有承襲董子之說的必要。

六、以俗論駁俗論

此所謂「俗論」，是「實論」或「實說」[109]的相反詞。王充自稱爲「實論者」[110]，又於駁斥虛妄之言時說：「此非論者所以

---

[107] 同前[1]，卷17，〈是應〉，頁761。
[108] 同前[62]，《春秋繁露・深察名號》，頁1下－4上。
[109] 同前[1]，卷6，〈雷虛〉曰：「實說：雷者，太陽之激氣也。」頁299。
[110] 王充自稱爲「實論者」之例，如：〈道虛〉篇曰：「實論者聞之，乃知不然。」（卷7，頁318）又〈感虛〉曰：「宋景公出三善言，熒惑徙三舍，實論者猶謂之虛。」（卷5，頁223）。

爲實也」[111]。所以，「俗論」就是世俗之論之有違於王充所信從之眞理者，也就是黃震所謂的「時俗之說」[112]。「時俗之說」在王充看來，都是値得懷疑，因爲「世多似是而非，虛僞類眞」[113]之語及「非謂之言，不然之說」[114]。卽如儒者之言，亦往往淪於「俗人言」[115]而已。推此以言，「俗論」其實就是「虛論」的同義詞，正是王充所深惡痛絕的不實之言。

王充在《論衡》中常使用以俗論駁俗論的論辯方法。其中的奧妙早已爲熊伯龍所識破，他說：

> 至于每篇之中，有引俗論以駁俗論者。如熒惑徙舍，〈變虛〉篇已辨其妄，〈感虛〉篇取以証襄公麾日之事，此借俗論以駁俗論也。讀者須究心焉，勿以仲任為信虛妄者，諸如此類，宜善讀之[116]。

按〈感虛〉之文曰：

> 宋景公推誠出三善言，熒惑徙三舍，實論者猶謂之虛。陽公爭鬬，惡日之暮，以此一戈麾，無誠心善言，日為之反，殆非其實哉[117]！

---

[111] 同前[1]，卷22，〈訂鬼〉，頁936。
[112] 見黃震《黃氏日鈔》分類卷57，〈讀論衡〉。
[113] 同前[1]，卷21，〈死僞〉，頁885。
[114] 同前[1]，卷14，〈譴告〉，頁645。
[115] 同前[114]，頁644。
[116] 見熊伯龍《無何集・讀論衡說十段》，頁13。
[117] 同前[1]，卷 5，〈感虛〉，頁223。

王充的本意是：天人不相知。善言出於人，善言不可以感動天；爭鬭亦出於人，故爭鬭亦不可以感動天。在此要特別注意的是：「善言可以感動天」只是王充隨順俗說的一個假設而已。其用意在說服那些相信「善言可以感動天」的世人，以爲即使從這個論點出發，依據邏輯的推論，亦得不出「爭鬭可以感動天」的結論，何況善言根本就不能感動天！所以，「景公出三善言，熒惑徙三舍」只是王充借以駁斥俗論的另一俗論，絕非王充個人的信念。

上述這種方法在《論衡》中俯拾可得。如：〈紀妖〉辯霍太山之神象人形一事說：

> 蓋妖祥之氣象人之形，稱霍太山之神……何以知非霍太山之神也？曰：大山，地之體，猶人有骨節，骨節安得神？如大山有神，宜象大山之形，何則？人謂鬼者死人之精，其象如生人之形；今大山廣長不與人同，而其精神不異於人；不異於人，則鬼之類人；鬼之類人，則妖祥之氣也[118]。

文中所謂「鬼者，死人之精，其象如生人之形」，這是俗論，與王充「死人不爲鬼」的一貫信念相違。但是，在此王充爲了證明原過（趙襄子的臣子）所見「自帶以上可見，自帶以下不可見」的三人非霍太山之神，不得不借俗論以駁之。其推理過程是：如果人死爲鬼象人之形，則霍太山之精應象霍太山之形，何以象人之形？可見原過所見乃妖祥之氣之象人形者，而非俗信所稱太山

[118] 同前[1]，卷22，〈紀妖〉，頁920。

之山陽侯。又〈異虛〉已辯殷高宗「行祖己之言，修改政行，桑穀之妖亡，諸侯朝而年長之」之妄⑲，但〈變虛〉却以「高宗消桑穀之變，以政不以言」爲假設，以推出「景公却熒惑之異，亦宜以行」的論斷，而謂「不改政修行，坐出三善言，安能動天？天安肯應？」⑳又〈順鼓〉亦以殷王改政以消桑穀之變駁《春秋》攻社以止水災之妄㉑。又〈遭虎〉以千餘言力辯虎狼食人非部吏之過，但〈解除〉却又說：「虎狼之來，應政失也；盜賊之至，起世亂也；然則鬼神之集，爲命絕也。殺虎狼，却盜賊，不能使政得世治；然則盛解除，驅鬼神，不能使凶去而命延」㉒。按此段中，王充的論證法是：俗信虎狼之來，係應政失；鬼神之集，係爲命絕。殺虎狼既不能使政得，驅鬼神自亦不能使命延。這顯然只是以俗論駁俗論之例而已，並非王充思想前後矛盾。事實上，如果王充在本段之首句加入「如」字，表明此乃一假設而非眞理，則問題卽可迎刄而解。又〈商蟲〉已辯「蟲食谷者，部吏所致」之非，但〈順鼓〉復謂：「月令之家，蟲食穀稼，取蟲所象類之吏，笞擊僇辱，以滅其變。實論者謂之未必眞是，然而爲之，厭合人意。今致雨者，政也，吏也；不變其政，不罪其吏，而徒攻社，能何復塞？苟以爲當攻其類，衆陰之精，月也。……雨久不霽，攻陰之類。宜捕斬兎、蟾蜍，椎破螺蚄，爲其得實」㉓。又〈說日〉已辯《詩》云：「月離於畢，比滂沱矣。」及《書》云：「月之從星，則以風雨」二說之妄㉔，但〈明雩〉

⑲ 同前❶，卷 5，〈異虛〉，頁204。
⑳ 同前❶，卷 4，〈變虛〉，頁194。
㉑ 同前❶，卷15，〈順鼓〉，頁681。
㉒ 同前❶，卷25，〈解除〉，頁1037。
㉓ 同前㉑，頁682。
㉔ 同前❶，卷11，〈說日〉，頁5180。

却又根據《詩》、《書》之語推斷「風雨隨月所離從也」，進而謂：「六國之時，政治不同，人君所行，賞罰異時；必以雨爲應政令，月離六七畢星，然後足也」[125]。同時，他也以《詩》、《書》上這些話語反駁「徙市得雨」之說[126]。

以俗論駁俗論之例，更常見於王充引變復家言以駁世俗之論。如：〈感虛〉曰：

> 且從變復之說，或時燕王好用刑，寒氣應至；而衍囚拘而歎，歎時霜適自下。世見適歎而霜下，則謂鄒衍歎之致也[127]。
>
> 凡變復之道，所以能相感動者，以物類也。有寒則復之以溫；溫復解之以寒，故以龍致雨，以刑逐暑，皆緣五行之氣，用相感勝之。山崩壅河，素縞哭之，於道何意乎[128]？

此所謂「變復家言」當然也是俗論，原不爲王充所信服，只不過被藉爲駁斥另一種俗論的理據而已。

王充這種引俗論以駁俗論的方法，易導致兩種不良後果：第一，讀者若斷章取義，必以爲王充信虛妄之言。此事已經熊伯龍指出（見前引《無何集・讀論衡說十段》），不再贅述。第二，讀者若不解王充立說本意，必以爲王充思想前後矛盾。這點自宋以降頗多人言及。宋黃震云：

---

[125] 同前[1]，卷15，〈明雩〉，頁664。
[126] 同前[125]，頁665。
[127] 同前[1]，卷 5，〈感虛〉，頁232。
[128] 同前[127]，頁248。

> 至隨事各主一說，彼此自相背馳；如以十五說主土龍必能致雨矣（見〈亂龍〉篇），他日又曰；仲舒言土龍難曉（見〈案書〉篇）。如以千餘言力辯虎狼食人非部吏之過矣（見〈遭虎〉篇），他日又曰；虎狼之來，應政失也（見〈解除〉篇）。凡皆以不平之念，盡欲更時俗之說，而時俗之說之通行者，終不可廢[129]。

按黃氏所舉《論衡》「自相背馳」的兩個例子，在本書中已有詳論，不必再述。值得一提的是：黃震認爲這種現象係由於「時俗之說之通行者，終不可廢」所致。換言之，對於俗說，王充雖心不信之，但爲了顧全世俗人之理解能力及得到世俗人之信服，不得不從世俗人的觀點出發，循世俗人的思路以作辯解。黃氏誠可謂善讀《論衡》之人！

但也有人持與黃氏完全相反的態度，不但不細嚼王充文意，反而痛斥其非。如乾隆皇帝曰：

> 其〈死偽〉篇以杜伯之鬼為無，而〈言毒〉篇又以杜伯之鬼為有。似此矛盾處，不可屈指數，予故闢而訶之[130]。

其語氣之凌厲顯而易見。筆者不敢斷言《論衡》全書絕無矛盾之處，但以乾隆所舉杜伯之例言，實不足以作爲《論衡》有矛盾之

---

[129] 同前[112]。

[130] 見《論衡校釋》附編三，引《四庫全書・乾隆讀王充論衡》，頁1247。

證。按王充不信死人變鬼之說，但信太陽妖氣可以致鬼。其〈死僞〉駁杜伯射宣王、莊子義射燕王，均就人死不爲鬼以報復立說。而〈言毒〉謂：

> 天地之間，毒氣流行，人當其沖，則面腫疾，世人謂之火流所刺也。人見鬼者，言其色赤，太陽妖氣，自如其色也。鬼為烈毒，犯人輒死，故杜伯射，周宣立崩。鬼所賫物，陽火之類，杜伯弓矢，其色皆赤。南道名毒曰短弧。杜伯之象，執弓而射。陽氣困而激，激而射，故其中人象弓矢之形[131]。

此文在說明杜伯射宣王係太陽妖氣流行所致。故杜伯執弓矢之象，是由於陽氣激而射所致，非杜伯死後爲鬼而執弓矢射人。因此，以上兩篇文字並無矛盾之處。且〈訂鬼〉重申〈言毒〉之意曰：

> 故申生之妖見於巫，巫含陽，能見為妖也。申生為妖，則知杜伯、莊子義、厲鬼之徒皆妖也。杜伯之屬為妖，則其弓矢杖棰皆妖毒也。妖象人之形，其毒象人之兵。鬼毒同色，故杜伯、弓矢皆朱彤也。毒象人之兵，則其中人，人輒死也。……妖或施其毒，不見其體；或見其形，不施其毒；或出其聲，不成其言；或明其言，不知其音。……杜伯之屬，見其體，施其毒者也[132]。

---

[131] 同前❶，卷23，〈言毒〉，頁949-951。

[132] 同前❶，卷22，〈訂鬼〉，頁943。

由此更可肯定王充確實相信有杜伯之鬼，只是他以爲此非杜伯死後之精所變，而係太陽妖氣所致。〈死僞〉之議論重點在前者，而〈言毒〉與〈訂鬼〉之議論重點則在後者，二者並無牴觸之處，乾隆所言顯然有差誤。

總之，《論衡》中被指爲矛盾的議論，有些是由於以俗論駁俗論所造成的不良後果，如「熒惑徙舍」、「桑穀之變」、「虎狼之來」諸例；有些則是由於讀者未解王充立說本意所致，如「土龍致雨」、「杜伯爲鬼」諸例，吾人不可不愼讀之！

七、以可靠文獻斥虛妄

面對虛妄之言或矛盾之詞時，王充用以判定是非的方法，除了他所擅長的推理之外，最常見也最有效的便是根據可靠文獻駁斥虛妄不實之言。玆擧〈說日〉、〈語增〉中數例以明之：

1.根據《春秋・公羊傳》僖公三十一年所謂「觸石而出，膚寸而合，不崇朝而遍雨天下，惟太山也。」之文，以駁斥儒者言「雨從天下」之說。

2.根據《韓非子・難二》引齊桓公曰：「寡人未得仲父極難，旣得仲父甚易」、《尙書・多士》曰：「上帝引逸」以及《論語・泰伯》曰：「巍巍乎，舜禹之有天下而不與焉。」三段文字判定「堯舜若臘腒」之傳言爲非。復根據《尙書・無逸》「惟湛樂是從，時亦罔有克壽。」之文判定「桀紂垂腴過尺」的傳言爲非。

3.根據《太公陰謀》之書[133]所載周取殷之時「取小兒丹，教

---

[133] 《太公陰謀》傳爲太公所作，今已佚失。

云殷亡。兵到牧野，晨舉脂燭。」及《古文尚書・武成》所載「牧野之戰，血流浮杵，赤地千里」二文，以判定「兵不血刃」之非。

4.根據《尚書・酒誥》中「朝夕曰，祀茲酒」之文，判定「文王飲酒千鍾，孔子百觚」爲非。

5.根據《尚書・酒誥》中周公告康叔之語，判定傳言所謂「紂沈緬於酒，以糟爲丘，以酒爲池，牛飲者三千人，爲長夜之飲，亡其甲子。」及「紂懸肉以爲林，令男女倮而相逐其間」二說之非。

6.根據《尚書・益稷》「弼成五服」[134]之文駁傳言「堯舜之儉，茅茨不剪，采椽不斷」之非。

在上述這種方法中，旣有文獻是王充取證的唯一根據。以此之故，所取證文獻之可靠性，遂成爲此種方法可行與否的關鍵所在。王充對文獻的考察，採取極端嚴肅的態度。他認爲不但文獻的記載必須明確符實，而且吾人對於文獻之了解也應正確不誤。可惜俗人多患了好奇的毛病，不奇則不信，於是導致說者不得不虛飾誇張以取信於人。其結局是本來很簡單的事，分成了千百種複雜離奇的事情；本來很明白的話，變成了千萬種互相背離的說法。這種現象不但存在於傳語和一般儒書中，而且也出現於六藝中。王充在〈藝增〉中曾針對這個問題說：

> 世俗所患，患言事增其實，著文垂辭，辭出溢其真，稱美過其善，進惡沒其罪。何則？俗人好奇，不奇，言不用

---

[134] 「弼成五服」原指禹輔佐舜開拓了五服（甸、侯、綏、要、荒服），但王充藉爲「五采服」之意，卽五種不同等級之官服。

> 也。故譽人不增其美，則聞者不快其意；毀人不益其惡，則聽者不愜於心。聞一增以為十，見百益以為千，使夫純樸之事，十剖百判；審然之語，千反萬畔。墨子哭於練絲，楊子哭於歧道，蓋傷失本，悲離其實也。蜚流之言，百傳之語，出小人之口，馳閭巷之間，其猶是也。諸子之文，筆墨之疏，大賢所著，妙思所集，宜如其實，猶或增之。儻經藝之言，如其實乎？言審莫過聖人，經藝萬世不易，猶或出溢，增過其實[135]。

所以，王充作〈語增〉、〈儒增〉、〈藝增〉三篇專門指出好增事者的不實之言。不過，王充以爲文章中的誇飾，有時固出於作者蓄意取譁於衆，有時則由於作者心誠信之，誠如〈藝增〉所言：「詩人或時不知，至誠以爲然；或時知，而欲以喻事，故增而甚之」[136]。但不論出於何種原因，都應予以糾正。

基於前述這種對傳言及記載之認識，王充以爲吾人在聽取傳言或閱讀各種文獻時，不得不採取保留的態度。王充在〈語增〉中曾引用孟子之言曰：「吾於武成，取二、三策耳。以至仁伐不仁，如何其血之浮杵也？」[137]可見他頗受孟子「盡信書，不如無書」[138]的疑古態度所影響。於是，根據王充的意見，《尚書・堯典》所謂「協和萬國」，應作「協和方外」[139]，《詩・小雅・鶴鳴》所謂「鶴鳴於九皋，聲聞於天」之末句應作「聲聞高

[135] 同前[1]，卷 8，〈藝增〉，頁377。
[136] 同前[135]，頁382。
[137] 同前[1]，卷 7，〈語增〉，頁339。
[138] 見《孟子・盡心》下。
[139] 同前[135]，頁378。

遠」[140]，《詩・大雅・雲漢》所謂「維周黎民，靡有孑遺」之末句應作「廣受其害」[141]，《周易・豐卦》所謂「豐其屋，蔀其家，窺其戶，闃其無人也。」之末句應作「闃其無賢人也」[142]。此外，王充還一一指出《論語・泰伯》中之「大哉堯之爲君也！蕩蕩乎民無能名焉！」，《新語・無爲》中之「堯舜之民，可比屋而封」，《尚書・西伯勘黎》中之「今我民罔不欲喪」以及《戰國策・齊策》中之「臨菑之中，車轂擊，人肩磨，擧袖成幕，連衽成帷，揮汗成雨」諸語中的誇飾不實之處[143]。

以此之故，王充特別贊許孔子之修《春秋》及光武之糾正貰光溢美文帝之詞[144]，以爲若不是孔子及時修正《魯史》中「雨星不及地尺而復」的不實記載和光武及時修正貰光「居明光宮，斷獄三人」的溢美頌詞，後世之人必以爲實事而信從之，以致永遠受到蒙蔽。

至於對文獻的了解，應仔細考量以免歪曲文意，在《論衡》中亦屢有言及，像〈說日〉有辯「雨從地上，不從天下」一文。世人根據《尚書・洪範》之「月之從星，則以風雨」及《詩經・小雅・漸漸之石》之「月麗于畢，俾滂沲矣」二文斷定雨係從天下。王充認爲這是曲解經意。他說：「月麗於上，山烝於下，氣體偶合，自然道也」[145]。下雨和月亮靠近畢宿並無必然的相關性。因爲山氣從地上蒸發降而爲雨與月亮靠近畢宿只是一種自然的偶

[140] 同前[135]，頁380-381。
[141] 同前[135]，頁382。
[142] 同前[135]，頁383。
[143] 以上諸例並見〈藝增〉篇。
[144] 以上二事並見〈藝增〉篇。
[145] 同前[1]，卷11，〈說日〉，頁518。

合現象。《尚書》和《詩經》所載不過是這種偶合現象，不足作爲「雨從天下」之證據。

八、以世界解釋世界

王充在《論衡》中企圖以世界本身解說世界，排除超自然力量之干預。這種方法對於「疾虛妄」最具卓效。而其解說的方法，或由自然條件著手，予事物以合理的解說，或由心理因素著手，化解人類言行上的拘蔽。以下各舉數例以明之：

（一）由自然條件解說世界

1.〈感虛〉駁「陽公麾日」說：

或時戰時日正卯，戰迷，謂日之暮，麾之轉左，曲道日若却。世好神怪，因謂之反；不道所謂也[146]。（按：卯指正東方）

2.〈龍虛〉駁「天取龍」說：

夫盛夏太陽用事；雲雨干之。太陽，火也；雲雨，水也。水火激薄則鳴而為雷。龍聞雷聲則起，起而雲至，雲至而龍乘之。雲雨感龍，龍亦起雲而升天。天極雲高，雲消從降。人見其乘雲，則謂升天；見天為雷電，則為天取龍。世儒讀《易》文，見傳言；皆知龍者雲之類。拘俗人之

---

[146] 同前❶，卷5，〈感虛〉，頁223。

議，不能通其說，又見短書為證，故遂謂天取龍[147]。

（二）由心理因素解釋世界

1.〈訂鬼〉駁「死人之精爲鬼」謂：

凡天地之間有鬼，非人死精神為之也，皆人思念存想之所致也。致之何由？由於疾病。人病則憂懼鬼出。凡人不病則不畏懼。故得病寢衽，畏懼鬼至；畏懼則存想，存想則目虛見。……初疾畏驚，見鬼之來；疾困恐死，見鬼之怒；身自疾痛，見鬼之擊，皆存想虛致，未必有其實也。夫精念存想，或泄於目，或泄於口，或泄於耳。泄於目，目見其形；泄於耳，耳聞其聲；泄於口，口言其事。晝日則鬼見，暮臥則夢聞[148]。

2.〈感類〉駁「雷雨爲成王至」說：

夫華臣自殺華吳而左師懼，國人自逐瘈狗而華臣自走。成王之畏懼猶此類也。心疑於不以天子禮葬公，卒遭雷雨之至，則懼而畏過矣。夫雷雨之至，天未必責成王也。雷雨至，成王懼以自責也。……懷嫌疑之計，遭暴至之氣，以類之驗見，則天怒之效成矣[149]。

---

[147] 同前❶，卷6，〈龍虛〉，頁283。
[148] 同前❶，卷22，〈訂鬼〉，頁930-931。
[149] 同前❶，卷18，〈感類〉，頁801。

以上這些解說雖未必盡合情理，但王充想藉情（即心理因素）、理（即自然條件）解說世界，以消除虛妄迷信的努力是令人欽佩的。

九、以心辯代口辯

王充對疾虛妄的邏輯提出了一個特殊的形式標準，那就是〈定賢〉所說的「正是」之說。王充認爲「訂眞僞，辨虛實」的方法，不是只靠概念形式的名，或者一般正名的表述形式來決定，而是要能探索所有思維的判斷之是，並且能「決錯謬之言，定紛亂之事」[150]，作出眞正合乎正確思維活動的「正是之言」[151]。而人的思維活動操之在心，因此王充進而提出心辯的原則，並強調辯論之上者在於心辯而非口辯。

王充認爲心乃一切思維活動的主宰，思維的具體呈現即爲言行。所以他說：

> 何以觀心？必以言。有善心，則有善言。以言而察行；有善言，則有善行矣。言行無非，治家親戚有倫，治國則尊卑有序。無善心者，白黑不分，善惡同倫，政治錯亂，法度失平。故心善，無不善也；心不善，無能善[152]。

此所謂「善心」，有別於儒家所說的「不忍人之心」，而是指一

---

[150] 同前❶，卷27，〈定賢〉，頁1116。
[151] 同前。
[152] 同前[150]，頁1115。

種能作出正確判斷的合理思維活動。這種合理的思維活動，固然可以導人入善，但在王充而言，其邏輯認知的意義遠勝過其道德實踐的意義。換言之，此「善心」比較接近荀子「天君」的觀念。荀子以爲「心者，形之君，神明之主，出令而無所受令」[153]顯然是指一種「明智心」，而非「道德心」。而《論衡·定賢》曰：

> 人善則能辨然否，然否之義定，心善之效明，雖貧賤困窮，功不成而效不立，猶爲賢矣。故治不謀功，要所用者是；行不責效，期所為者正。正是審明，則言不須繁，事不須多。故曰：「言不務多，務審所謂；行不務遠，務審所由。」言得道理之心，口雖訥不辯，辯在胸臆之內矣，故人欲心辯，不欲口辯。心辯則言醜而不違，口辯則辭好而無成[154]。

文中所謂「能辨然否」，「得道理之心」，「辨在胸臆之內」都是在詮釋「善心」乃是一種智慧，而非道德。

王充以爲定賢的標準，不在才能，不在智慧，更不在功效，而僅在於「善心」，因爲有良好的動機才能作出合理的判斷；反之，功效卓越，才智高顯並不能保證動機正確。以此推之，言辭亦隸屬功效的範疇，所以「辭好」並不足以保證「心善」。於是王充進而强調「心辯」重於「口辯」。他說：「口辯才未必高」、「筆敏知未必多」[155]，二者皆不足恃，因此，人應求「心

[153] 同前[23]，卷15，〈解蔽〉，頁265。
[154] 同前[150]，頁1115-1116。
[155] 同前[150]，頁1111。

辯」而舍「口辯」。

王充〈定賢〉篇中的這些理論，事實上是矛盾重出的。第一，王充在此篇中謂行動不一定要看效果，而要看指導行爲的動機是否端正。這顯然是受儒家「正其誼不謀其利，明其道不計其功」的動機論之影響，而把理論與實踐、動機與效果割裂開來。此與他一貫重視「效驗」的觀點是矛盾的。第二，王充認爲心可以決定言行，又說言可以觀心，故心與言是可以雙向推導的，由心知言和由言知心，二者俱爲眞。但是，因爲他强調動機重於效驗，本質重於表象，於是承認「口雖訥不辯」的人可以「辯在胸臆之內」。換言之，「口」與「心」並不定一致。言醜可以心善，而辭好也可以心惡。如此一來，由言以知心未必可行。第三，王充一再强調「言不須繁」，但是在〈自紀〉中他爲《論衡》「文重」之病脫罪時說：「今失實之事多，華虛之語衆，指實定宜，安得約徑？」[156] 這又是他的理論和實踐不能一致之處。

重「心辯」，不重「口辯」，固然是王充「正是」哲學在疾虛妄上的必然發展，但細繹起來，其間不免於荀子和老莊的影響。《荀子・解蔽》曰：

> 心者，形之君也，而神明之主也，出令而無所受令。——自禁也，自使也，自奪也，自取也，自行也，自止也。故口可劫而使墨云，形可劫而使詘申，心不可劫而使易意，是之則受，非之則辭。故曰：心容，其擇也無禁，必自見。其物也雜博，其情（讀作精）之至也，不貳[157]。

---

[156] 同前[1]，卷30，〈自紀〉，頁1194。
[157] 同前[153]。

蓋以爲人之口與形都有受外力牽制的可能，唯有心可以不受外力之脅迫，而執著於其一己之是非判斷。故心之抉擇是全然自主的、自律的，絲毫沒有被動的意味，最足以作爲判斷是非的憑據。因此，荀子接著又說：

> 凡觀物有疑；中心不定，則外物不清。吾慮不清，則未可定然否也。……彼愚者之定物，以疑決疑，決必不當。夫苟不當，安能無過乎[158]？

此外，道家中的老子、莊子均有反對「口辯」的傾向。《老子》首章謂：「道可道，非常道。」即已從根本上否定宇宙間最高的原則是可以言傳的；又第八十一章謂：「信言不美，美言不信。」更明顯道出「口辯」之不可確信。莊子更是標榜「不言之辯」，〈齊物〉說：「孰知不言之辯，不道之道？若有能知，此之謂天府」[159]。由此觀之，王充之重「心辯」而舍「口辯」，是其來有自，而非獨創之見。他受先秦諸子的影響於此又見一例。

---

[158] 同前[150]，頁269-270。

[159] 見新編諸子集成本，郭慶藩《莊子集釋・齊物論》，頁42。

第六章　王充的自然主義的天道觀

天道觀是指哲學家對天地萬物之形成、運作及其相互關係所持的觀點。它往往可以決定哲學家的思想取向，故常成爲探討哲學家思想的重要源頭。

在先秦諸子中，除了老莊之外，鮮有論及天道的。但是，到了漢代，由於天人之學的發展，天道論竟成爲漢代諸子的重要論題。其中標榜道家思想的《淮南子》一書中，有〈原道訓〉、〈俶眞訓〉、〈天文訓〉、〈墬形訓〉諸篇專論天地之形成，固不足奇；連高居衆儒之首的董仲舒，在其《春秋繁露》一書中也大抒其天道理論；足見漢代哲學的基礎乃在天道理論上。

漢代哲學中之天道思想的最大特色，在於「氣」的觀念之普及化、抽象化及神格化。就普及化言，漢代學者認爲氣是普遍存在於天地萬物之間，而且是構成天地萬物的基本因素。故《淮南子》曰：

> 道始於虛霩。虛霩生宇宙，宇宙生氣，氣有涯垠。清陽者薄靡而為天，重濁者凝結而為地。清妙之合專易，重濁之凝結難。故天先成而地後定。天地之襲精為陰陽，陰陽之專精為四時，四時之散精為萬物。積陽之熱氣生火，火氣

> 之精者為日。積陰之寒氣為水，水之精者為月。日月之淫為精者為星辰。天受日月星辰，地受水潦塵埃❶。
>
> 煩氣為蟲，精氣為人❷。

蓋以爲天地、四時、日月、星辰、水火、萬物皆由氣所生。而董仲舒也認爲在陰陽未分以前，天地之氣合而爲一，謂之元氣。元氣分爲陰陽之後，復分爲少陰、太陰、少陽、太陽四氣以成就四時，而由五行之氣助其運作不息。故《春秋繁露・五行相生》篇曰：

> 天地之氣，合而為一；分為陰陽，判為四時，列為五行❸。

到了《白虎通・五行》篇中又把五行視爲陰陽分化的五種形態，而納入於陰陽統貫之內，漢代特有的氣化宇宙觀於焉形成❹。

其次，就氣的抽象化言，初期漢代學者尚有人以爲氣是一種物質性的東西，像《淮南子・天文訓》以爲「氣有涯垠，淸陽者薄靡而爲天，重濁者凝滯而爲地。」以及同書〈泰族訓〉謂「精誠感於內，形氣動於天」❺都是認爲氣是有形質的東西。這顯然尙且保留了《易經》、《禮記》、《國語》、《左傳》等書中所謂的「氣」的形質意義。但是，由於氣的作用神通廣大，於是這

---

❶ 見新編諸子集成本，高誘注《淮南子》卷 3〈天文訓〉，頁35。
❷ 同前❶，卷 7，〈精神訓〉，頁99。
❸ 見蘇輿《春秋繁露義證》卷13，〈五行相生〉，頁256。
❹ 徐復觀〈先秦儒家思想發展中的轉折及天的哲學大系統的建立〉之第八章第三節「天的性格」中對此問題有詳細的剖析，可資參考。
❺ 同前❶，卷20，〈泰族訓〉，頁347。

物質性的氣逐漸被抽象化而爲一種類似精神性的氣，這在《春秋繁露》中可獲佐證。如〈陽尊陰卑〉曰：

> 陽氣暖而陰氣寒，陽氣予而陰氣奪，陽氣仁而陰氣戾，陽氣寬而陰氣急，陽氣愛而陰氣惡，陽氣生而陰氣殺❻。

文中所謂予奪、仁戾、寬急、愛惡都是精神性的表述詞。換言之，氣已由物質性的轉變爲精神性的。透過這種精神性的氣，物類遂得以互相感召，而成就漢代所特有的天人感應之學。

氣既爲天人交感的重要橋樑，其作用遂被神格化。這在《淮南子》中已可窺其端倪，其文曰：

> 天氣為魂，地氣為魄。反之玄房，各處其宅。守而勿失，上通太一。太一之精，通於天道。天道玄默，無容無則，大不可極，深不可測，尚與人化，知不可得❼。
>
> 夫物類之相應玄妙深微，知不能論，辯不能解。……故聖人在位，懷道而不言，澤及萬民。君臣乖心則背譎見於天，神氣相應徵也❽。

由「天氣爲魂，地氣爲魄」二語已顯出氣的神格性，再進而通於太一，達於天道，其玄妙深微更是不可究詰。於是不免教人疑神疑鬼，而生出迷信敬畏的心理。對於物類交感、天人相應的理論

---

❻　同前❸，卷11，〈陽尊陰卑〉，頁230

❼　同前❶，卷 9，〈主術訓〉，頁127。

❽　同前❶，卷 6，〈覽冥訓〉，頁90。

更是不敢置疑了。

董仲舒已意識到氣的神格化傾向，他特別提出警示說：

> 故氣同則會，聲比則應，其驗皦然也。……陽陰之氣固（原文作因，今據蘇輿義證改）可以類相益損也。天有陰陽，人亦有陰陽。天地之陰氣起，人之陰氣應之而起。人之陰氣起，而天地之陰氣亦應之而起，其道一也。明於此者，欲致雨則動陰以起陰，欲止雨則動陽以起陽。故致雨非神也，而疑於神者，其理微妙也❾。

雖然董氏力陳氣類相動絕非神明所致，但是由於「不祥禍福所從生亦由是也」❿，氣類相動之說仍不免雜糅神秘的色彩，以致連他本人都認為求雨、止雨之事，除了以氣類動天之外，尚須有齋戒祭拜的儀式。

氣的神格化現象，到了《白虎通》時更形明顯。其〈禮樂〉篇曰：

> 同聲相應，同氣相求，神明報應，天地祐之⓫。

於是物類以氣相求的現象，很明顯地具有「神明」的意味。氣之被神格化已成定局。

王充作《論衡》旨在「疾虛妄」，對於當時廣為流行的天人

---

❾ 同前❸，卷13，〈同類相動〉，頁253-255。
❿ 同前❾，頁255。
⓫ 見增訂漢魏叢書本，《白虎通》卷1，頁26。

感應之說自然要力加抨擊。而其正本清源的工作便是將「氣」還原爲一種物質性的自然體，以阻絕任何存有神秘色彩的幻想。同時，他也要把天的神秘性、意志性袪除，以徹底消除天人交感的可能。因此，天究竟是體還是氣、氣的本質及作用如何、天道是否有爲，遂成爲王充天道思想的主要論題。以下將逐項加以討論。

一、天是能施氣的實體

氣是構成天的基本因素，這是漢代諸子普遍持有的觀點，王充也不例外。但是，天旣形成之後，它到底仍保持氣的形態——恍惚無形，還是轉變爲有形有狀的固體形態呢？這個問題，在王充以前似乎不曾有人加以究詰。

據前引《淮南子・天文訓》論天地生成之文看來，「重濁之氣凝滯而爲地」，很明顯地可以確知其意是以爲地是由氣凝結而成的固體；再輔以人的實際體驗，更是對此說深信不疑。但是，天的形態，是否可以憑「清陽之氣薄靡而爲天」的這種敍述來加以判斷，就很可疑。何況，天高高在上，人類又無法以經驗加以印證！同理，在《春秋繁露》中也尋不出任何可據以判斷天的形態的證據來。然而天旣爲氣所構成，且仰望高空，只見浮雲盤旋、煙氣裊繞，因而遽斷天的形態卽爲渾沌之氣體，是極可能的事。這渾沌無形、變化莫測的氣體之天，自然容易引發許多神秘的幻想。此乃王充所深以爲戒的。他引述儒者之言說：

天，氣也。故其去人不遠，人有是非，陰為德害，天輒知之，又輒應之，近人之效也⓬。

按直指天為氣在緯書裏確實有明載⓭。王充時，這種觀點想必已相當普遍，因為只有如此才能助長天的威力。

王充對天是體、抑是氣的看法與前述俗儒不同。雖然他基本上同意氣是構成天的基本因素，他說：

天地，含氣之自然也⓮。

但是，他認為氣一旦凝結為天以後，卽為固體，與地無異。吾人肉眼所見雲烟迷漫的天，不是眞正的天，而是天所施放出來的氣，在氣之上，尙有一確實存在而且有固定形狀的實體，這才是眞正的天。他說：

人生於天，何嫌於天無氣？猶有體在上，與人相遠⓯。

天體，非氣也⓰。

因此，他認為天與地一樣是有一定形狀的客觀存在物，是脫離人們意識而存在的運動實體。所以，他又說：

天之與地皆體也，……穿天之體，人力不能入⓱。

⓬ 見黃暉《論衡校釋》卷11，〈談天〉，頁485。
⓭ 《春秋·說題辭》曰：「元淸氣以為天」（《文選·七發》注）鄭注〈考靈耀〉曰：「天者純陽，淸明無形。」（《月令疏》）
⓮ 同前⓬，〈談天〉，頁477。
⓯ 同前⓬，〈談天〉，頁485-486。
⓰ 同前⓬，〈談天〉，頁485。
⓱ 同前⓬，卷7，〈道虛〉，頁311。

夫天，體也，與地無異[18]。

夫天者，體也，與地同[19]。

天地有體，故能搖動[20]。

天之與地，皆體也。地無下，則天無上矣[21]。

為了加强前述論證，王充復提出天文學上的三個證據來反駁「天、氣也」之說。他引用了「秘傳或言：天之離天下，六萬餘里。數家計之，三百六十五度一周天。」然後根據由上述傳言所得到的「下有周度，高有里數」的結論，進而詰問：「如天審氣，氣為雲煙，安得里度？」然後再證以二十八宿之說，謂「二十八宿為日月舍，猶地有郵亭為長吏廨矣；郵亭著地，亦如星舍著天也。」以此來證明「天體，非氣」。最後，並再一次肯定地說：「案附（疑當作傳）書者，天有形體，所據不虛」[22]。可見「天體，非氣也」意在指明天是自然界的客觀存在的實體，而不是「近人」的氣，也不是能知人是非或應人德害的氣。關於王充所言「氣」的內容，將在下一節中詳論。

不過在《論衡》中，天究竟是體，抑是氣，常出現游移不定之敍述，譬如：

1.〈變虛〉：「使天體乎？耳高不能聞人言；使天氣乎？氣若雲烟，安能聽人辭？」[23]

---

[18] 同前[12]，卷 4，〈變虛〉，頁195。
[19] 同前[12]，卷25，〈祀義〉，頁1042。
[20] 同前[12]，卷24，〈卜筮〉，頁997。
[21] 同前[17]，〈道虛〉，頁413。
[22] 以上引文並見《論衡校釋》卷11，〈談天〉，頁486-487。
[23] 同前[12]，卷 4，〈變虛〉，頁195。

2.〈祀義〉曰：「夫天者體也，與地同。……形體具，則有口，乃能食。使天地有口能食，祭食宜食盡。如無口，則無體；無體，則無氣也；若雲霧耳，亦無能食如（當作祭）」㉔。

3.〈卜筮〉曰：「欲問天，天高，耳與人相遠。如天無耳，非形體也，非形體則氣也，氣若雲霧，何能告人？……夫言問天，則天為氣，不能為兆」㉕。

4.〈自然〉曰：「天地夫婦也；地體無口目，亦知天無口目也。使天體乎？宜與地同；使天氣乎？氣若雲烟；雲烟之屬，安得口目？」㉖

5.〈談天〉曰：「且夫天者，氣邪？體邪？如氣乎，雲烟無異，安得柱而折之？女媧以石補之，是體也。如審然，天乃玉石之類也」㉗。

6.〈感虛〉曰：「夫天亦遠，使其為氣，則與日月同；使其為體，則與金石等」㉘。

可見王充仍不免受到時潮的影響，在立論時，頗多猶豫。但是，不管天是體抑是氣，王充的最終結論却只有一個——人不能感動天。所以，這種游移之詞事實上無礙吾人對王充的天道思想之了解。

此外，值得一提的是，王充的「天體，非氣」之說，在漢晉

㉔ 同前⑫，卷25，〈祀義〉，頁1042。
㉕ 同前⑫，卷24，〈卜筮〉，頁996。
㉖ 同前⑫，卷18，〈自然〉，頁776。
㉗ 同前⑫，卷11，〈談天〉，頁475。
㉘ 同前⑫，卷 5，〈感虛〉，頁218。

之間並未成定論。最明顯的例子是，楊泉《物理論》又重拾「天無體」之說，他認爲「所以立天地者，水也；成天地者，氣也。水土之氣，升而爲天。天者，君也。夫地有形而天無體，譬如灰焉，烟在上而灰在下也……夫天之氣也，皓然而已，無他物焉」㉙。可見楊泉仍以天爲氣非體。

天旣是體，必有形態可見。王充認爲「天平正與地無異」㉚。此所謂的「平正」，是指「四方中央高下皆同」㉛。他更指出吾人肉眼所見，因距離的差異，易造成「天之四邊若下」㉜的錯覺。爲了要證明天的「平正」，王充一方面駁斥蓋天說者所持的「天高南方，下北方」及「天之居若倚蓋矣」的理論，謂：

> 夫取蓋倚於地，不能運；立而樹之，然後能轉。今天運轉，其北際不（不字疑衍）著地者，觸礙何以能行？由此言之，天不若倚蓋之狀；日之出入，不隨天高下，明矣㉝。

另方面，他又駁斥時人所謂的「天在地中」之說，謂：

> 天運行於地中乎？不則，北方之地低下而不平也？如審運行地中，鑿地一丈，轉見水源。天行地中，出入水中乎？如北方低下不平，則九川北注，不得盈滿也㉞。

㉙ 見楊泉《物理論》，頁1。
㉚ 同前⑫，卷11，〈說日〉，頁495。
㉛ 同前㉚。
㉜ 同前㉚。
㉝ 同前㉚，頁492。
㉞ 同前㉚，頁492-493。

簡言之，王充主張方天說，以駁斥蓋天說和渾天說。這不但曾爲黃暉所指出[35]，而且在《論衡·言毒》中也有充分的證據。其文曰：

> 四方極皆為維邊，唯東南隅有溫烈氣[36]。

蓋認爲四面最遠的地方是地的四個角的邊緣。地有四角，必爲方形；天在地之上，且平正與地無異。則在王充心目中，天當爲方形無疑。

此外，對於日月星辰的運行以及天地的起源，王充也都紛紛給予樸實的解釋。譬如：他以上可扣棟、下可抵地的直立之竿若斜倚則不得扣棟一事，證明「日中近，而日出入遠」[37]，又以「晝日察火，光小；夜察之，火光大也」，證明「日中時日小，其出入時大者：日中光明，故小；其出入時光暗，故大」[38]。雖然這些解釋不是根據科學研究所得出的精密結論，而是僅從直觀引伸出來的樸素簡單的看法，但他對自然界的本來面目只作如實的了解，絕不附加任何有意識的感性成分。這種觀點是超越時代且彌足珍貴的。另外，他用「以子之矛，攻子之盾」的論證法力斥「共工怒觸不周之山」和「女媧補天」說的荒謬，推翻了天地是由人所創生的神話傳說，再一次證明了天爲自然獨立存在的客觀實體，進而斬斷了天人交感的途徑。這類例子，在〈談天〉、

[35] 黃暉在《論衡校釋》卷11，〈說日〉篇中曾說：「仲任以方天之說駁之，志（指《晉書·天文志》）云：據蓋天說，亦非。」頁492。

[36] 同前[12]，卷23，〈言毒〉，頁949。

[37] 同前[30]，頁496。

[38] 同前[32]，頁497。

〈說日〉篇中俯拾可得，不待一一臚列。

二、氣的本質與作用

王充和一般漢儒一樣主張氣化的宇宙觀。他不但認爲天地本身是「含氣之自然」，而且認爲宇宙萬象的生滅與運作均與氣有關。他說：

> 天之動行也，施氣也，體動氣乃出，物乃生矣㊴。
>
> 夫天覆於上，地偃於下，下氣烝上，上氣降下，萬物自生其中間矣㊵。

於是氣之在於天，或稱爲「天氣」㊶，或稱爲「元氣」㊷；氣之在於人間，或稱爲「人氣」㊸，或稱爲「元精」㊹，或稱爲「精

㊴ 同前⑫，卷18，〈自然〉，頁776。
㊵ 同前㊴，頁783。
㊶ 同前⑫，卷17，〈治期〉曰：「成敗系於天，吉凶制於時。人事未爲，天氣已見，非時而何？」頁 772；又卷24，〈難歲〉曰：「雷，天氣也。」，頁1017；又卷15，〈順鼓〉曰：「天氣不和，陽道不勝。」，頁689。
㊷ 同前❷，卷13，〈超奇〉曰：「天稟元氣」，頁 615。又卷20，〈論死〉曰：「人未生在元氣之中，既死復歸元氣。」頁 873-874。
㊸ 同前⑫，卷20，〈論死〉曰：「元氣荒忽，人氣在其中」，頁874；又卷 3，〈奇怪〉曰：「儒者稱聖人之生，不因人氣，更稟精於天。」，頁146。
㊹ 同前⑫，卷13，〈超前〉曰：「天稟元氣，人受元精」，頁615。

氣」㊺，或稱爲「血氣」㊻，或稱爲「神氣」㊼，或稱爲「身氣」㊽，或稱爲「光氣」㊾；而氣之在於自然界者，則有「歲氣」㊿、「節氣」51、「寒溫之氣」52、「雨氣」53等分別；氣之在於人事者，則又有「刑氣」、「賞氣」等分別54。

雖然如此，王充言氣與一般漢儒有極大的差異。第一、王充認爲氣是無意識、無感覺的物質世界之基本實質要素，它和體一樣是不依賴人類的意識而獨立存在的物質。換言之，他所說的是具體化物質性的氣，而不是如一般漢儒所說的抽象化神格性的氣。此種物質性的氣，固然亦有同類互動的可能，但由於其擴散範圍有限，影響所及不遠。而且天人旣相懸隔，必無法交感。由此進而駁斥漢儒「天人感應」的謬說。第二、王充認爲「太陽之氣」或「陽氣」是構成毒物鬼怪之要素，其用意在於賦予毒物鬼

㊺ 同前⑫，卷 2，〈幸偶〉曰：「物善惡同，遭爲人用，其不幸偶，猶可傷痛，況含精氣之徒乎！」頁40。

㊻ 同前⑫，卷14，〈狀留〉曰：「且夫含血氣物之生也，行則背上，而腹在下。」頁621。

㊼ 同前⑫，卷20，〈論死〉曰：「人因神氣生，其死復歸神氣」，頁870。

㊽ 同前⑫，卷 2，〈無形〉曰：「白髮復黑，齒落復生，身氣丁强，超乘不衰，乃可貴也。」頁57。

㊾ 同前⑫，卷 2，〈吉驗〉曰：「驗見非一，或以人物，或以禎祥，或以光氣。」頁77-78；又卷19，〈恢國〉曰：「時自隱匿，光氣暢見，呂后輒知。」頁831。

㊿ 同前⑫，卷15，〈明雩〉曰：「歲氣調和，災害不生，尙猶而雩」頁677。

51 同前⑫，卷14，〈寒溫〉曰：「寒溫天地節氣，非人所爲，明矣。」頁630。

52 同前⑫，卷15，〈變動〉曰：「寒溫之氣，繫於天地，而統於陰陽。」頁653。

53 同前⑫，卷11，〈說日〉曰：「雨氣陰暗，安得明？」頁515。

54 同前⑫，卷14，〈譴告〉曰：「刑氣寒……賞氣溫」，頁636。

怪一物質性的解說，俾以驅除漢儒所謂天降妖怪鬼物以示警戒的虛妄迷信。於是，王充的思想與漢儒崇陽抑陰的觀念便有所牴觸。以下將就此兩點特色加以敍述。

王充言氣之自然物質性，有以下幾個證據：第一、〈談天〉謂：「天地，含氣之自然。」一語，不但爲天下定義，而且也界定了氣的本質。由氣所構成之天地是一自然，則氣本身亦是一自然。氣之正常變化，稱爲「正氣」[55]，是一自然；氣之異常變化，稱爲「災氣」[56]，或稱「亂氣」[57]。正氣之有益於人者，則爲「和氣」[58]；災氣之有害於人者，則爲「禍氣」[59]，或稱「無妄氣」[60]，或稱「邪氣」[61]，或稱「妖氣」[62]，或稱「厲氣」[63]。和氣、禍氣、無妄氣、邪氣、妖氣、厲氣等無一不是自然。王充在〈感類〉中說：

---

[55] 同前[12]，卷2，〈無形〉曰：「人受正氣，故體不變」頁57。

[56] 同前[12]，卷2，〈幸偶〉曰：「災氣加人，亦此類也。不幸遭觸而死，幸者免脫而生」，頁36；又卷14，〈狀留〉曰：「災變之氣，一朝成怪。」頁624。

[57] 同前[12]，卷18，〈感類〉曰：「大霧三日，亂氣矣，非天怒之變也。」頁793。

[58] 同前[12]，卷1，〈氣壽〉曰：「聖人稟和氣，故年命得正數，氣和爲治平，故太平之世，多長壽之人。」頁31；又卷1，〈講瑞〉曰：「且瑞物皆起和氣而生」，頁728。

[59] 同前[12]，卷5，〈感虛〉曰：「禍氣見於面，猶白虹、太白貫於天也。」頁225。

[60] 同前[12]，卷15，〈明雩〉曰：「然則非常之變，無妄之氣間而至也。」頁670；又卷20，〈須頌〉曰：「建初孟年，無妄氣至也。」頁857。

[61] 同前[12]，卷17，〈治期〉曰：「其病遇邪氣也，其病不愈。」頁771。

[62] 同前[12]，卷23，〈言毒〉曰：「妖氣生美好，故美好之人多邪惡。」頁955。

陰陽不和，災變發起，或時先世遺咎，或時氣自然[64]。

以爲災變的發起，有人爲的因素，也有自然的因素。先世施政不當，以致遺害後世，這是人爲的因素；而由天氣的變化以生禍害，則爲自然的因素。後者的變化是「天地不能爲，亦不能知」[65]的，所以王充一再強調「氣變之見，殆自然也」[66]，「非時爲變，及其爲變，氣自然也」[67]。第二、王充常稱有生命的動物爲「含血氣物」[68]、「含氣之類」[69]、「含血之類」[70]，又說：「血者，生時之精氣也」[71]，可見「血」與「氣」在這些敍述中的指謂其實相同。「氣」不過是「血」的另一表述詞，其物質性顯而易見。第三、王充以爲「夫人之所以生者，陰陽氣也。陰氣主爲骨肉，陽氣主爲精神。人之生也，陰陽氣具，故骨肉堅，精氣盛。精氣爲知，骨肉爲強，故精神言談，形體固守」[72]。陰氣爲形體之主，則陰氣爲物質無疑。陽氣爲精神之主，同於

---

[63] 同前[12]，卷3，〈偶會〉曰：「故厲氣所中，必加命短之人。」頁100。
[64] 同前[12]，卷18，〈感類〉，頁787。
[65] 同前[12]，卷18，〈自然〉，頁786。
[66] 同前[65]。
[67] 同前[12]，卷11，〈說日〉，頁506。
[68] 同前[12]，卷14，〈狀留〉曰：「且夫含血氣物之生也，行則背在上，而腹在下。」頁621。
[69] 同前[12]，卷16，〈商蟲〉曰：「凡含氣之類，所甘嗜者，口腹不異。」頁712。
[70] 同前[65]，〈自然〉曰：「萬物之生，含血之類，知饑知寒。」頁775。
[71] 同前[12]，卷20，〈論死〉，頁872。
[72] 同前[12]，卷22，〈訂鬼〉，頁945。

「精氣」，而「能爲精氣者，血脈也」(73)。「精神本以血氣爲主」(74)，則陽氣滋生自血脈。「知用氣，言亦用氣」(75)，人之精神言談實亦由血脈所主宰。由此言之，陽氣本來只是由血脈滋生而成的一種「能」而已，絕不可視爲有感知的「超物質」。這點可由〈儒增〉所謂「人之精乃氣也，氣乃力也」(76)一語獲得佐證。精氣是力量的來源，所以有「氣力」之稱(77)。可見王充相信形質可以轉化爲能。第四、王充以爲「人之生也，以食爲氣，猶草木生以土爲氣矣」(78)。又說：「人之所以能言語者，以有氣力也；氣力之盛，以能飲食也。飲食損減，則氣力衰；衰則聲音嘶。困不能食，則口不能復言」(79)。氣既可由飲食中獲得，其來源爲物質，則其本身亦不脫物質之範疇，更無由被賦予意識和感覺。第五、王充說：「火之在爐，水之在溝，氣之在軀，其實一也」(80)。又說：「夫風氣雨露本當和適」(81)以氣與水、火、風、雨、露等自然物質等列，則在其心目中，氣亦爲自然物質無疑。

至於漢代流行的氣類相感之說，王充並不完全反對。他基本上同意「同類通氣，性相感動」(82)這個原則，故說：

實者，雷（當作雲）龍同類，感氣相致……故董仲舒雩祭

(73) 同前(71)，頁869。
(74) 同前(71)，頁873。
(75) 同前(71)，頁875。
(76) 同前⑫，卷8，〈儒增〉，頁359。
(77) 同前⑫，卷11，〈說日〉曰：「人物在世，氣力勁强，乃能乘凌。」頁506。
(78) 同前⑫，卷7，〈道虛〉，頁329。
(79) 同前⑫，卷20，〈論死〉，頁878。
(80) 同前⑫，卷14，〈寒溫〉，頁627。
(81) 同前⑫，卷17，〈是應〉，頁751。
(82) 同前⑫，卷3，〈偶會〉，頁95。

之法，設土龍以為感也[83]。

凡物能相割截者，必異性者也；能相奉成者，必同氣也[84]。

象出而物見，氣至而類動，天地之性也[85]。

但是，對於上述這種氣感原則的運用，王充認爲是有極限的。因爲氣既只是一種物質或能量，其作用範圍必受「質量」多少和「空間」大小的限制，氣少則不能動大，氣弱則不能感遠。〈變虛〉駁灾變家言「人在天地之間，猶魚在水中矣。其能以行動天地，猶魚鼓而振水也。魚動而水蕩，人行而氣變」[86]時，王充即根據此理申辯，他說：

魚長一尺，動於水中，振旁側之水，不過數尺。大若不過與人同，所振蕩者，不過百步，而一里之外，淡然澄靜，離之遠也。今人操行變氣，遠近宜與魚等；氣應而變，宜與水均。以七尺之細形，形中之微氣，不過與一鼎之蒸火同，從下地上變皇天，何其高也[87]？

同理，他又拿「以箸撞鐘，以筭擊鼓，不能鳴者」作譬：

今人之形不過七尺，以七尺形中精神，欲有所為，雖積銳意，猶箸撞鐘、筭擊鼓也，安能動天？精非不誠，所用動

[83] 同前[12]，卷 6，〈龍虛〉，頁282-283。
[84] 同前[12]，卷14，〈譴告〉，頁638。
[85] 同前[12]，卷16，〈遭虎〉，頁704。
[86] 同前[12]，卷 4，〈變虛〉，頁196。
[87] 同前[86]。

者小也[88]。

於是對於「人能以精誠感動天」[89]一事，王充頗致懷疑。

王充以爲「氣類相感」之論所以氾濫於俗說中，實在是由於俗人誤以「適偶」爲「感應」所致。這個道理，在〈偶會〉篇中論之最詳，他說：

> 月毀於天，螺消於淵，風從虎，雲從龍。同類通氣，性相感動。若夫物事相遭，吉凶同時，偶適相遇，非氣感也[90]。

王充旣明言月與天、螺與淵、風與虎、雲與龍彼此間的相附從，屬於「氣類相感」的範圍，然而「偶適相遇」的範圍爲何？綜合《論衡》各篇所論，「偶適相遇」的範圍至爲廣大。就人事言，命數便是最重要的例子。王充說：

> 命，吉凶之主也。自然之道，適偶之數，非有他氣旁物厭勝感動使之然也[91]。

於是子胥伏劍、屈原自沈、顏淵早逝、子路不壽、父歿子嗣、姑死婦代、人終鬼來、拘囚獲赦、男女早夭、進退遷徙，無一不是命中註定的適偶自然。就自然界言，火星與昴星出入、正月建寅

[88] 同前[12]，卷 5，〈感虛〉，頁224。
[89] 同前[88]，頁221。
[90] 同前[12]，卷 3，〈偶會〉，頁95。
[91] 同前[90]，頁91。

斗魁破中、物死寒至、雁集會稽、象耕靈陵，無一不是「偶適相遇」。而人事與自然現象之偶合，往往被變復之家穿鑿附會，說成是氣類相感，更爲王充所不容。他在九虛及〈寒溫〉、〈譴告〉、〈變動〉、〈招致〉、〈明雩〉、〈順鼓〉、〈亂龍〉、〈遭虎〉、〈商蟲〉諸篇中就曾集中對此種天人感應的謬論作了有力的抨擊。像寒溫之應政急舒[92]、虎食人之應長吏惡[93]、災蟲生之應貪吏署[94]、風止之應武王麾、城崩之應杞梁妻哭、雨至之應湯禱、天雨粟鬼夜哭之應倉頡作書[95]，無一不是適偶被誤作氣感之例。

王充非但認爲人不能以氣動天，而且也以爲人不能以氣動人，他說：

> 問曰：人之害氣能相動乎？曰：不能。禍變且至，身自有怪，非適（讀作敵）人所能動也。何以驗之？時或遭狂人於途，以刃加己，狂人未必念害己身也，然而己身先時已有妖怪矣。由此言之，妖怪之至，禍變自凶之象，非欲害己者之所爲也[96]。

如此，則曾母扼臂而曾子臂痛之說必然不能成立。總之，非但天人兩隔，而且人與人之間亦相懸遠。

如果一定要找出天人的關係，王充以爲只有「天氣動物，物

---

[92] 同前[12]，卷14，〈寒溫〉。
[93] 同前[12]，卷16，〈遭虎〉。
[94] 同前[12]，卷16，〈商蟲〉。
[95] 以上四例並見〈感虛〉篇。
[96] 同前[95]，頁225。

應天氣」[97]是唯一可信的事實。他以爲萬物常受自然條件的影響而決定其擧止。譬如：「天且雨，螻蟻徙，蚯蚓出，琴弦援，固疾發，此物爲天所動之驗也」[98]。再者，「風至，爲盜賊者感應之而起」[99]、「風至，而糴穀之人貴賤其價」[100]都是自然條件影響人事之例。所以，王充說：「夫天能動物，物焉能動天？……天氣變於上，人物應於下矣」[101]。天本而人末，搖本可以動末，但搖末不足以動本，就如心可以主宰耳目手足，而不是耳目手足來主宰心。「人生於天，含天之氣，以天爲主」[102]，自然只有受天的影響，而不能影響天。

自從董仲舒講陰陽善惡二元論以後，崇陽抑陰已成漢儒定說，但是，王充却認爲陽氣是構成毒物妖怪鬼巫乃至小人的主要因素。他說：

> 夫毒，陽氣也，故其中人，若火灼人[103]。
>
> 夫毒，太陽之熱氣也，中人人毒[104]。
>
> 天下萬物含太陽氣而生者皆有毒螫。毒螫渥者，在蟲則為蝮蛇、蜂、蠆……其在人為小人。故小人之口為禍天下。小人皆含毒氣，陽地小人，毒尤酷烈[105]。

---

[97] 同前[12]，卷15，〈變動〉，頁651。
[98] 同前[97]，頁650。
[99] 同前[97]，頁651。
[100] 同前[97]，頁652。
[101] 同前[97]，頁649。
[102] 同前[97]，頁653。
[103] 同前[12]，卷23，〈言毒〉，頁949。
[104] 同前[103]，頁947。
[105] 同前[103]，頁951-953。

鬼者，太陽之妖也[106]。

天地之氣為妖者，太陽之氣也。妖與毒同，氣中傷人者謂之毒，氣變化者謂之妖[107]。

鬼，陽氣也，……巫含陽氣，以故陽地之民多為巫[108]。

雷者，太陽之激氣也[109]。

氣之害人者，太陽之氣為毒者也[110]。

由以上引文可知「陽氣」、「太陽之氣」、「太陽之熱氣」、「太陽之激氣」、「太陽之妖」所指均同。爲何陽氣會被王充視爲一種毒氣和妖氣呢？根據《論衡》的解釋，其實陽氣就是一種炙熱高溫的火氣。〈雷虛〉說：「雷者，太陽之激氣也」，但隨卽擧出五個證據證明「雷者，火也。」這是王充以陽氣爲火之第一證。其次，〈言毒〉曰：「夫毒，陽氣也，故其中人若火灼人。或爲蝮所中，割肉置地焦沸，火氣之驗也」[111]。蝮懷毒螫，王充認是它是陽氣所生，爲蝮所傷之人，割肉置地則焦沸，這是陽氣爲火之第二證。再次，〈言毒〉說：「四方極皆爲維邊，唯東南隅有溫烈氣。溫烈氣發，常以春夏。春夏陽起；東南隅，陽位也」[112]。這是根據陰陽五行與方位的配合立說的。陰陽家認爲春天陽氣從東北角開始發動，逐漸南行，夏天終於達到它正常的位置，卽正南方。這時，陽氣最盛，天氣最熱。東南隅緊鄰南方，

[106] 同前[103]，頁949。
[107] 同前[12]，卷22，〈訂鬼〉，頁940。
[108] 同前[107]，頁941-943。
[109] 同前[12]，卷 6，〈雷虛〉，頁299。
[110] 同前[12]，卷20，〈論死〉，頁882。
[111] 同前[103]，頁949。
[112] 同前[111]。

所以王充認爲它是陽位。而南方屬火。這是陽氣爲火之第三證。實則陽氣爲火之說，早在《淮南子》中已啓其端，其文曰：

> 積陽之熱氣生火，火氣之精者為日。積陰之寒氣為水、水氣之精者為月(113)。

王充不過沿襲舊說而已。火氣在衆物中最具有殺傷力，王充說：

> 他物之氣，入人鼻目，不能疾痛。火烟入鼻，鼻疾；入目，目痛；火氣有烈也。物為靡屑者多，唯一火最烈，火氣所燥也(114)。

陽氣旣爲火氣，所以就是一種毒氣或妖氣。

陽氣爲什麼能象人與鳥獸之形而爲鬼怪呢？王充說：

> 凡天地之間，氣皆純（當作統）於天，天文垂象於上，其氣降而生物。氣和者養生，不和者傷害。本有象於天，則其降下，有形於地矣。故鬼之見也，象氣為之也。衆星之體，為人與鳥獸，故其病人，則見（當作為）人與鳥獸之形(115)。

蓋王充以爲人與鳥獸未降生以前，早已有此人與獸之氣在天上顯

---

(113) 同前❶。
(114) 同前(111)。
(115) 同前(107)，〈訂鬼〉，頁933。

現其形象，也就是所謂的「天文」，所以氣有象人與獸之形的潛能。而鬼物爲氣所生，故亦可象人與獸之形[116]。不過，生鬼物之氣爲陽氣，陽氣主精神，不主骨肉，所以「徒能爲象，不能爲形」[117]，而且因爲「無骨肉，有精氣，故一見恍惚，輒復滅亡也」[118]。

王充用太陽之氣解釋世間所有毒物與妖怪。他認爲妖與毒同，「氣中傷人者謂之毒，氣變化者謂之妖。」換言之，陽氣變化所生之象爲妖，妖未必傷人；但陽氣中人則爲毒，毒必有害。據〈訂鬼〉篇所敘看來，舉凡龍、鬼、巫、童謠之屬皆是妖。又據〈言毒〉篇所敘，蝮蛇、蜂、蠆、巴豆、冶葛、鮭、鰺、鮍皆爲毒螫渥者。這些理論均可由前述「陽氣」的觀點加以理解，無庸贅述。不過，小人亦被王充視爲陽氣之物，其所持理由則甚特別。王充說：

> 諺曰：衆口爍金。口者，火也。五行二曰火，五事二曰言。言與火直，故云爍金。道口舌之爍，不言拔木焰火，必云爍金，金制於火，火口同類也[119]。

王充是根據《尚書・洪範》之五行五事立論。事實上，另方面也藉此表露他個人對小人的疾憤不滿，可見王充對個人身世之感慨

---

[116] 關於這個觀點，王充其實是把地上的現象先附會到天上，然後再反過來用被附會了的天象以解釋地上的現象，這是王充「自然命定論」中的一個重要基本觀點，詳細請見本書談王充命運論一章。

[117] 同前[115]，頁945。

[118] 同前[117]。

[119] 同前[103]，頁953。

的確不能一時或忘。

氣的作用，依王充看，可以分爲三大類：㈠衍生作用，㈡識別作用，㈢預兆作用。以下逐項討論。

(一) 氣的衍生作用

王充以爲萬物得以生於天地之間，都是秉着「因氣而生，種類相產」的原則。所謂「因氣而生」的「氣」，就是「天地之氣」、「陰陽之氣」、「神氣」、「元氣」之謂。此說有下列諸文爲證：

> 夫天地合氣，人偶自生也，猶夫婦合氣，子則自生也。……然則人生於天地也，猶魚之於淵，蟣虱於人也，因氣而生，種類相產。萬物生天地之間，皆一實也[120]。
>
> 陰陽之氣，凝而為人，年終壽盡，死還為氣[121]。
>
> 人未生，在元氣之中；旣死，復歸元氣。元氣荒忽，人氣在其中[122]。
>
> 子含元氣而出。元氣，天地之精微也[123]。
>
> 人用神氣生，其死復歸神氣[124]。

事實上，上述這幾個關於人所憑藉以生的氣之表述語，嚴格說來，並不完全相等，但王充未予明辨。元氣的地位自漢初以降，即已

---

[120] 同前⑫，卷3，〈物勢〉，頁136。
[121] 同前⑩，〈論死〉，頁876。
[122] 同前[121]，頁873-874。
[123] 同前⑫，卷23，〈四諱〉，頁972。
[124] 同前[121]，頁870。

被儒者安置在天或陰陽之氣之上。《易・乾元》九家注曰：「元者，氣之始也」。這是由陰陽二氣上推，而認爲應有陰陽未分、且爲陰陽所自出之氣，稱爲元氣。而《鶡冠子・王鐵》篇也說：「天始於元」。同時，董仲舒更把《春秋經》之「元年」的「元」，視爲元氣的「元」，而說：「唯聖人能屬萬物於一，而繫之元也。……是以春秋變一謂之元。元猶原也，其義以隨天地終始也。故人唯有終始也，而生不（疑當作死）必應四時之變。故元者爲萬物之本，而人之元在焉。安在乎？乃在乎天地之前」[125]。可見「元氣」在漢儒的宇宙論中，不但凌駕乎「陰陽之氣」，而且更在「天」之上。王充說人與物都是「受命於天，稟氣於元」[126]，又說：「天稟元氣，人受元精」[127]，可見他也是同意「元氣」的地位高於天，而「元氣」其實是「陰陽之氣」未剖分之前的整全之氣。

至於「神氣」一詞，指的是「陽氣」。王充認爲氣分「陰氣」和「陽氣」兩種，「陰氣」構成人的骨肉，而「陽氣」構成人的精神，所以有時又稱「陽氣」爲「神氣」，或「精氣」，或「精神」。「神氣」旣指「陽氣」，只爲「元氣」或「陰陽之氣」之一部分，並不完全相當於「元氣」或「陰陽之氣」。但〈論死〉中，王充強調人的精神爲生命之源，故謂：「人用神氣生，其死復歸神氣」，而不顧「神氣」與「元氣」的差異。據王充自己的解說：

> 神者，恍惚無形，出入無門，上下無垠，故謂之神[128]。

[125] 同前[3]，《春秋繁露・玉英》，頁48。
[126] 同前[12]，卷24，〈辨祟〉，頁1007。
[127] 同前[12]，卷13，〈超奇〉，頁615。
[128] 同前[12]，卷 6，〈雷虛〉，頁296。

> 天地之間，恍惚無形，寒暑風雨之氣乃為神。……天地之性，有形體之類，能行、能食之物，不得為神[129]。
>
> 神者，眇茫恍惚無形之實[130]。

可見王充以爲「神」是一種無形體，無終始的狀態。他又說：「人與物同，死而精神亦滅」[131]，此精神其實復歸入宇宙中，所以不但無形體，也無終始，這就是王充所謂「人用神氣生，其死復歸神氣」之謂。

至於「天地之氣」，是否卽爲陰陽之氣？在《論衡》中雖沒有明白解說，但就漢初的道家及儒家之著作看來，答案却是肯定的。《淮南子》說：

> 有未始有有始者，天氣始下，地氣始上，陰陽錯合，相與優游暢於宇宙之間，被德含和，繽紛蘢蓯，欲與物接而未成兆朕[132]。
>
> 道始於虛廓，虛廓生宇宙，宇宙生氣，氣生涯垠。清陽者薄靡而為天，重濁者凝滯而為地。清妙之合專易，重濁之凝竭難，故天先成而地後定，天地之襲精為陰陽[133]。
>
> 古未有天地之時，惟像無形，窈窈冥冥，芒芠漠閔，澒濛鴻洞，莫知其門。有二神混生，經天營地……於是乃別為陰陽，離為八極；剛柔相成，萬物乃形。煩氣為蟲，精氣

---

[129] 同前[128]，〈龍虛〉，頁277-278。
[130] 同前[12]，卷26，〈知實〉，頁1093。
[131] 同前[110]，〈論死〉，頁882。
[132] 同前[1]，《淮南子・俶眞訓》，頁19。
[133] 同前[1]，《淮南子・天文訓》，頁35。

為人。是故精神天之有也，而骨骸者地之有也[134]。

以上三段文字雖未明白區分天地之陰陽，但已暗示天氣爲陽，地氣爲陰。何況漢儒好以二元論宇宙與人生，這種趨向勢所難免。王充已經看出這層意義，所以他根據「精神，天之有也；而骨骸地之有也」一語，明白指出「陰氣主骨肉，陽氣主精神」，又以爲「人死精神升天，骨骸歸土，故謂之鬼〔神〕」[135]。

總而言之，人所憑藉以生之氣，就其所從出言，謂之天地之氣；就其初始渾沌言，謂之元氣；就其分別爲兩個性質但却互補之氣言，謂之陰陽之氣；就其爲精神之主言，謂之神氣。

至於「種類相產」一詞，看似平凡，其實在王充疾虛妄的哲學裏，具有非凡的意義。因爲既然同類才能相生，則「儒者說聖人之生，不因人氣，更稟精於天」諸說，便不得成立。王充堅信宇宙萬物最早都源自天地之氣，但一旦物類已經形成之後，由第一代的氣便可滋生出第二代，故第二代無須再稟天氣以生。即使第二代有幸而爲聖人，也是因爲他稟承了同類的精微之氣，而不是另稟天氣，或其他物類之氣。因此，他說：

凡夫含血之類相與為牝牡；牝牡之會，皆見同類之物。精感欲動，乃能授施。若夫牡馬見雌牛，雄雀見牝鷄，不相與合者，異類故也。今龍與人異類，何能感於人而施氣[136]！

---

[134] 同前❶，《淮南子・精神訓》，頁99。
[135] 同前⑩，〈論死〉，頁869。
[136] 同前⑫，卷3，〈奇怪〉，頁151。

> 言聖人更稟元氣於天，毋有感呑者，虛妄之言也。實者，聖人自有種族，如文武各有類。孔子吹律，自知殷後；項羽重瞳，自知虞舜苗裔也。五帝、三王皆祖黃帝，黃帝聖人，本稟貴命，故其子孫皆為帝王(137)。

按「聖人自有種族」一說，與王充在〈自紀〉裏所提出的「鳥無世鳳凰，獸無種麒麟，人無祖聖賢」的觀點相矛盾，這的確是因爲他「隨事各主一說」所致。

（二）氣的識別作用

王充以爲氣可用以識別人與物，也可用以識別人之性情善惡、命運乖順、壽命長短等。

大體言之，漢儒普徧相信氣的質與量足以左右物的種類和人的性情。譬如《淮南子・天文訓》謂「煩氣爲蟲，精氣爲人」，又《春秋繁露・人副天數》謂「觀人之體，一何高物之甚而類於天也。物旁折，取天之陰陽以生活耳；而人乃爛然有其文理……故所取天地少者旁折之，所取天地多者正當之。此見人之絕於物而參天地」(138)。此並爲漢儒以氣之清濁厚薄分別人與其他生物之證。換言之，氣之質量是漢儒用以區別人與其他萬物之主要根據。

此外，董仲舒以陰陽比擬人之性情，謂「身之有性情也，若天之有陰陽也」(139)。並由此發而爲性善情惡之說。但後來的緯書多受董子影響，進而直說：「情生於陰」、「性生於陽」(140)，至

(137) 同前❸，頁155-156。
(138) 同前❸，卷13，〈人副天數〉，頁252。
(139) 同前❸，卷35，〈深察名號〉，頁209。

《白虎通・情性》所謂「性者，陽之施；情者，陰之化」[141]，乃緯書之說得到官式的承認。而許愼《說文解字》說：「情，人之陰氣，有欲者。」「性，人之陽氣，性善者也」[142]。更完全肯定性情與陰陽的關係。

王充受到漢儒的啓發，不但以氣區別物類、人性，而且也以氣區別人之壽命與祿命。茲擧《論衡》中諸例以明之：

1.〈幸偶〉曰：「俱稟元氣，或獨為人，或為禽獸，或貴或賤，或貧或富。富或累金，貧或乞食，貴至封侯，賤至奴僕。非天稟施有左右也，人物受性有厚薄也」[143]。
2.〈道虛〉曰：「馳走不能飛升，飛升不能馳走：稟性受氣，形體殊別也」[144]。
3.〈氣壽〉曰：「人之稟氣，或充實而堅強，或虛劣而軟弱，充實堅強，其年壽，虛劣軟弱，失棄其身。……稟壽夭之命，以氣多少為主性也」[145]。
4.〈率性〉曰：「稟氣有厚薄，故性有善惡也。殘則授（當作受）仁之氣泊，而怒則稟勇渥也」[146]。

---

[140] 《孝經・鈎命決》曰：「情生於陰，欲以時念也；性生於陽，以就理也。陽氣者仁，陰氣者貪，故情有利欲，性有仁也。」又《孝經・援神契》曰：「性生於陽，以理執情。情生於陰，以繫念。」

[141] 同前[11]，《白虎通》卷 3，〈情性〉，頁29。

[142] 見藝文版《說文解字注》，十篇下，頁24。

[143] 同前[12]，卷 2，〈幸偶〉，頁38。

[144] 同前[12]，卷 7，〈道虛〉，頁310。

[145] 同前[12]，卷 1，〈氣壽〉，頁28。

[146] 同前[12]，卷 2，〈率性〉，頁75。

有關上述這些區別，將在下兩章中詳論。王充既以氣來區別人之性與命，以此推之，懷氣若均同，則其性命便無有分別。故〈骨相〉曰：「類同氣均，性體法相，固自相似」[147]。又〈齊世〉亦謂：「夫稟氣等，則懷性均；懷性均，則形體同；形體同，則醜好齊；醜好齊，則夭壽適」[148]。

（三）氣的預兆作用

王充以爲由於氣的感類作用，許多災害變異或吉祥美好的現象均可由氣預先顯現兆端，於是氣又具有預兆作用。但此預兆作用，只是自然如此，並非有天的意識預作安排。茲舉《論衡》中數例以明之：

1. 〈變虛〉曰：「國並亡，身且死，妖氣見於天，容色見於面」[149]。
2. 〈譴告〉曰：「夫變異自有占候，陰陽物氣自有終始。履霜以知堅冰必至，天之道也。子雲識微，知後復然，借變復之說，以效其言，故願貫械以待時也」[150]。
3. 〈異虛〉曰：「王命之當興也，猶春氣之當為夏也；其當亡也，猶秋氣之當為冬也。見春之微葉（當作蘖），知夏有莖葉；覩秋之零實，知冬之枯萃。桑穀之生，其猶春葉秋實也，必然猶（疑涉上文衍）驗之，今詳修政改行，何能除之？」[151]

[147] 同前⑫，卷3，〈骨相〉，頁106。
[148] 同前⑫，卷18，〈齊世〉，頁804。
[149] 同前⑫，卷4，〈變虛〉，頁198-199。
[150] 同前⑫，卷14，〈譴告〉，頁645。
[151] 同前⑫，卷5，頁207。

三、天道自然無為

王充力主天道自然無爲之說，其〈寒溫〉說：「天道自然，自然無爲」[152]，〈譴告〉也說：「夫天道，自然也，無爲」[153]，〈自然〉更一再申論「天道自然」，「天道無爲」的道理。所謂「自然無爲」的界義，王充自謂「天動不欲以生物，而物自生：此則自然也；施氣不欲爲物，而物自爲：此則無爲也」[154]。換言之，就是指一種「不欲而生」、「不爲而成」的無意識、無目的的狀態。

王充主張天道無爲的主要論據是「天無口目」。王充以爲口目之感官是慾望之原，而內在之慾望發之於外，便成就爲有目的之行爲。所以他說：「案有爲者，口目之類也」[155]。天與地同爲施氣之實體，也同樣沒有口目，既無口目，便無嗜欲，也無所爲。其實如前所述，王充既以天地爲「含氣之自然」，已界定了天道無爲的事實；再者，天所施放以生萬物的「氣」，是一種「恬淡無欲，無爲無事者也」[156]，亦可證明天雖有動行，但仍是自然無爲的。按天的動行與人的動行不同，前者是自然無爲的，後者是故意有爲的，這在〈說日〉篇已有辨明[157]。

[152] 同前[12]，卷14，〈寒溫〉，頁631。
[153] 同前[150]，頁635。
[154] 同前[12]，卷18，〈自然〉，頁776。
[155] 同前[154]。
[156] 同前[154]。
[157] 《論衡·說日》曰：「難曰：人道有爲故行，天道無爲何行？曰：天之行也，施氣自然也；施氣則物自生；非故施氣以生物也。不動（疑當作「天不動」），氣不施；氣不施，物不生：與人行異。日月五星之行，皆施氣焉。」頁502-503。

王充主張天道無爲最主要的目的是要破除漢儒天人感應謬說。王充以爲天道旣無爲，則以下這些有違此原則的虛妄謬說均可不攻自破。

(一) 天故生人物之說

王充以爲天不故生人，亦不故生萬物。他說：

> 夫天地合氣，人偶自生也，猶夫婦合氣，子則自生也。夫婦合氣，非當時欲得生子，情欲動而合，合而子生矣。且夫婦不故生子，以知天地不故生人也。然則人生於天地也，猶魚之於淵，蟣虱之於人也，因氣而生，種類相產。萬物生天地之間，皆一實也。……夫天不能故生人，則其生萬物，亦不能故也。天地合氣，物偶自生矣[158]。

人或物之出生旣非出自上天有意的安排，則人與物之間的關係，亦完全取決於實際的需求，而非由上天預作安排，故他又說：

> 萬物之生，含血之類，知饑知寒。見五穀可食，取而食之；見絲麻可衣，取而衣之。或說以為天生五穀以食人，生絲麻以衣人；此謂天為人作農夫、桑女之徒也，不合自然，故其義疑，未可從也[159]。

推此以論，天以五行之氣生萬物，而又令萬物互相賊害之

---

[158] 同前⑫，卷 3，〈物勢〉，頁136-137。
[159] 同前[154]，〈自然〉，頁775。

說，自然更不能爲王充所接受。王充所持理由如下：第一，天若能故生萬物，則「天自當以一行之氣生萬物，令人相親愛，不當令五行之氣，反使相賊害也」[160]。第二，若以爲天爲了使萬物相互爲用，所以不得不讓萬物互相賊害，則人爲野獸所食，是天欲使人爲野獸所用嗎？一人之身，胸懷五臟，五臟含五行之氣，是爲了彼此互相賊害嗎？一人之操，有仁義之心，依五行之說，仁屬木，義屬金，也是爲了二者自相賊害嗎？第三，依五行說法，十二地支分別配屬於五行：寅卯屬木，巳午屬火，辰未戌丑屬土、申酉屬金、亥子屬水；則與十二地支相配之十二肖獸也分別配屬於五行，彼此間理應存在著五行生剋的關係，可是經王充逐一加以考察，發現其實不然。再者，以象徵東西南北四方的龍、虎、鳥、龜四獸驗之，也不實然，所以王充歸結道：「以四獸驗之，以十二辰之禽效之，五行之蟲以氣性相刻，則尤不相應」[161]。第四，王充以爲物之相勝，其實決定於筋力、或氣勢、或巧便。他說：「凡萬物相刻賊，含血之蟲相勝服，至於相啖食者，自以齒牙頓利、筋力優劣，動作巧便，氣勢勇桀」[162]。第五，世俗所謂的五行相勝之說，其實是在某一特定的條件下才可以成立，那就是「物氣鈞適」[163]。水固勝火，但一杯之水絕不能息泰山之火；土雖剋水，但一掊之土絕不可塞千里河決，因爲大小多少不能相當也。所以五行相勝之說，並非可放諸四海皆準，既是如此，其可信度就值得懷疑。

王充對於五行生剋說的駁斥，不但揭穿了漢儒以五行解釋自

[160] 同前[158]，〈物勢〉，頁138。
[161] 同前[160]，頁143。
[162] 同前[161]。
[163] 同前[12]，卷23，〈調時〉，頁984。

然及人事現象的諸多詭異，而且也爲古代的自然科學史樹立了一個重要的里程碑。雖然它的意義不能等同於達爾文的進化論，但頗有「物競天擇，適者生存」的意味存在。把物類生存競爭的事實揭露出來，而不再呆板地附會於五行的觀念裏，這在當時的確是一大進步。

（二）天故降瑞應凶兆之說

〈自然〉篇曰：「如天瑞爲故，自然焉在？無爲何居？」[164] 依王充之意，祥瑞是由氣自然形成的，所以稱爲「天瑞」。正巧聖人亦是和氣所生，故聖人與祥瑞常相逢遇，但並不表示天故爲人生瑞物。再者，盛世多和氣，故祥瑞屢見，並不是故爲聖世生瑞物。其實，衰世也有聖人和鳳凰，所以聖人與瑞物之相遇，是和氣所致之偶然；二者若適巧並生於聖世，更屬罕有之偶然。故王充說：

> 醴泉、朱草，和氣所生；然則鳳凰、麒麟亦和氣所生也。和氣生聖人，聖人生於盛世。物生為瑞，人生為聖，同時俱然，時其長大，相逢遇矣。衰世亦有和氣，和氣時生聖人。聖人生於衰世，衰世亦時有鳳麟也。……聖人聖物，生於盛衰世……其實相遇，非相為出也[165]。

問題是一般人見祥瑞「生與聖王同時，行與治平相遇」便誤信祥瑞是「聖王之瑞，爲聖來矣」，這就違反了天道自然的原則。同

[164] 同前[154]。
[165] 同前[12]，卷17，〈指瑞〉，頁745。

理，王充以為凶物之見非天意，可惜俗儒好以已意占之，穿鑿附會，於是天道自然之意也就被破壞殆盡。

不過，在《論衡》中，王充對瑞應與凶兆的認識也有不能超越時代之約限的地方，譬如：他相信「家人將有吉凶之事，而吉凶之兆豫見於人。知者占之，則知吉凶將至；非吉凶之物有知，故為吉凶之人來也」。基本上，他仍相信吉凶之事必有吉凶之兆的漢儒通說（此已詳於前文「氣的預兆性」一節），唯一不同的是他認為這是自然而然，非有意為之。故他對瑞應的看法，較之漢儒固然比較趨向理性，但是並未全然合乎理性。他說：

> 儒者論太平瑞應，皆言氣物卓異……夫儒者之言，有溢美過實。瑞應之物，或有或無。夫言鳳凰、麒麟之屬，大瑞較然，不得增飾，其小瑞徵應，恐多非是[166]。

對於小瑞，他尚持理性裁判的態度，以為有些是「有其事而褒增過其實」，有些則根本「殆無其物」，但是對於大瑞，像鳳凰、麒麟之屬，他則深信不疑，並且還曾大肆宣揚漢代之祥瑞。這些都充分表現王充尚且徘徊在理性與迷信之間，對於思想的把握時左時右，險象環生。

（三）天故以灾異譴告人之說

〈異虛〉篇敘述一般人的信仰說：「談灾之家，以為天有灾異者，所以譴告王者，信也。夫王者有過，異見於國，不改，災見草木；不改，災見五穀；不改，災至身」[167]。王充以為此說不

---

[166] 同前[12]，卷17，〈是應〉，頁751。
[167] 同前[12]，卷 5，〈異虛〉，頁211。

但從根本道理上說是錯誤的，而且從譴告的方式來看，亦是可疑的。他認爲「風氣不和，歲生災異」，這是一種自然的現象，絕非天的譴告。因爲「天道，自然也，無爲；如譴告人，是有爲，非自然也」[168]。「使自然無爲轉爲人事」是有「損皇天之德」，如此則喪失了以譴告「譽天聰察」的原意。其次，若天眞有譴告之擧，應該改變天氣以使人君有所覺悟，如今說灾者却反而說上天的譴告方式是「隨寒爲寒，從溫爲溫」，根本達不到覺悟人君的目的，也顯不出皇天愛人之意。

王充分析譴告之說形成的原因，不外由於以下三端：(1)「夫相譴告，德薄之驗也」[169]。王充由社會道德的衰微說明譴告產生的原因。在上古之世卽使有灾異發生，人民愚蠢，不知相繩墨，故不名曰譴告。到了末世衰微，上下相非，災異時至，則造出譴告之言。故他說：「德彌薄者，信彌衰。心險而行詖，則犯約而負敎；敎約不行，則相譴告。譴告不改，擧兵相滅。由此言之，譴告之言，衰亂之語也，而謂之上天爲之，斯蓋所以疑也」[170]。(2)「凡譴告之言，以人道驗之也」[171]。按照人世間的道理，君主可以譴告臣子，便認爲上天可以譴告君主，並且說灾異便是譴告。(3)「六經之文，聖人之語，動言天者，欲化無道、懼愚者」[172]。儒者這種假神道設敎的方法，爲變復之家所歪曲利用，終於生出譴告之說。但依王充之意，「上天之心，在聖人之胸；及其譴告，在聖人之口」[173]與其捨近求遠，求索天意，不如信從聖人之言，

[168] 同前[150]，〈譴告〉，頁635。
[169] 同前[154]，〈自然〉，頁784。
[170] 同前[154]，頁785。
[171] 同前[170]。
[172] 同前[150]，〈譴告〉，頁646。
[173] 同前[150]，〈譴告〉，頁648。

或退而求其次聽信賢人之言。經由王充這種多角度的理性觀照，譴告之說的成因和虛實，直如抽絲剝繭，眞相大白。

四、王充的天道觀之淵源與目的

關於王充天道觀的淵源問題，學者持論不一。舊說多以爲是淵源自道家，因爲這在《論衡》中似有明言。其文曰：

> 夫天道，自然也，無爲。如譴告人，是有爲，非自然也。黃老之家，論說天道，得其實矣(174)。
>
> 譴告於天道尤詭，故重論之，論之所以難別也。說合於人事，不入于道意，從道不從事，雖違儒家之說，合黃老之義也(175)。

以上二文雖可以證明王充論天道有得自道家的啓發，但此二者之間，究竟有多少一致性却頗値得深究。據〈自然〉篇駁「天故生萬物」之說時說：

> 此謂天爲人作農夫、桑女之徒也，不合自然，故其義疑，未可從也。試依道家論之(176)。

可見王充之取證於道家，不過是他信手拈來，隨事立說之又一

---

(174) 同前(150)，〈譴告〉，頁635-636。
(175) 同前(154)，〈自然〉，頁787。
(176) 同前(175)，頁775。

例，他未必眞對道家的自然天道觀有整體而清晰的認識。若以此而認爲王充祖述「道家之自然主義」，不免有皮相之譏[177]。

徐復觀在其〈王充論考〉一文中，曾比較王充的天道觀與老子天道觀的不同，他提出三個重要的論點：第一，老子的道是代替原始宗教來解答天是如何創造萬物的，其所謂的道具有自發性、獨立性、永恒性、謙沖性；王充的自然無爲乃是自己照顧自己，有如夫婦交媾只是爲了自己滿足自己一樣，是擲棄萬物之自然、偶然。第二，老子的道之性格是最高理性的存在，是至善至美的存在，但王充所描述的天道，却是旣無心思，又無耳目鼻口的混沌幽暗的東西。第三，老子的道創生萬物時，把自己的至善至美的性格，分化於各人各物生命之中，而成爲人及物之德之性，道遂成爲人類行爲的最高指導法則，所以天人雖不感應，却仍是一貫的；王充心目中的天，只是一種渾沌而不可爲人生依據的天，所以他說的命，只是一種不可知的盲目的命運之命，並且只有「原人」才能直接稟天之氣，此後的人只是稟父母之氣以生，於是人之性與命，乃稟受於父母合氣之時，所以天人兩隔。最後，他並且直斥王充是依附道家、不了解道家、庸俗化道家。徐氏之見甚是，但如本書前面所說王充隨事各主一說，完全在求達到「疾虛妄」的目的，對於更深入的哲理之探討，他根本不感到興趣；對於諸說間的矛盾性，有時他也不以爲意。

基於上述這種隨事各主一說的心態，王充並未著意於其自然天道觀與其整體思想的貫通性。所以他一面講自然無爲，謂「不

---

[177] 馮友蘭《中國哲學史》第二篇第四章曰：「《論衡》之考論世書俗說，以道家自然主義爲根據。」其中的錯誤已經勞思光在其《中國哲學史》卷 2 第一章中指出。

治之治，無爲之道也」[178]，一面又講敦德修仁、崇禮尙義的儒家政治，而與道家「上德不德」[179]的理論相反。而且，他歌頌廣土衆民的封建帝國，與老子自然主義下小國寡民的氏族社會之理想又不相同。此外，漢儒的天人感應謬誤，只消以老子「天道自然」一義便可剷除一淸，但王充却處處以常識立論或以邏輯方法反覆論證，費盡唇舌，煩瑣之至，可見他在〈自然〉與〈譴告〉兩篇中是偶覺世俗流行的黃老一派，持論與己甚近，遂信筆及之罷了。事實上，他對道家的自然主義並無深刻的認識。

[178] 同前[175]，頁778。
[179] 見《老子本義》第三十三章。

第七章　王充的幸偶的命運論

《論衡》自首篇〈逢遇〉以下，積〈累害〉、〈命祿〉、〈氣壽〉、〈幸偶〉、〈命義〉、〈無形〉、〈吉驗〉、〈偶會〉、〈骨相〉、〈初稟〉、〈物勢〉、〈奇怪〉凡十三篇，均在言命，可見命運是王充所關切的一大問題。

王充對於命的關切與其個人遭遇有密切關係。在他自已的心目中，他自幼即「恭愿仁順，禮敬具備，矜莊寂寥，有巨人之志」，稍長又「經明德就，謝師而專門，援筆而衆奇」，因此已然造就出他極其完美的人格——「不好徼名於世，不爲利害見將。常言人長，希言人短，專薦未達，解已進者過。及所不善，亦弗譽；有過不解，亦弗復陷。能釋人之大過，亦悲夫人之細非。好自周，不肯自彰，勉以行操爲基，恥以材能爲名。衆會乎坐，不問不言；賜見君將，不及不對。在鄉里慕蘧伯玉之節，在朝廷貪史子魚之行。見汚傷不肯自明，位不進亦不懷恨。貧無一畝庇身，志佚於王公；賤無斗石之秩，意若食萬鐘。得官不欣，失位不恨。處逸樂而欲不放，居貧苦而志不倦。淫讀古文，甘聞異言。世書俗說，多所不安，幽居獨處，考論實虛」❶。但是這種幾近至聖的完美人格，並未促使王充得意於仕途，反而招來俗材

❶　見黃暉《論衡校釋》卷30，〈自紀〉，頁1181-1182。

的毀謗和君王的疏離。在痛心之餘，反觀古人的際遇，無不受一種無法自主的力量所操縱，譬如：羊勝進讒言，是一種力量在指使他；鄒衍得以免禍，也是一種力量在解救他❷。再審察孔孟聖哲言命之言，王充終於悟出「禍福由命」、「進退同安」的道理，他說：

> 孔子稱命，孟子言天，吉凶安危，不在於人。昔人見之，故歸之於命，委之於時，浩然恬忽，無所怨尤。福至不謂己所得，禍到不謂己所為。故時進意不為豐，時退志不為污。不嫌污以求盈，不違險以趨平，不鬻智以干祿，不辭爵以弔名，不貪進以自明，不惡退以怨人。同安危而齊死生，鈞吉凶而一敗成，遭十羊勝，謂之無傷。動歸於天，故不自明❸。

由此，我們可以肯定王充的命運論，其實就是他個人向現實妥協的痛苦陳言。他胸中的多少憤懣和無奈，只有在認同天命中獲得舒解。雖然如此，就王充思想的整個體系看來，其先天的氣稟和後天的遭遇並重的定命論，正是其適偶論的氣之哲學運用在命運的解說上之必然結果。這將在下文中詳論。

一、性命的分野

在談《論衡》中性命的分野之前，須先就此前儒道二家之性

---

❷ 同前❶，頁1182。
❸ 同前❶，頁1183。

命的分野，作一簡省的同顧，才能對王充的觀點有眞正的了解。

關於性命的分野，最早揭櫫於《孟子・盡心》下，其文曰：

> 口之於味也，目之於色也，耳之於聲也，鼻之於臭也，四肢之於安佚也，性也；有命焉，君子不謂性也。仁之於父子也，義之於君臣也，禮之於賓主也，知之於賢臣也，聖人之於道也，命也；有性焉，君子不謂命也❹。

孟子之意蓋以爲人之形體之慾望雖可視爲本有之功能，但因在經驗界中，此功能之滿足，並非求則可得，而是有被外在條件所限定或決定者，故君子不謂之性，此後一「性」字指「主體性」而言，與前一「性」字之指「本有功能」者有別。至於仁義禮智等各種德性價值之實現，雖亦受經驗決定，但求實現之活動乃根源於主體性，而非被決定者，故君子不謂之命。而「命」字之意義爲「命定」，意指經驗界中一切的限制。總上而言，性與命各有其領域，「性」字表主體性，即以價值意識或作價值判斷之能力爲指涉，「命」字與「性」字對比而言時，則取「命定」義。

這性命之分，在《荀子》中轉而爲「天人之分」，也就是「被治」與「能治」之分，更是「在己者」與「在天者」之別。〈天論〉曰：

> 楚王後車千乘，非知也；君子啜菽飲水，非愚也；是節然也。若夫心意脩、德行厚、知慮明，生於今而志乎古，則

---

❹ 見新編諸子集成第一册，焦循、焦琥合撰《孟子正義》卷14，〈盡心〉下，頁583。

> 是其在我者也。故君子敬其在己者，而不慕其在天者❺。

文中所謂「節然」和「在天者」，都是「命」的同義詞；所謂「在我者」、「在己者」，都是「性」的同義詞。因爲荀子言性惡，以爲自然之性是惡的，必須靠禮義的作用「化性起僞」，始能臻於善。而這化性起僞的功夫，都是求而可得的，所以是「在己者」，與那富貴榮華之可遇不可求有別。

道家言性命之分野就與孟荀有異。老子以道爲萬象之依歸，道之表現乃隨物之特殊性而異。而事物所顯之性，卽是德。道與德只有分與全的差異，而無本質的差異，因此亦無善惡價値之分。《老子》中兩次出現「命」字，其中第四十四章說：

> 道生之，德畜之，物形之，勢成之。是以萬物莫不尊道而貴德。道之尊，德之貴，夫莫之命而常自然❻。

意謂道德之尊貴，卽在任萬物自然發展，而不加以制約。老子以爲一切對象之所以能出現，僅由於適有此一組使此對象生成之條件，故萬物如此存在，皆由偶然之條件決定，亦可謂被偶然之機緣決定，並非有事先的命定。至於第十六章曰：

> 夫物芸芸，各復歸其根，歸根曰靜，靜謂復命❼。

---

❺ 見新編諸子集成第二册，王先謙《荀子集解》卷11，〈天論〉，頁208。

❻ 見新編諸子集成第三册，魏源《老子本義》，頁41。

❼ 同前❻，頁12。

此所謂「復命」，是指復歸性命之本眞——虛與靜，亦即是「復性」，所以「性」與「命」在老子哲學中是不分的。

《莊子》外篇中，性、命兩字始被連用成詞，謂「彼正正者不失其性命之情」❽、「任其性命之情而已矣」❾，意指人所受自天然之性，所以此時「性」、「命」二字之詞義無別。但當「命」字與「性」字對擧時，則似有分別。〈天地〉篇曰：

> 物得以生謂之德；未形者有分，且然無間謂之命；留動而生物，物成生理謂之形；形體保神，各有儀則，謂之性❿。

蓋以爲在物體未形成以前已然存在的因素，便是命；在物體已形成以後，各自所獨具的儀則，便是性。質實而言，此命與性，其實只有先後之別，而無本質之分。所以道家是不在意性命之分野的。不過，莊子以爲所有人事或自然的事象，皆爲受條件決定者，所以他假孔子之口曰：

> 死生存亡，窮達貧富，賢與不肖，毀譽、饑渴、寒暑是事之變、命之行也⓫。

他顯然已將命的範圍擴大到自然界的諸現象。其意以爲萬象之生

---

❽ 見新編諸子集成第三册，郭慶藩《莊子集釋》外篇，〈駢拇〉，頁142。
❾ 同前❽，〈駢拇〉，頁148。
❿ 同前❽，〈天地〉，頁190。
⓫ 同前❽，內篇，〈德充符〉，頁96。

成皆受條件之影響，此條件是在形體及本性確立以前卽已存在，而且「不知吾所以然而然」⓬。對於無可奈何、百思不解的事象，唯有歸諸命，而且「安之若命」⓭，此卽所謂「安時而處順，哀樂不能入也」⓮。

入漢以後，道家派的《淮南子》中，所用之「性」字，少數與「生」字同義，換言之，「性」卽是「生命」。但絕大多數的性字同於《老子》及《莊子》內七篇中所謂「德」、《莊子》外篇中所謂「性」。《淮南子》受《莊子》影響，更多用「性命」一詞，指的是所受於天而爲人所固有的性。但當《淮南子》中「性」、「命」二字對擧時，意義就有分別，譬如文中說:

> 古之聖人，其和愉寧靜，性也；其志得道行，命也。是故性遭命而後能行，命得性而後能明⓯。
>
> 性者所受於天也，命者所遭於時也⓰。

此種分別顯然是承儒家餘緒，而非道家所有。但《淮南子》進一步指出性命二者的相輔相成性，使性命的哲學向前跨進了一步——在知所分別之外，更知所調和。

董仲舒主「順命」，但主要著重在「王者受命」一義，故其天命說與政敎關係最爲密切，他說:

⓬ 同前❽，外篇，〈達生〉，頁289。
⓭ 同前❽，〈德充符〉，頁90。
⓮ 同前❽，〈大宗師〉，頁118。
⓯ 見新編諸子集成第七册，高誘註《淮南子》卷2，〈俶眞訓〉，頁33。
⓰ 同前⓯，卷10，〈繆稱訓〉，頁162。

> 人始生有大命是其體也，有變命存其間者其政也。政不齊，則人有忿怒之志，若將施危難之中。而時有隨遭者，神明之所接絶屬之符也。亦（亦字疑誤）有變其間，使之不齊如此，不可不省之，省之則重政之本矣⑰。
>
> 天子受命於天，諸侯受命於天子，子受命於父，臣妾受命於君，妻受命於夫，諸所受命者其尊皆天也，雖謂受命於天亦可。……不奉順於天者，其罪如此⑱。

其中分命爲大命、變命，與《莊子・列禦寇》所謂「達大命者隨，達小命者遭」⑲之說略同，而且很可能就是漢代流行的「三命說」——正命、隨命和遭命的起源。董仲舒所謂「大命」，就相當於「三命說」中的「隨命」；而所謂的「變命」就相當「三命說」中的「遭命」。但是他强調政教的作用，所以命中之變數，在他看來，就是「政數」之良窳。不過，當他將性命合稱時，性命同指人所受自天的仁義本質，故他說：

> 正也者，正於天之為人性命也。天之為人性命，使行仁義而羞可恥，非若鳥獸然，苟為生、苟為利而已⑳。

由以上分析，可知自先秦以至漢代，性、命的分野時而清

⑰ 見蘇輿《春秋繁露義證》卷5，〈重政〉，頁105。
⑱ 同前⑰，卷15，〈順命〉，頁291-292。
⑲ 同前❽，雜篇，〈列禦寇〉，頁459。
⑳ 同前⑰，卷2，〈竹林〉，頁43。

晰，時而模糊。性、命二字的字義有時有別，有時又可相通。這種現象在《論衡》中依然存在。

王充主命定論，但並非一切事象皆屬被決定者，而只以爲人之貴賤或貧富及壽夭由命決定，非人力所能改變。至於人性之善惡，雖亦有天命在，但經由禮樂教化之作用，尙有改變之可能。因此，他一再强調性命分立的說法。《論衡》中，性命分立的實例不少，玆擧數例於下：

1.〈命義〉曰：「夫性與命異，或性善而命凶，或性惡而命吉。操行善惡者，性也；禍福吉凶者，命也。或行善而得禍，是性善而命凶，或行惡而得福，是性惡而命吉也。性自有善惡，命自有吉凶」㉑。
2.〈命祿〉曰：「故夫臨事智愚，操行清濁，性與才也；仕宦貴賤，治產貧富，命與時也。命則不可勉，時則不可力。知者歸之於天，故坦蕩恬忽」㉒。
3.〈骨相〉曰：「貴賤貧富，命也；操行清濁，性也」㉓。
4.〈逢遇〉曰：「操行有常賢，仕宦無常遇。賢不賢，才也；遇不遇，時也」㉔。
5.〈本性〉曰：「命有貴賤，性有善惡」㉕。

由以上例證，明顯可知王充以爲貴賤貧富屬於命的範圍，操行清

㉑ 同前❶，卷2，〈命義〉，頁47。
㉒ 同前❶，卷1，〈命祿〉，頁19。
㉓ 同前❶，卷3，〈骨相〉，頁112。
㉔ 同前❶，卷1，〈逢遇〉，頁1。
㉕ 同前❶，卷3，〈本性〉，頁134。

濁屬於性的範圍。性與命並不平行。〈命祿〉中性與才並舉，時與命同列，其實在王充看來，才即包括在性中，時亦包括在命中。因此，他所要分別的還是在於性與命二者。

在王充看來，才是一種「能」，在由駁雜不純的氣結聚而成的性中，唯有透過這種「能」，以表現善性，才有清操，才能成爲賢者。若無能表現善性，則有濁操，即爲不肖之人。所以雖說：「賢與不賢，才也」㉗，但其實同以氣爲根，王充不過以性言其質，以才言其能而已。此外，命之與時，一爲「必然」因素，一爲「偶然」因素。王充旣不主有意志的天，則此「必然」在稟氣之初，實爲一偶然，一無理據可憑。而人一旦遭遇偶然之機遇，亦必因此偶然而帶來與之相應之必然。所以必然之「命」，其實是無數偶然之「時」互相結聚，互相牽制而成的。因此，命與時，只有大小、先後之別，而無本質之異。

雖然如此，在《論衡》中，性與命有時却又是平行的。玆舉例於下：

1.〈命義〉曰：「死生者，無象在天，以性為主。稟得堅強之性，則氣渥厚而體堅強；堅強則壽命長；壽命長則不夭死。稟性軟弱者，氣少泊而羸窳，羸窳則壽命短，短則蚤死，故言有命，命則性也」㉘。

2.〈氣壽〉曰：「兒生，號啼之聲鴻朗高暢者壽，嘶喝濕

㉖ 據《論衡・藝增》曰：「夫不肖者皆懷五常，才劣不逮，不成純賢；非狂妄頑嚚，身中無一知也。」則王充以爲人不分賢與不肖，皆懷有五常，但不肖者無能表現其五常，遂論爲惡。

㉗ 同前❶，〈逢遇〉，頁1。

㉘ 同前❶，卷2，〈命義〉，頁44。

下者夭，何則？稟壽夭之命，以氣多少為主性也」㉙。

3.〈無形〉曰：「人稟元氣於天，各受壽夭之命，以立長短之形……用氣為性，性成命定。體氣與形骸相抱，生死與期節相須。形不可變化，命不可減加」㉚。

4.〈初稟〉曰：「人生受性，則受命矣。性命俱稟，同時並得，非先受性，後乃受命也」㉛。

5.〈初稟〉曰：「王者一受命，內以為性，外以為體」㉜。

以上諸文均謂性卽命，並以爲性成與命定乃同時發生的事。但此所謂「性」，非前文所言「臨事智愚，操行清濁」之才性，而係指稟元氣強弱之足以影響壽命者，或稟星氣貴賤之足以影響祿命者。所以，「性」字在此只能作「氣性」解，而不可作「才性」解。「氣性」偏重於具體的物質性，可以理性知，「才性」偏重於抽象的精神性，須以感性解。

「氣性」一詞亦見於《論衡》中，如：

1.〈無形〉曰：「形、氣、性，天也。形為春，氣為夏，人以氣為壽，形隨氣而動。氣性不均，則於體不同」㉝。

2.〈累害〉曰：「火不苦熱，水不痛寒，氣性自然焉」㉞。

王充以爲形只可使萬物具有形體，猶似春天只可使植物萌芽，氣

㉙ 同前❶，卷 1，〈氣壽〉，頁27–28。
㉚ 同前❶，卷 2，〈無形〉，頁54。
㉛ 同前❶，卷 3，〈初稟〉，頁116–117。
㉜ 同前㉛，頁118。
㉝ 同前㉚，頁60。
㉞ 同前❶，卷 1，〈累害〉，頁17。

才是一種生長的動力，猶似夏天可使萬物發育成長。萬物之氣性不均，所以形體也不同。這「氣性」相當於性成命定論中所謂的「性」，無庸置疑。

性命合爲一詞者，在《論衡》中亦有其例。如：

1.〈自然〉曰：「天道無為，聽恣其性。故放魚於川，縱獸於山，從其性命之欲也」㉟。

2.〈率性〉曰：「夫人有不善，則乃性命之疾也，無其教治，而欲令變更，豈不難哉！」㊱

此二文中性命雖連言成詞，但其意僅在於「性」而已。這種情形一如《莊子》外篇和《淮南子》以及《春秋繁露》等書所顯示的。

《論衡》中有時亦以性之善惡爲「質」的問題，如〈本性〉曰：

性本自然，善惡有質。……人善因（當作固）善，惡亦因（當作固）惡。初稟天然之姿（同質），受純壹之質，故生而兆見，善惡可察㊲。

由此言之，才性所憑藉的是氣之「質」，才性亦就是質性。

總而言之，「性」在《論衡》中，有解作「氣性」者，有解作「才性」者。當其作「氣性」解時，性與命是平行的；當其作

㉟　同前❶，卷18，〈自然〉，頁783。
㊱　同前❶，卷2，〈率性〉，頁70。
㊲　同前❶，卷3，〈本性〉，頁127-129。

「才性」解時，性與命則不平行。在論王充的性與命觀念之前，不得不先釐清這種區別。

二、命的界義

王充的命運觀點適用的範圍極廣。他認爲凡人皆有命，不論其社會地位之貴賤或個人才情之賢愚皆難逃命運之掌握。擴而大之，凡是有形體、有血氣的動物也都有命，故曰：「自王公逮庶人，聖賢及下愚，凡有首目之類、含血之屬，莫不有命」㊳。更擴而大之，凡物皆有命。他說：「俱行道德，福禍不均；並爲仁義，利害不同。……非唯人行，物亦有之」㊴。舉例來說，同樣是有補益的百草，有的經人采掇製成良藥，有的則遺棄枯澤爲火所焚。同樣是金屬，有的被用來做成利劍戟，有的被用來作成鋒銛。同樣是水，有的被用來洗鼎釜等貴重器物，有的被用來洗腐臭的東西。在王充看來，以上諸事，有幸與不幸，均關乎命。總而言之，凡世上所有存在的人或物都有其幸偶與否的遭遇。這種遭遇無法從其社會地位、個人才情、或本質善惡加以解釋或掌握。凡此種種都只能歸之於命。

命的種類，依適用的對象分，有人命與國命兩種。人命指個人的命運，細分之，有「死生壽夭之命，亦有貴賤貧富之命」㊵；前者稱爲壽命，後者則稱爲祿命。國命則指一國的命運，一國之人的命運皆受國命的影響，所以在國命的大前提下，個人命運之

㊳ 同前❶，卷1，〈命祿〉，頁18。
㊴ 同前❶，卷2，〈幸偶〉，頁38-40。
㊵ 同前❶，卷1，〈命祿〉，頁18。

良窳頓然喪失其意義。而壽命之長短足以左右人之貴賤貧富，短命者即使有富貴之命亦不得享有，故壽命又勝過祿命。此即王充所說：「人命有長短，時有盛衰，衰則疾病，被災蒙禍之驗也。宋衞陳鄭同日並災，四國之民必有祿盛未當衰之人，然而俱災，國禍陵之也。故國命勝人命，壽命勝祿命」[41]之意。

至於當時流行的三命之說——正命、隨命、遭命，主要是就人之行爲與禍福的關係立論，其中除了遭命之外，其他二者都與王充的命運觀相違，尤以隨命說更是背道而馳，所以王充曾力加撻伐。這將詳論於後。

祿、命二字合言成詞，是指貴賤貧富之命，二者字義實無大別，但《論衡》行文，有時好析文離義，故有祿命分言而所指不一的現象，如〈命義〉曰：

> 人有命，有祿，有遭遇，有幸偶。命者，貧富貴賤也；祿者，盛衰興廢也。以命當富貴，遭當盛之祿，常安不危；以命當貧賤，遇當衰之際，則禍殃乃至，常苦不樂[42]。

則命指治產之貧富言，祿指居官之貴賤言，有富裕之命遇上貴盛之祿，則必保富貴福樂，有貧窮之命遇上賤衰之祿，則必致貧賤禍殃。但命祿二者都是影響祿命的先天因素，與遭遇幸偶之後天因素結合，始成就爲一個人的終極命運。可是〈命祿〉的另一段文字謂：

---

[41] 同前[1]，卷2，〈命義〉，頁43。
[42] 同前[1]，卷2，〈命義〉，頁51。

故貴賤在命，不在智愚；貧富在祿，不在頑慧㊸。

則又以貴賤爲命，貧富爲祿，可見命、祿二字之字義相通，本難區別，王充行文不過爲求避免同字重用，而隨意加以界說，殊無理據。

三、人命的決定因素—先天的稟賦與後天的遭遇

王充認爲人之命，不論是壽命或祿命，都受到先天的稟賦和後天的遭遇之雙重因素的影響；只是，二者所受之氣的來源略有出入，且其遭遇的對象亦有差別而已。就壽命言，王充有一段扼要的說明，曰：

凡人稟命有二品：一曰所當觸值之命，二曰強弱壽夭之命。所當觸值，謂兵燒壓溺也；強壽弱夭（當作強弱壽夭），謂稟氣渥薄也，兵燒壓溺，遭以所稟為命，未必有審期也。若夫強弱夭壽，以百為數，不至百者，氣自不足也㊹。

文中所謂強弱壽夭之命，就是指稟氣厚薄的先天之命。依王充看，「人之稟氣，或充實而堅強，或虛劣而軟弱。充實堅強，其年壽；虛劣軟弱，失棄其身」㊺。稟氣多，能充滿一定高度之形

㊸ 同前❶，卷1，〈命祿〉，頁21。
㊹ 同前❶，卷1，〈氣壽〉，頁26。
㊺ 同前㊹，頁27。

體[46]，則形體堅強，壽命亦長；稟氣少，不能充滿一定高度之形體，則形體軟弱，壽命亦短。這氣之多少足以決定壽命長短的理論，除了從以上物理學的角度可以獲得合理的解說（即一定的體積內，氣體的密度與其重量成正比）之外，王充還提出兩個有效驗的實證：㈠「婦人疏字者子活，數乳者子死，〔譬若瓠華多實少也。〕何則？疏而氣渥，子堅強；數而氣薄，子軟弱也」[47]。第二，「兒生，號啼之聲鴻朗高暢者壽，嘶喝濕下者夭」[48]。

除了氣的厚薄密度可以影響人的壽命之外，氣之性質和戾亦足以影響人之壽命 。王充引儒者之言謂：「太平之時，人民侗長，百歲左右，氣和之所生也」[49]。又證以《尙書・堯典》及《禮記・文王世子》之諸文獻對堯舜、文王、周公、邵公的記載，而得出以下的結論：

> 聖人稟和氣，故年命得正數。氣和為治平，故太平之世，多長壽人。百歲之壽，蓋人年之正數也，猶物至秋而死，物命之正期也[50]。

其實，太平之世多長壽之人的說法，與「國命勝人命」之說是一致的。按政治足以影響人之壽命之說，在西漢時就已普遍爲人所

---

[46] 按〈氣壽〉曰：「譬猶人形一丈，正形也……不滿丈者，失其正也。雖失其正，猶乃爲形也。夫形不可以不滿丈之故，謂之非形。」故王充以一丈爲男子之正形。

[47] 同前[44]，頁28。

[48] 同前[44]，頁27。

[49] 同前[44]，頁29。

[50] 同前[44]，頁31。

接受，如《春秋繁露・重政》[51]、《說苑・政理》[52]以及公孫弘的對策[53]均有此說。而百歲之壽，既爲正命，則不滿百者便爲非命，這在〈氣壽〉篇亦有明言[54]。

至於王充所謂所當觸値之命，是指被兵器殺死，被火燒死，被土壓死，被水溺死等後天的偶然遭遇之足以影響壽命長短者。這些天災人禍，在王充看來，亦是氣的運轉自然造成的。如果命中注定命數不當盡，則必能先得預兆而逃脫外來的禍害，故曰：

> 歷陽之都，其策命若伊尹之類，必有先時感動在他地之效[55]。

總而言之，人命之長短，沒有天的意志預作安排，也沒有行爲的善惡爲其導因。故〈氣壽〉曰：

> 非天有長短之命，而人各有稟受也。由此言之，人受氣命於天，卒與不卒，同也。……壽夭同一氣，長短殊數[56]。稟壽夭之命，以氣多少爲主性也[57]。

[51] 《春秋繁露義證・重政》曰：「人始生有大命，是其體也；有變命存其間者，其政也。政不齊，則人有忿怒之志，若將施危難之中，而時有隨遭者，神明之所接絕屬之符也。」頁105。

[52] 《說苑・政理》曰：「無事則遠罪，遠罪則民壽。」

[53] 《全漢文》卷24，公孫弘〈元光五年舉賢良對策〉曰：「今人主和德於上，百姓和合於下。故心和則氣和，氣和則形和，形和則聲和，聲和則天地之和應矣。……故形和則無疾，無疾則不夭。」頁259。

[54] 〈氣壽〉曰：「百歲之命，是其正也。」頁28。

[55] 同前[1]，卷2，〈吉驗〉，頁82-83。

[56] 同前[44]，頁29。

[57] 同前[44]，頁28。

縱觀歷史，盜跖、莊蹻橫行天下而壽終，顏淵、伯牛困學固窮而早夭，屈平、伍員盡忠而遭水火之災，都是行爲善惡與壽命長短無關之證，王充每每爲之慨歎不已。

其次，就祿命言，其決定因素，亦有先天和後天兩種。據〈命義〉曰：

> 故夫遭遇幸偶，或與命祿並，或與命祿離。遭遇幸偶，遂以完成，是與命祿並者也。遭遇不幸偶，遂以敗傷，中不遂成，善轉為惡，是與命祿離者也。故人之在世，有吉凶之性命，有盛衰之禍福，重以遭遇幸偶之逢，獲從生死而卒其善惡之行，得其胸中之志，希矣[58]！

王充是以命祿與遭遇幸偶的離合關係來解說人的貧富貴賤。其中，命祿或簡稱爲「命」，是屬於先天稟賦問題；遭遇幸偶，或簡稱爲「時」，是屬於後天機遇問題。前者爲命之主要決定因素，後者爲命之次要偶發因素，二者配合卽成就爲貧賤富貴之祿命。王充曰：

> 凡人窮達，禍福之至，大之則命，小之則時[59]。
>
> 故夫臨事智愚，操行清濁，性與才也；仕宦貴賤，治產貧富，命與時也[60]。

按命、祿二字的意義似分而實混，已如前文所述。其意實總括人

---

[58] 同前❶，卷2，〈命義〉，頁53-54。
[59] 同前❶，卷6，〈禍虛〉，頁273。
[60] 同前❶，卷1，〈命祿〉，頁19。

命之貴賤貧富。而人之貴賤貧富，亦如人之壽命一樣是決定於所稟之氣。故〈命義〉曰：

> 死生者，無象在天，以性為主。稟得堅強之性，則氣渥厚而體堅強，堅強則壽命長，壽命長則不夭死。稟性軟弱者，氣少泊而性羸窳，羸窳則壽命短，短則蚤死。故言有命，命則性也。至於富貴所稟，猶性所稟之氣，得衆星之精。衆星在天，天有其象，得富貴則富貴，得貧賤則貧賤，故曰在天。在天如何？天有百官，有衆星。天施氣而衆星布精，天所施氣，衆星之氣在其中矣。人稟氣而生，含氣而長，得貴則貴，得賤則賤。貴或秩有高下，富或貲有多少，皆星位尊卑大小之所授也[61]。

按此段文字是王充就《論語・顏淵》所謂「死生有命，富貴在天」一語所作之闡述，實則已有以辭害義、牽强附會之弊。不過，王充據此而說明人之祿命所稟之氣的特質。他認爲在天地這種物質實體運轉中所施放出來的氣，實已含有衆星之氣。星宿有貴賤，人稟得貴星之氣則命貴，稟得賤星之氣則命賤。換言之，人命之貴賤是由星氣之貴賤來決定的[62]。這種說法不免有受到古代流行的星相學之影響，故以星宿來論斷人命。事實上，星宿之有貴賤是人間百官階級制度的倒影，如今反客爲主，以星宿定人間之階級貴賤，實不可取信，但王充無法辨其荒謬。

---

[61] 同前[58]，頁44-45。

[62] 按人稟星氣之說由來已久，自西周已然。《詩・小弁》曰：「天之生我，我辰安在？」《鄭箋》云：「此言我生所值之辰安在乎？」

至於遭、遇、幸、偶四字各有其義，但也並非互不相干。〈命義〉曰：

遭者，遭逢非常之變。若成湯囚夏台，文王厄牖里矣。以聖明之德，而有囚厄之變，可謂遭矣[63]。

所以「遭」是指以善行而遭遇到不可預期、不合一般推理的事變。〈命義〉又曰：

遇者，遇其主而用也[64]。

所以，遇不遇是指能否爲主上所重用。按常理判斷，有才者遇，無才者不遇，但王充以爲實際情形正好與此相反。世上不乏「懷才不遇」或「無才而遇」的人。懷才而不遇的原因有多種：⑴以賢而輔惡，⑵以大才干小才，⑶俱大才，但道有精粗，志有清濁。無才而遇的原因亦有多種：⑴無道德而以技合，⑵無技能而以色幸。

總而言之，「人主好惡無常，人臣所進無豫。偶合爲是，適可爲上。進者未必賢，退者未必愚，合幸得之，不幸失之」[65]。以此之故，王充深感「賢不肖可豫知，遇難先圖」[66]，對於一般人認爲只要「希世准主，觀鑒治內，調能定說，審伺際會」[67]即可

[63] 同前[58]，頁51-52。
[64] 同前[58]，頁53 。
[65] 同前[1]，卷1，〈逢遇〉，頁6。
[66] 同前[65]。
[67] 同前[65]。

得主上賞識一事，頗不以爲然。他說：

> 世可希，主不可准也；說可轉，能不可易也。……文與言，尚可暴習，行與能，不可卒成。學不宿習，無以明名。名不素著，無以遇主。倉猝之業，須臾之名，日力不足。不預聞，何以准主而納其說，進身而託其能哉？……夫希世准主，尚不可為，況節高志妙，不為利動；性定質成，不為主顧者乎[68]？

換言之，准主、易能皆有實際上之困難，很難藉以進身。再者，王充以爲「希世准主，調能定說」是有意的迎合，與無意地幸偶實則不同，故只能稱之爲「揣」，不應稱之爲「遇」。他分辨此二者說：

> 且夫遇也，能不預設，說不宿具，邂逅逢喜，遭合上意，故謂之遇。如准主調說，以取尊貴，是名為揣，不名曰遇[69]。

如此，則「遇」與「不遇」全在「自力」範圍之外，純係命運問題。

其次，論「幸」與「不幸」的問題，王充說：

> 幸者，謂所遭觸得善惡也。獲罪得脫，幸也；無罪見拘，

---

[68] 同前[65]，頁7。
[69] 同前[65]，頁8。

不幸也[70]。

因此，善有善報、惡有惡報是人之正命，不是幸或不幸的問題；只有當自身的行爲與外在的事效適巧相反時，才有幸與不幸之別。諸如「無德薄才，以色稱媚，不宜愛而受寵，不當親而得附」的人，都是佞幸之徒。反之，「無過遇禍」者，卽爲不幸。在王充看來，君子、小人之別就在遭遇之幸與不幸之異，他引孔子之言曰：「君子有不幸而無有幸；小人有幸而無有不幸」[71]。又引《禮記·中庸》之言曰：「君子居易以俟命，小人行險以徼幸」。君子有善行，本應得善果，所以其遭遇只有所謂不幸，而無所謂幸。小人有惡行，本應有惡果，故其遭遇只有所謂幸，無所謂不幸。如此，則幸與不幸界義甚明。

復次，談到「偶」。〈命義〉曰：

> 偶者，謂事君也。以道事君，君善其言，遂用其身，偶也；行與之乖，退而遠，不偶也。

則此處所謂「偶」字之義與〈逢遇〉之所謂「遇」相彷，其意是指「偶合」、「雙方一致」；具體而言，是指由於某種原因偶然符合君主、上司的心意，而受到賞識和重用。在歷史上，這種實例也很多，如典冠爲韓昭侯加衣，以越職而獲罪，衞之驂乘從後呼車，以救危而不被其罪。是前者不偶，後者偶。

偶與幸二者有別，據〈幸偶〉謂：

[70] 同前[58]，頁53。
[71] 按此語出處不詳。

> 凡人有操行，有賢有愚；及遭禍福，有幸有不幸；舉事有是有非；及觸賞罰，有偶有不偶。並時遭兵，隱者不中；同日被霜，蔽者不傷。中傷未必惡，隱蔽未必善；隱蔽幸，中傷不幸。俱欲納忠，或賞或罰；並欲有益，或信或疑。賞而信者未必真，罰而疑者未必僞。賞信者偶，罰疑不偶也[72]。

所以幸與不幸是泛指生活之遭遇禍福言，「無德受恩」爲幸，「無過受禍」爲不幸。偶與不偶則專指仕宦之觸賞罰言，賞信者偶，罰疑者不偶。幸偶之共同性，是在於它們與人的操行和才能均無關，兩者都是屬於人所不能自主的範疇。

遭、遇、幸、偶四者，約而言之，便是「偶會」。而偶會的觀念，在《論衡》中，除了「偶然」一義外，還兼有「自然」之義。偶會的命運觀，其實就是一種講求自然機緣的命運觀。

王充言命不但强調「適」、「偶」、「度數」[73]、「期數」[74]之偶然義，而且强調「自相遭遇」、「自應」、「自相承」、「適自枯死」、「時數自至」、「自相得」的自然義。他以爲命運是由諸多偶然結合而成之必然，只要其中任何一個因素改變或不能適時出現，則該事物之結果必然不同。而此衆多因素旣是偶

[72] 同前[1]，卷2，〈幸偶〉，頁35。

[73] 〈偶會〉曰：「孔子命不王，二子（按：指顏淵、子路）壽不長也。不王不長，所稟不同，度數並放，適相應也。」又曰：「君明臣賢，光曜相察，上脩下治，度數相得。」

[74] 〈偶會〉曰：「僮謠之語當驗，鬪鷄之變適生；鸜鴿之占當應，魯昭之惡適成。非僮謠致鬪競，鸜鴿招君惡也；期數自至，人行偶合也。」

然湊合，則必出於自然，而無外力使之然。但漢代所流行之天人感應、五行生剋的理論，基本上均同意事物的因果關係是由一種特定法則或先存力量所主宰。此與王充的自然機緣論迥異其趣，所以王充特作〈偶會〉篇以識別「偶會」於「氣感」之外。

王充在〈偶會〉中開章明義道：

> 命，吉凶之主也，自然之道，適偶之數，非有他氣旁物厭勝感動使之然也[75]。

他認為包含自然與偶然雙重意義的偶會觀念，可以作為一切人事乃至自然現象之因果關係的最合理詮釋。譬如：就人事言，子胥伏劍、屈原自沉，是由於「偶二子命當絕，子蘭、宰嚭適為讒，而懷王、夫差適信奸」[76]這三種因素的自然巧合所造成的結果。換言之，君臣偶會，君不為臣生，臣也不為君出。只是「人臣命有吉凶，賢不肖之主與之相逢」而已。褒姒有喪周之命，適逢幽王性惡，於是周國乃喪，非天有意使褒姒喪幽王。僮謠之語與鬬鷄之變，鸜鵒之占與魯昭之惡，適巧出現，並不是僮謠之語引起鬬鷄事件，也不是鸜鵒來巢釀成魯昭的罪惡。堯命當禪舜，丹朱適巧為無道，虞統當傳夏，商均適巧行不軌，並不是堯舜禪天下導致丹朱、商均之惡。又顏淵、子路早死，非天有意斷喪孔子，或天有意祝詛孔子，而是孔子的不王之命與二子的不壽之命，適相遭逢而已。父歿而子嗣，姑死而婦代，非子嗣使父姑終歿，而是老少年歲的不同自然互相承續而已。男女早死，或男尊女貴，

---

[75] 同前[72]，頁35。
[76] 同前[1]，卷3，〈偶會〉，頁91。

或父死兄敗，皆是由於「偶適然自相遭遇，時也」，而非男女相賊、妻貴夫、子賊父、弟妨子的氣感關係所致。

其次，就自然界言，火星與昴星相出入，「非火之性厭服昴也，時偶不並，度轉乖也」(77)。又正月時，如北斗星的斗柄在夜半正好指著東方寅的方位，則斗魁就會冲着和「寅」正好相反的「申」的方位，並不是斗柄指向「寅」，就有意識地要讓斗魁冲破「申」的方位。故王充謂：「正月建寅，斗魁破申，非寅建使申破也；轉運之衡，偶自應也」(78)。又秋天穀草死，非爲秋氣所擊傷，而是「物以春生夏長，秋而熟老，適自枯死，陰氣適盛，與之會遇」(79)。

以此言之，任何人事或自然界之現象之發生，在王充看來，均無因果關係可看，而純係出於自然之機緣巧合。藉這種論調斬斷漢儒篤信的天人感應和五行生剋的因果關係，固然具有快刀斬亂麻之效，但細繹之，亦有其弊端。因爲王充不但把人的活動說成不受上天意識的主宰，同時也把人的活動說成不受人際互動關係乃至人自身意志的影響。換言之，一切的人與物都只是一種沒有感情、意志的存在體，彼此在遇合時所發生之各種連鎖反應，只是一種命定的機械活動，其所產生之關係也只是一種命定的機械關係。也就是說，人既有定命，其對環境的反應早就被納入一個定軌中，沒有出軌的可能。王充費盡唇舌去說明「命運」的觀念，實則等於只把命運推諉到一個神秘的必然性之支配力量，到頭來仍是一團謎。

(77) 同前(76)，頁93。
(78) 同前(76)，頁94。
(79) 同前(76)，頁94。

四、氣感與偶會之別

王充以爲氣感與偶會有別：氣感是有原則可循的一種必然；偶會則爲全無理致之偶然。吾人固不能像漢儒一樣以氣感解釋所有自然或人事的現象，但亦不能對它採取完全否定的態度。換言之，他基本上相信「同類通氣，性相感動」的原則，以爲「象出而物見，氣至而類動，天地之性也」(80)，只是這個原則的適用範圍有限，並非可放諸四海而皆準。

王充以爲萬物之氣性相同者，始能相奉成感動，他說：

> 凡能相割截者，必異性者也；能相奉成者，必同氣者也(81)。

但這種互相感動的同類之氣，可以是出自本來存在於天地間的自然之物所產生的「眞氣」(82)，也可以是出自人工仿造物所產生的「非眞氣」。眞氣相動的例子，如：「月毀於天，螺消於淵，風從虎，雲從龍」(83)、「頓牟掇芥，磁石引針」(84)、「夜及半而鶴唳，晨將旦而鷄鳴」(85)、「陰物以冬見，陽蟲以夏出」(86)。非眞氣相動的例子，如「鑄陽燧（按：陽燧乃利用陽光取火的一種凹面銅

(80) 同前❶，卷16，〈遭虎〉，頁704。
(81) 同前❶，卷14，〈譴告〉，頁638。
(82) 〈亂龍〉曰：「水火感動，常以眞氣。」
(83) 同前❶，卷3，〈偶會〉，頁95。
(84) 同前❶，卷16，〈亂龍〉，頁692。
(85) 同前❶，卷15，〈變動〉，頁651。
(86) 同前(80)，頁704。

鏡）取飛火於日，作方諸（按：方諸乃在月下承接露水之一種用具）取水於月」[87]、「設土龍以招雨」[88]、「妄取刀劍偃月之鈎，摩以向日，亦能感天」、「客爲鷄鳴，而眞鷄鳴和之」[89]、「磁石、鈎象之石非頓牟也，皆能掇芥」[90]。

氣性相動的至極表現，便是物體的形象也會隨著氣而有所改變，即王充所謂「物隨氣變，不可謂無」[91]。其例如下：

> 亦或時政平氣和，衆物變化，猶春則鷹變為鳩，秋則鳩化為鷹，蛇鼠之類輒為魚鼈，蝦蟆為鶉，雀為蜃蛤。物隨氣變，不可謂無。黄石老父，授張良書，去復為石，世儒知之。或時太平氣和，獐為麒麟，鵠為鳳凰。是故氣性隨時變化，豈必有常類哉[92]？

以上所謂非眞氣亦能相動和物隨氣變之說，充分顯出王充所受時代背景的約限。王充雖然强調「物事相遭，吉凶同時，偶適相遇，非氣感也」[93]。但就上述王充所擧氣感之例言之，實仍不免流於氾濫。氣感與偶會之眞正區别何在，仍是模糊不清的。但推王充立意，大概以爲凡是涉及吉凶禍福生死的事件之諸種因素均爲「偶會」，否則即可列入氣感中。

---

[87] 同前[84]，頁694。
[88] 同前[84]，頁691。
[89] 同前[84]，頁694。
[90] 同前[84]，頁696。
[91] 同前[1]，卷16，〈講瑞〉，頁730。
[92] 同前[91]，唯引文與黃暉校釋本的稍異之處，係根據北大歷史系所作《論衡注釋》本。
[93] 同前[76]，頁95。

遭遇幸偶的這些後天機遇之偶發因素，與命祿的先天決定因素互相配合，始成爲人之終極命運。按王充之意，人之命運的先天因素若盛於後天因素，則其終極命運不受偶發際遇的影響；反之，則會受偶發因素的影響而改變其先天所稟具的命運。故他說：

> 晏子所遭，可謂大矣；直兵指胸，白（當作曲）刃加頸，蹈死亡之地，當劍戟之鋒，執（讀作蟄）死得生還。命善祿盛，遭逢之禍，不能害也。歷陽之都，長平之坑，其中必有命善祿盛之人，一宿同塡而死，遭逢之禍大，命善祿盛不能卻也。譬猶水火相更也，水盛勝火，火盛勝木[94]。
>
> 遇者，遇其主而用也。雖有善命盛祿，不遇知己之主，不得效驗[95]。
>
> 拘執未久，蒙令得出，命善祿盛，天災之禍不能傷也[96]。
>
> 退遠未久，上官祿召，命善祿盛，不偶之害，不能留也[97]。

以上四引文依序在談「遭」、「遇」、「幸」、「偶」與命祿的關係。總而言之，也就是在談先天稟賦與後天際遇的關係。由此更見決定人命之因素錯綜複雜，雖可知而匪易。

---

[94] 同前[1]，卷2，〈命義〉，頁52-53。
[95] 同前[94]，頁53。
[96] 同前[94]，頁53。
[97] 同前[94]，頁53。

五、國命的決定因素——時數

王充的國命論，就是一種「治有時，命有期」的歷史觀。他認為「世之治亂，在時不在政；國之安危，在數不在教。賢不賢之君，明不明之政，無能損益」(98)。此所謂「時」、「數」、「期」都是天命的指謂詞；換言之，都是指相對於「人力」的「自然」而言。誠如王充所謂「教之行廢，國之安危，皆在命時，非人力也」(99)。依傳統世俗之見，此所謂「人力」便是指人君之賢與不肖。因此，王充認為不但古代「據有功而加賞，案無功而施罰」的考功法犯了「是考命而長（按：長意指崇尚）祿；非實才而厚能」的謬誤，而且一般民衆也受考功法影響而犯了「據效而定賢」的謬誤，以為「民治國安者，賢君之所致，民亂國危者，無道之所為」，致使實際上對國家治亂無能為力的國君不得不擔負起國家治亂的責任，終於導致「人君受以自責，愁神苦思，撼動形體，而危亂之變終不減除」的悲思。緣此，王充提出「命期自然，非德化也」(100)的觀念，以糾正世俗將國命盛衰訴諸人力的謬誤。他一方面引孔子「道之將行也與，命也！道之將廢也與，命也！」之語，肯定「教之行廢，國之安危，皆在命時，非人力也」(101)。一方面又繼承管子(102)、韓非子(103)的思想，從經濟方面來

(98) 同前❶，卷17，〈治期〉，頁769。
(99) 同前(98)，頁768。
(100) 同前(98)，頁766。
(101) 同前(98)，頁768。
(102) 《論衡・治期》引傳曰：「倉廩實，民知禮樂；衣食足，民知榮辱」是出自《管子・牧民》，但略有出入。
(103) 〈治期〉引傳曰：「故饑歲之春，不食親戚；穰歲之秋，召及四鄰。」係出自《韓非子・五蠹》，而略有更易。

分析社會治亂的原因，明確地指出「賊盜衆多，兵革並起，民棄禮義，負畔其上」的混亂現象實導源於「穀食乏絕，不能忍饑寒」[104]。因爲他認爲「讓生有餘，爭起不足。穀足食多，禮義之心生；禮豐義重，平安之基立矣」，所以他得到初步的結論說：

> 為善惡之行，不在人質性，在於歲之饑穰[105]。

接着，王充更進一步追究穀食成敗的原因，是在於年歲的好壞，而不在於政治良窳。而年歲好壞，是受自然條件的影響。自然條件在當時絕非人力所能改變，於是只有歸咎於「時數」。由此言之，國之治亂的第一因便在於「時數」。王充的國命論於焉形成。

王充這種治亂有期的國命論，主要是針對漢儒宣揚的天人感應而發。漢儒深信統治者奉行天意，就會風調雨順、民治國安；反之，上天就會降下災害以懲罰人君，使國家衰敗。所以天災人禍，往往是上天對人君的警示，人君若不戒懼改過，國家必衰亡。王充則以爲水旱災害與君王之德行無關，故謂：

> 堯遭洪水，湯遭大旱。水旱，災害之甚者也，而二聖逢之，豈二聖政之所致哉？天地歷數然也。以堯湯之水旱，準百王之災害，非德所致。非德所致，則其福祐，非德所為也[106]。

---

[104] 同前[98]，頁770。
[105] 同前[98]，頁770。
[106] 同前[98]，頁768-769。

由此截斷天人感應的關係，具有排除迷信的進步意義。

老實言之，上述這種自然主義的歷史觀，其實是片面的、偏頗的、消極的、悲觀的。王充爲了肯定「天地歷數」與國家治亂的關係，以致否定了人的作用。他認爲只是自然界作用於人，只是自然條件到處在決定人的歷史發展，而忘記了人也可作用於自然界，爲人類創造新的生存條件。他對《荀子・天論》中的勘天、制天思想絲毫不予考慮。再者，他完全否定社會治亂與統治者有關，謂「賢君能治當安之民，不能化當亂之世」。固然消除聖賢創造歷史的論調，適足以支持他排斥權威的觀念。但是，另方面却有替荒唐的統治者開脫罪責的作用，不免淪爲庸君的口實。以此推之，吾人既知治亂決於時數，則不徒祥瑞不足慕，政教亦不足爲。於是，以不治治之乃成爲唯一的治術。黃老的無爲之治遂成爲王充的最高嚮往。此外，儒家的仁義，法家的刑法，皆如庸人自擾，無補於事，而反有害，絕非王充所贊許。

王充所言黃老之操，實際上又不同於漢初所崇尚的黃老之術。因爲曹參、汲黯雖然反對有爲的積極政策，然猶認爲政治可以轉移盛衰，其態度尚存幾許樂觀。王充之無爲主張既以宿命論爲基礎，以爲天下本無可以致治勘亂之政術，能無爲者，逢當治之期，則端拱享太平；值當亡之際，則束手以待斃。政教既無用，君主勢成贅旒。所以王充雖未發爲無君論，而此實爲其宿命論邏輯上之必然歸宿。因此，王充的國命論已暗啓魏晉無君論的先河。

六、命不可改易

依王充之意，不論壽命或祿命，都在人的能力範圍之外，都是人所不能自主的，換言之，都是不可透過任何人力加以改變的。

就壽命之不可減增言，王充一秉氣、性、形、命的互相依存關係加以論證。他認爲人的形體和壽命都是承受天正常施放的氣同時形成的。由於承受的氣有厚薄强弱的不同，所以就出現了形體大小和壽命長短的差異。這種情況猶似鑄陶冶銅，器形既定之後就不可改變一樣。所以王充說：

> 人稟元氣於天，各受壽夭之命，以立長短之形，猶陶者用埴為簋廡，冶者用銅為柈杅矣。器形已成，不可小大；人體已定，不可減增。用氣為性，性成命定。體氣與形骸相抱，生死與期節相須。形不可變化，命不可減加。以陶冶言之，人命短長，可得論也[107]。

王充認爲人形不變主要是因爲人稟得天地、日月、星辰之正氣而生，其天性不可移易，故亦不可變形。不似在天空飛行或在地面蠕動的昆蟲類，其形體須經不同階段的蛻變。偶而有人之形體變化的事例，則係應政治變動而生，與延壽無關。故他說：

> 且物之變隨氣，若應政治有所象為，非天所欲壽長之故，

---

[107] 同前[1]，卷 2，〈無形〉，頁54。

> 變易其形也，又非得神草珍藥，食之而變化也[108]。遭時變化，非天之正氣，人所受之真性也。天地不變，日月不易，星辰不沒，正也。人受正氣，故體不變，時或男化為女，女化為男，由高岸為谷，深谷為陵也，應政為變，為政變，非常性也[109]。

其意以為形不可變化，壽就不可增減。因為壽命的根源在於血氣，欲改變壽命，歸根究底，必須改變血氣。而形為血氣之容器，形內之血氣有損益，則形亦隨之增減。血氣之於形，猶如粟米之於囊；粟米如有所損益，囊必因之增減。而今人之形既無法改變，表示形內之血氣亦不變，如此，壽命自然無從增減。

命祿一事既由命定，在王充看來，既非才能，亦非智慧，更非勤力所能改變。是以他說：

> 富貴有命祿，不在賢哲與辯慧。故曰：富不可以籌策得，貴不可以才能成[110]。
>
> 故貴賤在命，不在智愚；貧富在祿，不在頑慧[111]。
>
> 命貧以力勤致富，富至而死；命賤以才能取貴，貴至而免[112]。

---

[108] 按黃暉校釋本《論衡》，此處有「人恒服藥固壽，能增加本性，益其身年也。」一語，與前後文意不相屬，又與王充本文宗旨相違，疑係後人妄增，故刪而不錄。

[109] 同前❶，卷 2，〈無形〉，頁57-58。

[110] 同前❶，卷 1，〈命祿〉，頁20。

[111] 同前[110]，頁21。

[112] 同前[110]，頁24。

在這種絕對的命定論大前提下，一切人爲的努力勢必成爲徒然。誠如王充所說：

> 命當貧賤，雖富貴之，猶涉禍患矣。命當富貴，雖貧賤之，猶逢福善矣。故命貴，從賤地自達；命賤，從富位自危，故夫富貴若有神助，貧賤若有鬼禍[113]。

王充認爲如果不信命，企圖以人力求取富貴，對於本命貧賤的人而言，其結果不外有二：㈠必遭禍殃而致功敗垂成；命當貧賤而不富貴，就如鑿溝伐薪的人一樣，往往會達到「溝未通而遇湛，薪未多而遇虎」[114]的禍害，所以不但不能成就功業財富，反而自受其咎。㈡富貴雖致，但無福消受；王充以形器有一定的容量，多則滿溢爲譬，說明「才力而致富貴，命祿不能奉持」[115]的道理，最後歸結道：「富貴之福，不可求致；貧賤之禍，不可苟除也」[116]。此種論調，乍看之下，似乎是一種「坦蕩恬忽」的君子心態，實則不免於消極諉罪的小人心理，此與儒家「盡人力，聽天命」的有爲精神不符，亦與道家「安時處順」的精神相違。

七、性命的表徵

(一) 個人的性命之表徵——骨法與相貌

王充認爲人之性與命具體的表現在身體上就是骨相——骨法

[113] 同前[110]，頁19。
[114] 同前[110]，頁19。
[115] 同前[110]，頁24。
[116] 同前[110]，頁25。

與相貌，所以骨相便是人之性命的表候。這種論調，基本上是建立在「性命繫於形體」[117]的原則上，〈命義〉曰：

> 人有壽夭之相，亦有貧富貴賤之法，俱見於體。故壽命修短，皆稟於天；骨法善惡皆見於體[118]。
>
> 且命在初生，骨表著見[119]。

蓋以爲人稟氣以定命，而稟氣即有形體，故形體遂爲命之表候。而且人若稟類似的氣，則其天生的形體、骨法、相貌亦相似，故謂：「類同氣鈞，性體法固自相似」[120]。人之氣既可決定性和命，故由外在的形體、骨法、相貌以知內在的氣，進而察人之性命，在理論上遂成爲可能。因此王充說：

> 人曰命難知。命甚易知。知之何用？用之骨體。人命稟於天，則有表候〔見〕於體。察表候以知命，猶察斗斛以知容矣。表候者，骨法之謂也[121]。
>
> 非徒富貴貧賤有骨體也，而操行清濁亦有法理。貴賤貧富，命也；操行清濁，性也。非徒命有骨法，性亦有骨法。唯知命有明相，莫知性有骨法，此見命之表證，不見性之符驗也[122]。

[117] 同前[1]，卷3，〈骨相〉，頁113。
[118] 同前[1]，卷2，〈命義〉，頁43。
[119] 同前[118]，頁48。
[120] 同前[117]，頁106。
[121] 同前[117]，頁100。
[122] 同前[117]，頁112。

再就歷史言，察相可知性命亦有其事實上之根據。如傳言「黃帝龍顏，顓頊戴干，帝嚳駢齒，堯眉八采，舜目重瞳，禹耳三漏，湯臂再肘，文王四乳，武王望陽，周公背僂，皐陶馬口，孔子反羽（同宇）」[123]，這十二聖人都是在帝王之位或者輔主憂民，這是察相可以知命之證。而「越王爲人，長頸鳥喙，可與共患難，不可與共榮樂」[124]，范蠡因而去越；「秦王爲人，隆準長目，鷙鷹豺聲，少恩，虎視狼心。居約，易以下人；得志，亦輕視人」[125]，尉繚以此棄秦，此二者並爲察相以知性之證。

不過，王充進一步言「知命之工」考察人的性命所憑藉的不止一端。大體言之，可以分爲兩大方面：一爲內在的聲氣，卽言語；一爲外在的形體，卽骨節之法（如骨架、體態）和肌膚之理（如面相、手紋等）[126]。如果有所偏執，便不能得性命之實，所以連孔子都難免於「以貌取人，失于子羽；以言取人，失于宰予」之過！可見只靠形體或聲氣中的任何一項是不足以判定性命的。否則，虞舜與王莽同爲重瞳，晉文與張儀皆有駢脅，性命何以不同？有若最似孔子，却不能取代孔子。此皆由於「體狀似類，實性非也」[127]之故。

但是，〈講瑞〉篇曰：

> 聖人賢者亦有知而絕殊，骨無異者；聖賢鳥獸亦有廉清仁善，體無異者。世或有富貴不聖，自有骨為富貴表，不為

---

[123] 同前[117]，頁101-103。
[124] 同前[117]，頁112。
[125] 同前[117]，頁113。
[126] 同前[117]，頁114。
[127] 同前[1]，卷16，〈講瑞〉，頁719。

聖賢驗。然則鳥亦有五采，獸有〔一〕角，而無仁聖者[128]。

則聖賢未必皆有異相，如此則與「察相知性命」之說相矛盾。但〈講瑞〉主旨在論瑞物不可由形象知，而須由政治、時王之德察，故關於聖賢無異相之說，只是王充爲舉證之需而設，不必視爲王充之主要理念，而應以〈骨相〉所言爲主。

案「相人之形狀顏色，而知其吉凶妖祥」之法，在先秦時已頗流行，故荀子有感於「時人或矜其狀貌，而忽於務實」之蔽[129]，而作〈非相〉篇，從「相形不如論心，論心不如提術」的觀點上予以抨擊，認爲「長短小大，善惡形相，非吉凶也」，於是進一步根據人的心術提出「三不祥」及「三必窮」的判斷吉凶之法。

但是，到了漢代，相人之術依舊盛行。《漢書・藝文志》中，「刑法家」有《相人二十四卷》卽爲其證。王充根據氣稟說，來發揚察相知命的論調，目的在給他的宿命論一個更具體的旁證。在王充言之，人之相貌，成於初生之時，其後未可變易。相旣爲命的表候，相不可破、命不可改，更是顚撲不破的眞理。問題在於人性亦有其骨相之表候，骨相不可改，人性亦無緣改易，如此則與王充的人性論及教育觀相違，這是王充在設論時的疏忽。可見〈骨相〉的目的，主要在談「察相知命」，至於「察相知性」一項，不過順筆帶過，王充原未曾仔細推敲，以致疏漏難免。

---

[128] 同前[127]，頁735。

[129] 見王先謙《荀子集解》卷3，〈非相〉篇解題，頁46。

此外，聖王的出現，除了骨相有異之外，尙有其他吉驗，可爲表候。王充謂「凡人稟貴命於天，必有吉驗見於地。見於地，故有天命也。驗見非一，或以人物，或以禎祥，或以光氣。」而且此說可適用於繼體守文之君，也可適用於創業龍興之主。

（二）國命的表徵——瑞應與災變

王充以爲國命與人命一樣有其表徵。一般言之，當國運昌興，天下治平時，瑞應並出；當國運衰廢、天下混亂時，災變時出。這種論調顯然是受到漢儒天人感應的災異說之影響，但因王充講自然機緣，所以立論與漢儒又稍有不同，不可不加以區分。

王充基本上亦和漢儒一樣相信有瑞應和災變的存在，而且這瑞應和災變都與政治善惡有關。他說：

> 夫瑞應猶災變。瑞以應善，災以應惡，善惡雖反，其應一也[130]。

不過王充堅持政治善惡與瑞應災變雖然有關，但是其相互關係是透過氣的自然作用，既非天有意識的安排，亦非瑞物災變有知故意來應吉凶。他說：

> 災變無種，瑞應亦無類也。陰陽之氣，天地之氣也；遭善而為和，遇惡而為變，豈天地為善惡之政，更生和變之氣乎？然則瑞應之出，殆無種類，因善而起，氣和而生。亦或時政平氣和，衆物變化……物隨氣變，不可謂無。……

[130] 同前[1]，卷16，〈講瑞〉，頁730。

> 或時太平氣和，麞為麒麟，鵠為鳳凰。是故氣性隨時變化，豈必有常類哉[131]？

> 王者以天下為家，家人將有吉凶之事，而吉凶之兆豫見於人，知者占之，則知吉凶將至，非吉凶之物有知，故為吉凶之人來也。……然則天地之間，常有吉凶；吉凶之物來至，自當與吉凶之人相逢遇矣。或言天使之所為也。夫巨大之天使細小之物，言語不通，情指不達，何能使物？物亦不為天使；其來神怪，若天使之，則謂天使矣[132]。

王充所謂氣的作用是這樣的：善政致和氣，和氣再生瑞物；惡政致變氣，變氣再生災變。其中不止「氣性隨時變化」是自然，「物隨氣變」亦是自然，全不假外力。這「自然」，在王充而言，就是「適偶」。〈指瑞〉中特別就此申論道：

> 醴泉、朱草，和氣所生；然則鳳凰、麒麟亦和氣所生也。和氣生聖人，聖人生於衰世（按：以上二句疑衍）。物生為瑞，人生為聖，同時俱然，時其長大，相逢遇矣。衰世亦有和氣，和氣時生聖人。聖人生於衰世，衰世亦時有鳳、麟也，……聖人、聖物，生於盛衰世。聖王遭見聖物，猶吉命之人逢吉祥之類也，其實相遇，非相為出也[133]。

這段文字主要在强調聖王遭見聖物，其實是自然相遇，不是有意

---

[131] 同前[130]，頁730-731。
[132] 同前[1]，卷17，〈指瑞〉，頁749。
[133] 同前[132]，頁745。

相應。爲了完成這個論點，王充特別說盛世、衰世都有聖人聖物。就理論上說，衰世有變氣，但亦有不變之氣，此不變之氣，或爲正氣，或爲和氣，因此衰世亦可以有聖人聖物。但是，如果聖物可以生於衰世，亦可以生於盛世，則只憑聖物無法辨別時代的盛衰，聖物便不足以作爲國命的表候。何況，嘉瑞除了象徵太平之外，亦可象徵聖王始生於衰世。如此一來，聖物對國命的表候作用便不明晰。加之，聖物無種，它可以是「生於常類之中，而有詭異之性」者[134]，如嘉禾之生於禾中，醴泉、甘露之出於泉露；亦可以是「無類而出」者[135]，如山頂溪水之魚、殿基之草。既然聖物無種，又其種類無常，彼此的形象、習性未必相同。就瑞之大者的鳳凰、麒麟言之，「以物無種計之，以人無類議之，以體變化論之，鳳凰、麒麟生無常類，則形色何爲當同？」[136]則鳳凰、麒麟之識別，遂變得十分困難。簡言之，從體色同異、隨從多寡、出現頻率、相貌奇俗諸事均不足以辨鳳凰、麒麟。最後，只能以政治之得失、君主之明暗來辨別嘉瑞，故王充說：

> 故夫世瑞不能別，別之如何？以政治、時王之德。……以政治之得失、主之明暗，準況衆瑞，無非真者[137]。

依此說，則政治之得失、君主之明暗爲主體，世瑞爲客體，主體可以決定客體。主體既是一種客觀的事實，客體就不致淪爲主觀的臆測了。由此言之，王充之言符瑞，雖不免爲時勢所趨，但仍

---

[134] 同前[130]，頁728。
[135] 同前[130]，頁730。
[136] 同前[130]，頁731。
[137] 同前[130]，頁736。

保有其理性主義的一貫原則，此與漢代俗儒之見實大相逕庭。

王充之言符瑞傾向於理性主義的證據，除了上述以政治、時王之德驗證世瑞一事之外，尙有兩事：

1.他對瑞物採批判性的選擇態度，並非無條件全盤接受。他說：

> 夫儒者之言，有溢美過實；瑞物之應，或有或無。夫言鳳凰、麒麟之屬，大瑞較然，不得增飾；其小瑞徵應，恐多非是[138]。

於是他指出「五日一風、十日一雨」、「男女異路、市無二價」兩事爲「此皆有其事，而褒增過其事」，又指出「廚生肉萐以爲寒涼」、「王者視蓂莢生落，則知日數多少」、「屈軼生於庭之末，若草之狀，主指佞人」，諸事爲「殆無其物」，實與「觟䚦之觸罪人」之謬說一樣，係由「人畏怪奇、故空褒增」所致[139]。

2.他認爲符瑞並非驗證聖主治世之所必須，百姓安者卽爲太平之驗。

王充認爲「夫帝王之瑞，衆多非一，或以鳳凰、麒麟，或以河圖洛書，或以甘露醴泉，或以陰陽和調，或以百姓乂安」[140]。其中「百姓乂安」一項，實爲衆瑞之源，因爲「夫治人，以人爲主。百姓安，而陰陽和；陰陽和則萬物育，萬物育則奇瑞出」[141]。故就道理上說，百姓安則自然有奇瑞出，由奇瑞便可驗知太平。

---

[138] 同前[1]，卷17，〈是應〉，頁751。
[139] 以上諸例均見《論衡・是應》。
[140] 同前[1]，卷19，〈宣漢〉，頁818-819。
[141] 同前[140]，頁817。

但實際上，有時百姓雖安，而奇瑞未具，亦無害於太平。此時，就不應再拘泥於瑞應之說，而可直謂：「百姓安者，太平之驗也」(142)。所以他認爲「聖主治世，期于平安，不須符瑞」(143)。

按此處將「百姓安者」視爲「太平之瑞」，是王充對漢代鄙俗的天人感應的符瑞說的最大修正。更徹底地說，實在是王充身處在天人感應的潮流中，爲取信於人不得不有的一種折衷態度。若客觀條件容許，王充絕不須藉符瑞之說鋪陳「聖主治世，期於平安，不須符瑞」一事，也不須極力宣揚漢代的符瑞，以證明漢代亦爲盛世。吾人讀《論衡》，不能不謹防這些障眼術，以免被導入錯誤的認知中。

質言之，〈齊世〉、〈宣漢〉、〈恢國〉、〈驗符〉諸篇，雖極言漢之符瑞、歌頌漢之功德，但其目的一則在避罪免禍，如〈對作〉所言「凡造作之過，意其言妄而謗誹也。《論衡》實事疾妄，〈齊世〉、〈宣漢〉、〈恢國〉、〈驗符〉、〈盛褒〉、〈須頌〉之言，無誹謗之辭，造作如此，可以免於罪矣」(144)。二則爲邀名晉身，如〈須頌〉所言：「今上即命，未有褒載，《論衡》之人，爲此畢精，故有〈齊世〉、〈宣漢〉、〈恢國〉、〈驗符〉……，從門應庭，聽堂室之言，什而失九，如升堂窺室，百不失一。《論衡》之人，在古荒流之地，其遠非徒門庭也……得詔書到，計吏至，乃聞聖政。是以褒功失丘山之積，頌德遺膏腴之美，使至台閣之下，蹈班賈之迹，論功德之實，不失毫厘之微」(145)。觀乎此，吾人不得不對專制政體下，有識之士不能直言

(142) 同前(140)，頁817。
(143) 同前(140)，頁818。
(144) 同前❶，卷29，〈對作〉，頁1177。
(145) 同前❶，卷20，〈須頌〉，頁854-857。

諫諍，而需委婉陳詞；有才之士不能被朝廷擧用，而需娟言求進一事，深表同情。而王充正是這種典型人物之一。

其次，論災變。災變之產生，依王充看亦是「氣自爲之」。氣之變化，係自然而發，天不能爲。但是，論災異者，以君臣之道解釋天人之道，以爲「古之人君爲政失道，天用災異譴告之也」[146]。如此將變氣所自生的災異說爲譴告，王充以爲最違天道自然無爲之義，因此除了〈譴告〉之外，復立〈自然〉、〈感類〉兩篇，一再駁斥譴告說的不當。

綜括王充駁斥譴告說所持理由主要有二：

1.違反天道自然無爲之義。

〈譴告〉篇說：「夫天道自然也，無爲。如譴告人，是有爲，非自然也」[147]。王充以爲天對人是採取自然放任的態度，不但天地合氣不故生人而人自生，而且人旣生之後，天地絕對不再對其行止加以干涉制約，只任萬物隨恣其性命之欲。因此，絕無上天譴告人君的可能。如果勉強「稱天之譴告，譽天之聰察也，反以聰察傷損於天德」[148]。又「使自然無爲轉爲人事」[149]，故不可從。

2.違反「凡物能相割截者，必異性者也；能相奉成者，必同氣者也」[150]的常理。

〈譴告〉說「且天審能譴告人君，宜變異其氣以覺悟之。用刑非時，刑氣寒，而天宜爲溫；施賞違節，賞氣溫，而天宜爲

[146] 同前[1]，卷14，〈譴告〉，頁634。
[147] 同前[146]，頁635。
[148] 同前[146]，頁646。
[149] 同前[146]，頁646。
[150] 同前[146]，頁638。

寒。變其政而易其氣，故君得以覺悟知是非。今乃隨寒從溫，爲寒爲溫，非譴告之意，欲令變更之宜」(151)。

王充以爲今人所以生出譴告之說，並言之鑿鑿，實導因於以下三個因素：

1.今世道薄，以禮相譏。

王充認爲「相譴告，道薄之驗也」(152)。他援引《老子》第三十八章之言謂：「禮者，忠信之薄，亂之首也。」再比對古人矓矇不知相繩責和今人心行險詖相互譴告的情形，而得出「末世衰微，上下相非，災異時至，則造譴告之言也」(153)的結論。按此說與王充的「齊世」觀點相違，是王充立論矛盾之又一證。

2.聖人假神道以設教。

據〈譴告〉說：「六經之文，聖人之語，動言天者，欲化無道，懼愚者。欲言非獨吾心，亦天意也。及其言天，猶以人心，非謂上天蒼蒼之體也。變復之家，見誣言天，災異時至，則生譴告之言也」(154)。其意以爲聖人假神道設教，爲變復之家所利用，因而生出譴告之言。王充以爲「上天之心，在聖人之胸，及其譴告，在聖人之口」(155)。吾人只需信聖人之言，而無需透過災異之氣以求索上天之意。以上說法較之漢儒災異之說可謂平實近眞多了！

3.君王畏愼恐懼之心態。

〈感類〉說：「陰陽不和，災變發起，或時先世遺咎，或時氣自然。賢聖感類慊懼，自思災變惡徵，何爲至乎？引過自責，

---

(151) 同前(146)，頁636。
(152) 同前❶，卷18，〈自然〉，頁784。
(153) 同前(152)，頁785。
(154) 同前(146)，頁646-647。
(155) 同前(146)，頁648。

恐有罪，畏愼恐懼之意，未必有其實事也」[156]。王充認爲君王對自然災變感到恐懼，這和蒼頡「見鳥迹而知爲書」、奚仲「見蜚蓬而知爲車」、「華臣自殺華吳而左師懼，國人自逐瘈狗而華臣自走」一樣，是人對客觀事物的一種主觀反應。這是可以從心理學上來加以解說的，誠如所謂「懷嫌疑之計，遭暴至之災，以類之驗見，則天怒之效成矣」[157]。所以王充認爲君王因災異而進行祈禱，不過是表示一種「憂念百姓」的心情，並不是因爲自己眞有過失，怕遭到上天懲罰。

以上這種理性的傾向，頗取法《荀子・天論》之意，但又稍有不同。荀子以爲天人兩不相干，祈禱祭祀只是一種文飾的作用與政治實質無關。故他說：「雩而雨何也？曰：無何也。猶不雩而雨也。日月食而救之，天旱而雩，卜筮然後決大事，非以爲得求也，以文之也。故君子以爲文，百姓以爲神，以爲文則吉，以爲神則凶」[158]。王充在《荀子・天論》這個基礎上，進而分災變爲兩種：一爲政治之災，一爲無妄之變。他說：「德酆政得，災猶至者，無妄也；德衰政失，應變來者，政治也」[159]。如果是政治之災則人君應「外雩而內改，以復其虧」；如果是無妄之變，則人君應「內守舊政，外修雩禮，以慰民心。」因此，王充基本上相信災變透過氣的感應作用與政治得失有相關的可能，而非截然無關。這點與荀子稍異，同時也顯現出王充所受自時代思潮的影響。

總括言之，王充在瑞應與災變一事上，言漢人所不能言，頗

---

[156] 同前[1]，卷18，〈感類〉，頁787。
[157] 同前[156]，頁801。
[158] 見《荀子集解》卷11，〈天論〉，頁211。
[159] 同前[1]，卷15，〈明雩〉，頁669。

有可取之處。只可惜他受各種客觀環境的約限，不得不婉約陳詞，有時反弄得文意糾繞、矛盾時生。質實言之，在漢代要說政治得失，就不能不言瑞應災變，言瑞應災變就容易陷入天人感應的窠臼中。王充只講氣感和偶合，不信天人感應之說，所以立論每每在天人感應的陷阱邊緣周旋，就如懸崖勒馬一樣，險狀環生。其主要原因是在於他不能完全拋棄「感應」的觀念，雖然不言天人交感，但截斷天人交感的工具却是「氣感」，終難免於混淆不清之弊，這或許也是他個人才智的約限所致。

第八章　王充的人性論

一、王充所謂人性的根源與內涵

王充不同於孔孟之由心言性，而效漢儒之以氣言性。故其所謂人性之根源與內涵，實有待釐清。〈率性〉曰：

> 小人君子，稟性異類乎？譬諸五穀皆為用，實不異而效殊者，稟氣有厚泊，故性有善惡也。殘則授（當作受）不（衍文）仁之氣泊，而怒則稟勇渥也。仁泊則戾而少愈（當作慈），勇渥則猛而無義。而又和氣不足，喜怒失時，計慮輕愚；妄行之人，罪（當作非）故為惡。人受五常，含五臟，皆具於身。稟之泊少，故其操行不及善人，猶〔酒〕或厚或泊也，非厚與泊殊其釀也，麴糱多少使之然也。是故酒之泊厚，同一麴糱；人之善惡，共一元氣。氣有多少，故性有賢愚❶。

這段文字，不但揭示了王充所謂人性的根源在於「氣」，而且末句更影射了其所謂人性的內涵，包括了「才」。

❶ 見黃暉《論衡校釋》卷2，〈率性〉，頁75。

王充以爲人性的根源在於「氣」，凡人性所稟受的氣其實都是同一種，此元氣具有各種不同的質性，卽五常之性，而人之善惡就由所含之氣的各種質性的厚薄加以決定。譬如殘者是由於所含仁氣薄故少慈，怒者是由所受勇氣厚故無義。這種情形就如麴蘗多少之影響酒之厚薄一樣。換言之，酒中必有麴蘗，所異者在於量之多少不同而已；性中必有蘊含五常之性的元氣，所異者在於氣之厚薄不同而已。

王充既以氣言性，而此氣普遍分佈宇宙，萬物俱由氣生，於是人性與物性，就其基本的質素而言，應是無別的。故王充屢言：

> 人在天地之間，物也；物亦物也❷。
>
> 夫人物也，雖貴為王侯，性不異於物❸。

但是人性與物性二者在大同中仍有小異。此僅有的差異，便在於人獨具智慧與德性，爲衆物所不及。這也是王充屢屢言及的。他說：

> 人稟五常之性，好道樂學，故辨於物。……倮蟲三百，人為之長，天地之性，人為貴，貴其識知也❹。
>
> 人，物也，萬物之中有知慧者也，其受命於天，稟氣於元，與物無異❺。

---

❷ 同前❶，卷 6，〈雷虛〉，頁291。
❸ 同前❶，卷 7，〈道虛〉，頁310。
❹ 同前❶，卷13，〈別通〉，頁601。
❺ 同前❶，卷24，〈辨祟〉，頁1007-1008。

固然，從生理慾望、生物本能方面言，人與物無別。但王充承認人性必有超越物性的地方——那就是人的智慧與德性。〈別通〉篇中所謂「識知能力」，便是「智慧」，相當於「臨事愚智」的優劣之才。又同篇中所謂「五常之性」，便是「德性」，相當於「操行清濁」的善惡之性。王充言性，既在於人性，而不在於物性，則其所謂人性之內涵實爲才性，而非心性，道理甚明。在王充看來，即使再不肖的人，都懷有五常之性，只是因爲才能不夠，不能發揮其善性，使成純賢，反而暴露其惡性，成爲不肖。故他說：

> 夫不肖者皆懷五常，才劣不逮，不成純賢，非狂妄頑嚚，身中無一知也❻。

所以，智慧與德性，其實是決定人性善惡的兩大因素。

此外，王充以爲尙有一決定人性善惡的因素爲「情」。他說：

> 知力耕可以得穀，勉貿可以得貨。然而必盜竊，情欲不能禁者也。以禮進退也，人莫不貴；然而違禮者衆，尊義者希。心情貪欲，志慮亂溺也❼。

雖然才智足以識知善惡，但每每爲情欲所阻，以致違禮背義，棄善歸惡。所以王充所謂人性，在「才」之外，實又涵括了「情」的成分。則其所論人性的範疇，在於才性，亦在於情性，完全在

❻ 同前❶，卷8，〈藝增〉，頁384。
❼ 同前❶，卷11，〈答佞〉，頁518-519。

孔孟的心性論之外。

孔孟自心言性，與宋儒自理言性，是一脈相承的。其所謂性之根源在於「理」，這是人類經由心靈的理性思考所提煉出來的一種至高的、唯一的、純淨的道德原則，但被認爲是由天所命，故又稱爲「天地之性」、「義理之性」。在這一系的人性論中，必肯定人性是善的，而且此善性是固著於道德性本身之性的定然之善，不須經由道德的自覺或外在的力量去獲得。人只須「收放心」，便可保有此善。

漢儒言氣化宇宙觀，故亦以陰陽之氣釋人性。以董仲舒爲例，他以爲「天兩有陰陽之施，身亦兩有貪仁之性」❽，而且他認爲性善情惡，論人性之善惡實包括性情二者，故不可直謂人性善，而只能說人有善之質而已，此善之質，須「待覺教之，然後善」❾。此說與孔孟及宋儒所言性論大異其趣。

王充從氣言性，故頗受漢儒的影響，而不遵孔孟之義。他不但以氣爲性之根源，認爲性有善惡之分，而且其所謂善，非定然之善，而只是氣質的善的傾向，若無道德性本身之性的定然之善去提煉它，則善無定準，惡亦無從轉而爲善。

二、王充對各家性說的批評

《論衡》中王充直接論性之善惡的文字不多，大約只有〈率性〉與〈本性〉兩篇，但是由他在〈本性〉中批評衆家性論的文字中，可以見出王充對人性的看法。他列擧世碩、孟子、告子、

❽ 見蘇輿《春秋繁露義證》卷10，〈深察名號〉，頁207。
❾ 同前❽，頁208。

荀子、陸賈、董仲舒、劉子政七家性說，其中除了對世碩之說，他略表同意之外；對其他諸家，王充均有微詞。以下分論之：

(一) 孟　子

孟子持性善之說，「以爲人性皆善，及其不善，物亂之也。謂人生於天地，皆稟善性，長大與物交接者，放縱悖亂，不善日以生矣」⑩。

王充的辯論重點在於：惡性是與生俱來的，而不是長大與物交接所致。於是舉四個反證以辯駁之：第一，紂爲孩子之時，微子睹其不善之性；第二，羊舌食我初生之時，叔姬知其野心無親；第三，丹朱、商均生於宮室，所接必多善人，却成就其傲虐之性；第四，人生目有眊瞭之別，故人性生而有淸濁之分。總之，王充反對孟子性善之說。

王充完全不解孟子所言性，是指心性，而非氣性。孟子由惻隱、羞惡、是非、辭讓等心以言心性，此性是人所普遍具有的道德心性的本身，與王充所說的氣質之性中的善的傾向有天壤之別。前者所論是不待道德之自覺，也不假外求的定然之善，後者所言則須道德之自覺或假外力始能有定準。又王充認爲孟子所言善是中人之性，殊不知道德之心性是人之所以爲人之普遍本質，豈只專限於中人以上?

(二) 告　子

王充由孔子「惟上智與下愚不移」的觀點批評告子性說。他認爲性無善惡之說的適用範圍極小，不能概括整全的人性。因爲

---

⑩　同前❶，卷 3，〈本性〉，頁125。

他相信「夫中人之性，在所習焉。習善而爲善，習惡而爲惡也。至於極善極惡，非復在習」⓫。

考實而論，王充批評告子，犯了以下的錯誤：第一，王充之評論與〈率性〉所言相悖。〈率性〉曰：

> 論人之性，定有善有惡。其善者，固自善矣；其惡者，故可教告率勉，使之為善。凡人君父，審觀臣子之性，善則養育勸率，無令近惡；惡則輔保禁防，令漸於善。善漸於惡，惡化於善，成為性行⓬。

在此，王充對人性之可移易顯然採取樂觀進取的態度，但評告子時，謂中人之性始可改易善惡，則近乎保守。第二，王充不解告子立論之眞意，告子之意重在說價值標準乃由外界決定，王充全未考慮此種理論問題。第三，王充將性完全解爲才性，所以性之善惡，其實是以才能高下來作爲憑準，這是「成德」難易問題，而不是「成德」有無可能的問題。成德難易問題理應後於成德有無可能的問題。告子所言則爲成德有無可能的問題，故王充所論其實與告子所言仍屬不同層次的問題。第四，告子以爲性是一自然的材質，不涉人文價值，故無分善惡，此無關於上中下人品之分。王充從人文價值之觀點論性有善惡，當然不能解告子所言。第五，告子所言自然之質的氣性是駁雜不純的，故表現出來必有種種差異傾向。故謂性有善傾惡傾可也，謂「生而兆見，善惡可察」亦可也，但不應以「兆見」之善惡否定性猶杞柳之無分於善

⓫ 同前⓾，〈本性〉，頁129。
⓬ 同前❶，〈率性〉，頁63。

惡的中性說，因爲「無善無惡」、「有善有惡」、「善惡混」、「善惡相與爲一瞑」四義皆相涵相生，只是用語略異而已。

（三）荀　子

王充從兩個角度批評荀子性惡之說。首先他認爲荀子性說最大的錯誤在於認定「人幼小無有善也」，於是擧反證以駁之，謂稷爲兒，以種樹爲戲，長而爲唐司馬；孔子能行，以俎豆爲弄，長而爲周聖師：此皆爲「生稟善氣，長大就成」之證。可見人之善性，未必皆僞。其次，王充引劉子政評荀子之言謂：「如此，則天無氣也，陰陽善惡不相當，則人之爲善安從生？」⓭認爲氣既有陰陽，性亦應有善惡，荀子只言人性惡，而不言人性善，則與陰陽不相應；且人之善，若不在人性之中，善安所生？

王充對荀子的評論，亦不免有所偏差，理由有二：第一，王充所擧反證中，種樹、俎豆皆屬才能，而無關善惡，王充以此爲論據，可見他所言性純爲才性。而荀子就生物本能、生理慾望、心理情欲諸事言性，既非才性，亦不屬氣性，王充不明此點。第二，荀子所言之性，既爲人之動物性，其中固有無所謂善惡者，亦不能說完全無善的傾向，但對辭讓、忠信、禮義、文理而言，此等自然現象，究是屬於下層而須節理之，始能合於禮義者，荀子未必不知此中亦可有善之傾向，但即使有善之傾向，亦須禮義之整治，始可眞成爲合於文理之善行。總之，凡屬自然者，皆有待整治節理。荀子客觀地欲顯禮義之作用，主觀地欲顯心君之作用，則處於下而須被整治之自然之質的氣性，不管有無善之傾向，總不能認定其爲自身站得住之善者，從此觀點看，荀子謂人

⓭　同前⓾，〈本性〉，頁130。

性爲惡，實無不可。換言之，荀子以爲道德價值之根是在自然之質以上的一層，而不在自然之質之本身。荀子言性惡，目的在指出自然之質一層之不足，此與幼小之時有無善性何關？又與中人以下何關？王充不解，故僅從「人幼小無有善」及「中人以下」兩事批評荀子。

(四) 陸 賈

陸賈性說，據王充所述是：「天地生人也，以禮義之性。人能察己所以受命，則順；順之謂道」⓮。

王充指責陸賈「知人禮義爲性，人亦能察己所以受命。」之誤。他以爲人性善惡，乃天生自然者，禮義來自人之善性，不能故意爲之，故察與不察無關人性之善惡。因此，王充又說：

> 性善者，不待察而自善；性惡者，雖能察之，猶背禮畔義，義挹於善，不能為也。故貪者能言廉，亂者能言治。盜跖非人之竊也，莊蹻刺人之濫也。明能察己，口能論賢，性惡不為，何益於善⓯？

按陸賈性說可能是根據《中庸》：「天命之謂性，率性之謂道」而來的。謂性是天所命，則其所謂性顯指人之道德心性當身之性而言，以爲人若能省察自己所以受命於天而爲性者，則可順此禮義之性而合於道；不能察己而識此天命之性，一味順自然之質之氣性走，則並無所以合道之超越標準，因爲道德之根不能植

⓮ 同前❿，〈本性〉，頁131。
⓯ 同前❿，〈本性〉，頁131。

於氣性上。

王充不知陸賈秉承正宗儒家性善之旨，也不知陸賈是從道德心性之本身言性，而只一味以氣言性，故謂「性惡不爲，何益於善？」此性惡乃氣性之謂，氣性有善有惡，若無超越之道德心性以臨之，則氣性之惡者終必不改其惡。所以王充仍然不解陸賈性說之義。

（五）董仲舒

董仲舒折衷孟、荀二家而言性，以爲天道有陰陽，人性亦有陰陽，性善性惡之說皆失之，故而提出性情二元論。他的性說，由正名著手，辯性之善惡；又就人性與陰陽的關係，分解一整全人性爲兼具陽善陰惡的性情二者，復由此歸實於王敎之不可或缺，以成就客觀的政敎目的。

王充評董仲舒性說，主要在於人性與陰陽的關係上，至於正名諸事，王充絲毫未予置評。按董氏以爲性與情的關係，猶如陰與陽。天有陰陽，人亦有性情。〈對策〉中說：「性者，生之質也；情者，人之慾也」⑯。然而情乃性之動，故亦在性中。情欲所發，不全爲善，非繼以敎化，則善不可保。若說性已善，則情亦已善，與事實不符。所以董子言性，實兼含性情二者，性仁情貪，故人性不可定爲善，亦不可定爲惡，其理甚明。故他說：「天地之所生者謂之性情；性情相與爲一瞑，情亦性也；謂性已善，奈其情何？故聖人莫謂性善，累其名也！」⑰他以爲唯一能肯定的是，人性中之善質，可覺而爲善。

---

⑯ 見王先謙《漢書補注》卷56，〈董仲舒傳〉，頁1164。
⑰ 同前❽，《春秋繁露・深察名號》，頁209。

王充評董子性說曰：

> 若仲舒之言，謂孟子見其陽，孫卿見其陰也。處二家各有見，可也；不處人情性有善有惡，未有。夫人情性同生於陰陽，其生於陰陽，有渥有泊。玉生於石，有純有駁。情性生於陰陽，安能純善⓲？

顯然王充的評論重點在於「不處人性有善有惡」一事上。其實，王充之言人性有善有惡，不自一人之性中有善之傾向或惡之傾向言，而是注意人類中有是善的，有是惡的，善的爲中人以上，惡的是中人以下；其餘則善惡混，可善可惡，皆爲中人也。因此，他批評董子不分人爲善人或惡人，而不是批評董子言人性中不兼有善惡。可惜，王充之語意曖昧，甚難知曉，如實論之，漢儒用氣爲性，則「生之謂性」、「成之謂性」、「如其生之自然之謂性」諸命題皆得成立，則性爲中性，無分善惡。從另一角度言，亦可謂性兼有善惡。但此善惡，只是氣性的傾向，並不是實現了的善惡，亦不是道德心性自身之善或惡。王充分人爲善人、惡人二類，實與氣性之義相悖。

（六）劉子政

王充引述劉子政性說曰：

> 性，生而然者也，在於身而不發。情，接於物而然者也，

⓲ 同前❿，〈本性〉，頁132-133。

出形於外。形外則謂之陽；不發者，則謂之陰⑲。

此文出處不詳，不過究其文意，劉向性說顯然是本〈樂記〉：「人生而靜，天之性也；感於物而動，性之欲也」而來。此與董仲舒之性情說同源。唯一的差異是董子以性爲陽，情爲陰，劉子政反以性爲陰，情爲陽。在此說中，性情不是截然兩物，已發爲情，未發爲性，雖然一動一靜，本質則一。王充未能通透性情的內外動靜關係，而粗率地予以反駁。他說：

性亦與物接，造次必於是，顛沛必於是。惻隱不忍，仁之氣也；卑謙辭讓，性之發也。有與接會，故惻隱卑謙形出於外，謂性在內，不與物接，恐非其實⑳。

蓋以爲性亦有與外界接觸，不獨情然，所以不應分性陰情陽。此外，他執著於分別人性之善惡，遂指責劉子政之不言人性善惡，此點與他對董仲舒的批評略同，不必再述。

（七）世　碩

王充批評以上各家之後，即作總結曰：

自孟子以下，至劉子政，鴻儒博生，聞見多矣！然而論情性，意無定是。唯世碩、公孫尼子之徒，頗得其正㉑。

⑲ 同前⑩，〈本性〉，頁133。
⑳ 同前⑩，〈本性〉，頁133-134。
㉑ 同前⑩，〈本性〉，頁134。

顯然，王充只贊成世碩、公孫尼子之徒的性說。周人世碩之性說已不可考，但據王充謂「周人世碩以爲人性有善有惡，舉人之善性，養而致之則善長；惡性，養而致之則惡長。如此，則情性各有陰陽，善惡在所養焉。」則世碩之謂人性有善有惡，究竟是指一人之性兼有善惡，抑或指人類有善人、惡人之分，其意不甚明顯，也無從考核。但王充接著又說：

> 實者，人性有善有惡，猶人才有高有下也。高不可下，下不可高。謂性無善惡，是謂人才無高下也。稟性受命，同一實也。命有貴賤，性有善惡。謂性無善惡，是謂人命無貴賤也。九州田土之性，善惡不均，故有黃赤黑之別，上中下之差；水潦不同，故有清濁之流，東西南北之趨。人稟天地之性，懷五常之氣，或仁或義，性術乖也；動作趨翔，或重或輕，性識詭也。面色或白或黑，身形或長或短，至老極死，不可變易，天性然也[22]。

他以才之高下和命之貴賤比喻性之善惡，而才之高下和命之貴賤皆就二人以上始能區分，則性之有善惡，亦應指人類中有善性之人和惡性之人，而不是指一人之性中有善質和惡質。這想必也是世碩的看法。

三、小　結

總括言之，王充言性有三個特色：第一，王充所言性的內涵

---

[22] 同前[10]，〈本性〉，頁134-135。

兼括德性、智慧和感情三者，而且以爲德性固有清濁之分，但若無才能加以掌握和顯現，則無從成其爲善，所以王充性說是傾向於才性，而非心性，實開啓了魏晉才性論之門。第二，王充主張人性有善有惡，是三品性說中等級性的善惡，而非一人之身兼有善惡，此與漢儒的性善情惡二元論性說有別。第三，王充言性惟從上中下三品論人之氣性。他以九州田土之性有上中下之差以論人性由於德性、智慧之差異，亦有上中下三品之別。而追根究底．此又導源於人之氣質性有強度上的等級差異之故。此說上承董子的「聖人之性」、「斗筲之性」、「中民之性」三等性說㉓，下開魏晉才性論者的品評人物之法，更可能爲韓愈〈原性〉將性分爲三品之所本，在中國人性論史上實佔有一席地位。

但是，王充言人性，在理論上也有自相矛盾的地方。他在〈率性〉篇中反復闡述教化之功（已引述於前），而且總結道：

> 由此言之，亦在於教，不獨在性也㉔。

這顯然有受到荀子「勸學」以及董仲舒「實性」思想的影響，而與其主張的宿命的人性論有相悖之處。其實，王充的性論，按照其形成的理論架構看，善惡也和吉凶一樣，是宿命而不可移易的。但是，王充在〈本性〉篇首曾說：

> 情性者，人治之本，禮樂所由生也。故原情性之極，禮為之防，樂為之節。性有謙卑辭讓，故制禮以適其宜，情有

㉓ 同前❽，《春秋繁露·實性》卷10，頁218。
㉔ 同前❶，〈率性〉，頁77。

好惡喜怒哀樂，故作樂以通其敬。禮所以制，樂所為作者，情與性也㉕。

此文已揭櫫性情可由禮樂加以制約疏導之意。而其〈率性〉更爲性惡開一自立之路，這在他全盤思想中，固顯得突兀而不調和，却因此而使他的哲學思想稍保有先秦儒家樂觀進取的色彩。但這種不調和，或許也只是王充隨事各主一說的例子而已，並不能因而否認他在人性論上也有宿命的傾向。

㉕ 同前⑩，〈本性〉，頁123-124。

第九章　王充的形亡神滅論

《論衡》中〈論死〉、〈死僞〉、〈紀妖〉、〈訂鬼〉、〈言毒〉、〈薄葬〉七篇，是王充集中論述鬼神妖怪之事的文字。他在這一系列文字中，先建立「人死不爲鬼，無知，不能害人」的理論，然後一秉這個原則對史書上記載及世俗流傳的鬼怪傳說一一加以批判，進而歸結到「薄葬」的社會實踐上，可以說是《論衡》中最有系統的一組論述文字。若再加上稍後的〈祀義〉、〈祭意〉兩篇，則更可以全盤呈現王充的鬼神觀。

一、立論宗旨——建立無鬼與薄葬的邏輯關係

綜觀漢代詔令及奏疏之言及「薄葬」之義者，均是由經濟的角度立論，以爲厚葬之害是在於奢縱無度、耗竭民財❶。此與墨子主薄葬以節用的理論頗爲相符。但是，王充以爲經濟上的理由絕不足以說服人們摒棄厚葬之習，因爲還有更强而有力的因素足以促使人們不敢薄葬，那便是人們在心理上對鬼神的畏懼與崇敬。只有徹底地從心理上消除人們對鬼神的敬畏感，厚葬之風才可以根除。換言之，就是要先建立無鬼的前題，才能在邏輯上導

❶　參看本書第二章第二節(五)「迷信禁忌煩瑣，厚葬淫祀盛行」。

出「薄葬」的結論。先秦諸子中，儒墨兩家都有薄葬之議，就是因爲不能在無鬼與薄葬之間建立邏輯的必然關聯性，才導致人們因觀念的混淆而不能實踐薄葬。

王充在〈薄葬〉中直指儒墨兩家在這方面的過失說：

> 聖賢之業，皆以薄葬省用為務。然而世尚厚葬，有奢泰之失者，儒家論不明。墨家議之非故也。墨家之議有鬼，以為人死輒為鬼神而有知，能形而害人，故引杜伯之類以為效驗。儒家不從，以為死人無知，不能為鬼，然而賻祭備物者，示不負死以觀（讀作勸）生也。陸賈依儒家而說，故其立語，不肯明處。劉子政擧薄葬之奏，務欲省用，不能極論。是以世俗內持狐疑之義，外聞杜伯之類，又見病且終者；墓中死人來與相見，故遂信是，謂死如生。閔死獨葬，魂孤無副，丘墓閉藏，穀物乏匱，故作偶人以侍尸柩，多藏食物以歆精魂。積浸流至，或破家盡業，以充死棺，殺人以殉葬，以快生意。非知其內無益而奢侈之心外相慕也，以為死人有知，與生人無以異❷。

案：墨家明鬼，又主薄葬以節用，其間的矛盾顯而易見，自然不能取信於人。而儒家的矛盾則在於他們明知「人死無知，不能爲鬼」，但爲了標榜孝道，却不敢明言，只一味勸人勿奢縱厚葬，結果也是一樣不能取信於人。因此，王充這一組論鬼神妖怪葬喪祭祀的文字，其宗旨在從邏輯上推動薄葬的社會實踐。其主要論點在於「死人不爲鬼，無知，不能害人」，也就是要說明鬼非死

❷ 見黃暉《論衡校釋》卷23，〈薄葬〉，頁957-958。

人之精所致，以斬斷孝道與敬畏鬼神之間的相干性，其〈對作〉對此宗旨有明白的表述，說：

> 今著〈論死〉及〈死偽〉之篇，明〔人〕死無知，不能為鬼，冀觀覽者，將一曉解約葬，更為節儉。斯蓋《論衡》有益之驗也❸。

但由於上述這種特定的偏狹目的，加上時代思潮的約限，王充並未堅持徹底的無鬼論，對於非死人之精所致的鬼，也不究詰其來龍去脈，反而兼容並蓄世俗有關鬼神的傳說，徒生許多矛盾，以致亂人耳目，混淆是非。雖然如此，這一組文字仍是中國哲學史上探討形神關係的重要文獻，有其特定的價值和意義，不容忽視。

二、立論方法——由形神依附的關係證明「死人不為鬼，無知，不能害人。」

王充在〈論死〉中尖銳而有力地批判了「死人爲鬼，有知，能害人」的謬說，並針鋒相對地提出了「死人不爲鬼，無知，不能害人」的無神論主張，分三個命題加以論述。第一個命題是死人不爲鬼，第二個問題是死人無知，第三個命題是死人不能害人。其論證的方法，包羅萬象，有用類推法者，有用矛盾律者，有用訴諸權威法者，有用效驗法者。但綜觀言之，最主要的論據是在於形神的關係上。這種方法，不止是釜底抽薪，而且從哲學

❸　同前❷，卷29，〈對作〉，頁1176。

史的眼光來看，鬼神之有無與形神之依存關係之間，必有邏輯上的關聯性。

中國早期的無鬼論者，像公孟子❹、老子、孔子都不曾談及形神的關係。到了戰國中葉，無神思想才開始在形與神（或知）的關係上引起思想家的注意。《墨子・經上》說：「生，刑（同形）與知處也」❺。是說形神兼具始爲生，其中有一從缺卽不爲生。但墨經未明言形與神可否獨立存在。《荀子・天論》說：「形具而神生，好惡喜怒哀樂藏焉。夫是之謂天情」、「形具而神生」的反面論題是「形毀而神滅」，所以神是不能獨立於形體之外而存在的。這可以說是中國最早的「形毀神滅」論。荀子雖然不曾從形神的關係來否定鬼神的存在，但他是個無神論者，則是無庸置疑的。由此可證，無鬼論與神滅論必是並存的。不過，彼時持這種理論的極爲罕見，所以《史記・孟荀列傳》才說：「荀卿嫉濁世之故……不遂大道而營巫祝、信禨祥。」

到了漢代，陰陽化的儒家思想興起，有神論成了欽定的思想，只有少數受到道家自然主義影響的思想家，像楊王孫、桓譚、王充仍然主張神滅的理論以支持死人無知的主張。而從這些人的理論裏，可以看出神滅論在漢代的發展情實，簡括言之，是由楊王孫啓其端，桓譚承其緒，王充總其體。因此，在論王充形神論之前，須先簡述楊、桓二人的主張。

楊王孫在漢武帝時曾矯枉過正地以「贏葬」來對抗「厚葬」的潮流，頗引起物議。彼時，其友祁侯曾就此與之互相辯論，其議論重點便是環繞在死後究竟有知或無知——也就是神存或神滅

❹ 公孟子「無鬼」之說，詳見《墨子・公孟子》。
❺ 見孫詒讓《墨子閒詁》卷10，〈經上〉，頁193。

的問題上，祁侯責問楊王孫曰：

> 先令贏葬，令死者亡知則已；若其有知，是戮尸地下，將贏見先人，竊為王孫不取也。

可見祁侯是傾向於有知論者，所以不同意贏葬。楊王孫答曰：

> 且夫死者，終生之化而物之歸者也；歸者將至，化者得變，是物各反其真也。反真冥冥，亡形亡聲，乃合道情。夫飾外以華衆，厚葬以鬲真，使歸者不得至，化者不得變，是使物各失其所也。且吾聞之，精神者，天之有也；形骸者，地之有也。精神離形，各歸其真，故謂之鬼。鬼之為言歸也。其尸塊然獨處，豈有知哉？裹以幣帛，鬲以棺槨，支體絡束，口含玉石，欲化不得，鬱為枯臘，千載之後，棺槨朽腐，乃得歸土，就其真宅。由是言之，焉用久客？……今費財厚葬，留歸鬲至，死者不知，生者不得，是謂重惑，嗚呼！吾不為也❻。

楊王孫說死是「生之化」、「物之歸」，顯然是受莊子萬物互相流轉學說的影響❼。莊子以爲人之生死，不過是氣之聚散的一個暫時的起迄點。人死，其氣復歸於宇宙，一旦遭逢合適的條件，此氣便又化生爲他物而開始另一個生死存亡的流程，這正如《莊子・至樂》所言：「察其始而本無生，非徒無生也而本無形，非

❻ 以上二引文並見《前漢書》卷67，〈楊王孫傳〉。

❼ 《莊子・寓言》謂：「萬物皆種也，以不同形相禪，始卒若環，莫得其倫。」

徒無形也而本無氣。雜乎芒芴之間，變而有氣，氣變而有形，形變而有生，今又變而之死，是相與爲春秋冬夏四時行也」❽。楊王孫繼承此思想，以爲人之精神與形體分離之後，各自返本歸眞，回到宇宙之中，而有重新凝聚化生爲另一存在的可能。厚葬的種種措施，其實是阻隔或至少延緩了這種自然的進程。再者，他明白指出「死者不知」的這個命題，爲薄葬論奠定最堅强的邏輯基礎。

此外，桓譚《新論》亦有〈論形神〉一文❾，文中對「用恬淡養性，致壽數百歲」一事有所發揮。他說：

> 言精神居形體，猶火之燃燭矣，如善扶持，隨火而側之，可毋滅而竟燭。燭無火，亦不能獨行於虛空，又不能復然其灺。灺猶人之耆老，齒墮髮白，肌肉枯臘，而精神弗為之能潤澤，内外周徧，則氣索而死，如火燭之俱盡矣……今人之養性，或能使墮齒復生，白髮更黑，肌顏光澤……至壽極亦獨死耳。……生之有長，長之有老，老之有死，若四時之代謝矣。而欲變易其性，求為異道，惑之不解者也❿。

❽ 見郭慶藩《莊子集釋》外篇，〈至樂〉第十八，頁271。

❾ 高麗、宋、元三藏本《弘明集》，有桓君山《新論·論形神》一文，《太平御覽》卷870略引其文，亦標作桓譚《新論》，《全漢文》卷14仍之。但明《弘明集》藏本，卻獨標爲晉桓譚作。因此，《新論·論形神》是否爲漢桓譚之作遂成疑問。但據侯外盧之《中國思想通史》第八章第二節之考證，再加上此文有許多觀點與王充《論衡》近似，唯較粗疏，想係王充思想的前驅，所以應可視爲漢桓譚之作。

❿ 見嚴可均《全後漢文》卷14，〈桓譚〉，頁544-545。

以上這段話至少有三個觀點爲王充所繼承：第一、以火比精神，以燭比形體。善於扶持，則可使火不滅而竟燭；善於保養則可使精神不損而享天年；第二、火滅則燭熄且不能復燃，神滅則形毀而不可復生；第三、養性雖可延長壽命，但不能使人不死。尤其值得注意的是，他顯然是以精神爲決定生死的關鍵，以爲神滅先於形毀。這點與荀子形毀而神滅的看法稍有先後次序的差異，而爲王充所繼承。

王充以形神關係論「死人不爲鬼」，其主要論點有二：

1.神滅則形毀。他說：

> 人之所以生者，精氣也，死而精氣滅。能為精氣者，血脈也。人死而血脈竭；竭而精氣滅；滅而形體朽，朽而成灰土，何用為鬼？……朽則消亡，荒忽不見，故謂之鬼神。人見鬼神之形，故非死人之精也⓫。
>
> 以囊橐盈粟米。米在囊中，若粟在囊中，滿盈堅強，立樹可見；人瞻望之，則知其為粟米囊橐，何則？囊橐之形若其容可察也。……人之精神藏於形體之內，猶粟米在囊橐之中也。死而形體朽，精氣散，猶囊橐穿敗，粟米棄出也。粟米棄出，囊橐無復有形；精氣散亡，何能復有體而人得見之乎⓬？

按在《論衡》中，精神是精氣的同義詞，「精氣滅而形體朽」，

⓫ 同前❷，卷20，〈論死〉，頁869。
⓬ 同前⓫，頁871。

意謂精神先形體而存在，故精神盡則形體朽。反過來說，如果形體朽則精神必早已不存。

2.形尚生，精神尚在，始能變化。

人死以後，形體腐朽，卽使精氣尚在，亦不得復現其形，何況精氣其實也已蕩然無存！故王充說：

> 夫死人不能假生人之形以見，猶生人不能假死人之魂以亡矣。六畜能變化象人之形者，其形尚生，精氣尚在也。如死，其形腐朽，雖虎兕勇悍，不能復化。……世有以生形轉爲生類者矣，未有以死身化爲生象者也⓭。

其次，王充又以形神關係論證「死人無知」，其主要觀點如下：

1.精氣與形體是相輔相成的。無精則不能成形，無形則不能精知。換言之，精氣雖然主管知覺，但它一旦脫離形體，卽喪失知覺能力。所以他說：

> 形須氣而成，氣旣形而知。天下無獨然之火，世間安得有無體獨知之情⓮？

2.精氣脫離形體的情況不但發生在死後，也發生在未生之前，故未生與已死皆無知。王充說：

⓭ 同前⓫，頁871。
⓮ 同前⓫，頁874。

> 人未生，在元氣之中；既死，復歸元氣。元氣荒忽，人氣在其中。人未生無所知，其死歸無知之本，何能有知乎⑮？

3.精氣已亡之後，即使形體尚在，亦無從有知。他說：

> 人之死，猶火之滅也；火滅而耀不照；人死而知不惠，二者宜同一實，論者猶謂死有知，惑也。人病且死，與火之且滅何以異？火滅光消而燭在；人死精亡而形存。謂人死有知，是謂火滅復有光也⑯。

以上這段話的邏輯可歸納為：人死雖形存亦不能有知；火滅雖燭在亦不能有光。

4.非但精氣散亡，人即不能有知；而是，只要精氣受到擾亂，人即不能有知。

> 夫死，病之甚者也。病，死者微，猶昏亂，況其甚乎！精神擾，自無所知；況其散也⑰！

5.死人之精氣與形體俱亡，故絕對無知。王充說：

> 夫臥，精氣尚在，形體尚全，猶無所知；況死人精神消

⑮ 同前⑪，頁873-874。
⑯ 同前⑪，頁875-876。
⑰ 同前⑪，頁875。

七，形體朽敗乎⑱？

最後，王充再就形體的關係論「死人不能害人」。他的主要論點如下：

> 夫人之怒也用氣，其害人用力；用力須筋骨而強，強則能害人。……夫死，骨朽筋力絶，手足不擧，雖精氣尚在，猶呴吁之時無嗣助也，……氣爲形體，形體微弱，猶未能害人，況死，氣去精神絶！微弱猶未能害人，寒骨謂能害人邪⑲！

其意以爲精神微弱時，形體就不夠堅强；形體不夠堅强，就不能害人。死人精神絕，形體自然是微弱之至，如何能害人？

三、鬼的成因

王充對鬼神二字的正面解說是：

> 人死精神升天，骸骨歸土，故謂之鬼〔神〕。鬼者，歸也；神者，荒忽無形者也⑳。

同時，他也不反對另一種俗說，謂：

---

⑱ 同前⑪，頁874。
⑲ 本段引文根據北大《論衡注釋》之〈論死〉篇，頁1200。
⑳ 同前⑪，頁869。

> 或說：鬼神，陰陽之名也。陽氣逆物而歸，故謂之鬼；陰氣導物而生，故謂之神。神者，伸也，伸復無已，終而復始。人用神氣生，其死復歸神氣。陰陽稱鬼神，人死亦稱鬼神㉑。

此兩種說法均是以漢儒慣用的音訓法來解說鬼神之義，不過二者同中有異。第一種說法顯然是承繼《淮南子・精神訓》中「是故精神天之有也，而骨骸者地之有也」㉒一語而來，以爲人死精神昇天，骸骨歸地，故謂「鬼者，歸也」；而謂「神者，荒忽無形者也」，則是由於精神升天，與元氣合一而回復渾沌狀態之故。第二種說法，是當時陰陽五行家的說詞。他們認爲地屬陰氣，又認爲陰氣主殺，所以說陰氣阻止萬物和人的生長，使他們的形體死後歸於地；又認爲陽氣主生，所以說陽氣助長萬物和人的生長，使他們獲得生命。按以「歸」釋「鬼」，早在西漢初楊王孫時已有此說㉓；東漢時，許慎釋鬼，也說：「人所歸爲鬼，从儿；甶象鬼頭；从厶，鬼陰氣賊害故从厶」㉔。段玉裁注謂：「此說从厶之意也。神陽鬼陰，陽公陰私。」許愼又釋神爲「天神引出萬物者也」㉕。可見，陰陽家對鬼神的解說在當時是已被普遍接受的通說。

總之，王充以爲人死後之被稱爲鬼神，是就陰陽之氣的生滅

㉑ 同前⑪，頁870。
㉒ 見高誘注《淮南子》卷7，〈精神訓〉，頁99。
㉓ 見《前漢書》卷67，〈楊王孫傳〉。
㉔ 見許愼《說文解字》九篇上，鬼部一。
㉕ 同前㉔，《說文解字》，一篇上，示部十九。

而言。人死後，骸骨歸地，而主骸骨之陰氣又逆物而歸，所以稱爲鬼；其精神昇天，而主精神之陽氣又導物而生，所以稱爲神。

至於世人所謂象生人之形的鬼，王充以爲絕非死人之精所致。這種有形的鬼，依王充之意，是由陽氣所變，陽氣可以象人，也可以象物，所以鬼可以有人獸禽鳥之形。此已詳論於前文「天道觀」一章中。王充並以爲人之見鬼純粹是由於心理因素所致。他說：

> 凡天地之間有鬼，非人死精神為之也，皆人思念存想之所致也。致之何由？由於疾病。人病則憂懼，憂懼則鬼出。凡人不病則不畏懼。故得病寢衽，畏懼鬼至。畏懼則存想，存想則目虛見㉖。

他以爲臥病時憂懼死亡，愈是畏懼，愈是存想，所以才會見鬼。

此外，王充對於當時社會上流行的一些關於鬼的迷信傳說，除對其中「鬼者，甲乙之神也」的傳說表示存疑之外；其他的傳說，王充都企圖用氣化宇宙觀的原則加以解說。事實上，其中有某些說法與王充個人的主張頗有出入，王充非但不予排斥，反而爲之圓說，徒然亂人耳目！從這個角度來看，王充對鬼神的批判是不徹底的。王充的目的只在以「人死不爲鬼」的理論達成「薄葬」的事實，至於鬼究竟爲何物，其實並不甚重要。譬如：⑴俗說：「人之見鬼，目光與臥亂也」，王充說是由於「氣倦精臥」之故；⑵俗說：「鬼者，人所得病之氣也。」王充說是由於「氣和者養生，不和者傷害」之故；⑶俗說：「鬼者，老物精也」。王

㉖ 同前❷，卷22，〈訂鬼〉，頁930。

充說是由於「夫物之老者，其精爲人，亦有未老，性能變化，象人之形。人之受氣，有與物同精者，則其物與之交，及病，精神衰劣也，則來犯陵之矣」之故；⑷俗說：「鬼者，本生於人，時不成人，變化而去。」王充說是由於「諸鬼神有形體法，能立樹與人相見者，皆生于善人，得善人之氣，故能似類善人之形，能與善人相害」之故；⑸俗說：「鬼者物也，與人無異。」王充的解說是：「天地之間，有鬼之物，常在四邊之外，時往來中國，與人雜厠，凶惡之類也，故人病且死者乃見之。……或謂之鬼，或謂之凶，或謂之魅，或謂之魑，皆生存實有，非虛無象類之也」；⑹俗說：「人且吉凶，妖祥先見；人之且死見百怪，鬼在百怪之中」。王充的解釋是：「天地之間，妖怪非一……或妖氣象人之形，或人含氣爲妖。象人之形，諸所見鬼是也；人含氣爲妖，巫之類是也。……鬼之見也，人之妖也」㉗。

以上諸說中的⑴、⑵、⑹凡三種說法，與王充的基本主張尚相脗合，但其餘三種說法則與王充的基本主張相違。因爲承認「老物精」，或「本生於人，時不成人」的氣，或「與人無異」的物可以變成鬼來害人，都是建立在人間確實有鬼的假設上，這顯現王充對無鬼之說不夠堅持。再者「本生於人，時不成人」之氣與「死人之精」有何不同？爲何王充相信前者可以變鬼，後者則不能呢？此外，以鬼爲「與人無異」之物，與王充以太陽之氣釋鬼之說格格不入。這些都是值得商榷的地方，但王充統統予以包容，可見這其實不是他的用心所在。簡而言之，純理論的思辨，絕非這一組文字的主要用意，薄葬的社會實踐才是他的主要目的。

此外，值得注意的是，王充對舊籍所載鬼怪斥爲虛妄，但對

㉗　以上諸俗說及王充之解釋俱見於《論衡・訂鬼》中。

於儒家經典有關鬼神祭祀的記載，則釋以爲神道設教的必要禮制。這種理性的取向與荀子是一致的。

四、王充形神論在思想史上的地位

王充此一神滅思想的類比推理方法，在思想史上具有承先啓後的作用。就承先方面言，首先使楊王孫的「死者亡知」命題，得到了邏輯根據，其次使桓譚以燭火喻形神的類比方法，得到了更清楚更確定的表現形式㉘。就啓後方面言，西晉時傅玄的《傅子》、楊泉的《物理論》㉙、阮修的《執無鬼論》諸著作中的神滅理論，不管在論證方法或取譬素材乃至語法的結構上都受到王充立論的影響。以下各舉一例以證之：

楊泉《物理論》曰：「人含氣而生，精盡而死。死猶澌也，滅也。譬如火焉，薪盡而火滅，則無光矣。故滅火之餘，無遺炎矣；人死之後，無遺魂矣」㉚。

阮修《執無鬼論》曰：「今見鬼者云著生時衣服，若人死

㉘ 桓譚以燭火喻形神的恰當性，在當時頗引起人們的爭議，故《新論・論形神》有一段文字專門爲這個比喻的恰當性申辯，詳見《全後漢文》卷14，〈桓譚〉。

㉙ 魏晉之際的傅玄，著有《傅子》120卷，《隋志》及《舊唐書》、《新唐書》均入雜家；原書久佚，後世有輯本。與傅玄約略同時而稍後的楊泉，著有《物理論》16卷。《隋志》列入儒家，原書自宋已佚，而亦有輯本。茲對校嚴可均《全晉文》（卷47-51）所輯《傅子》四卷，及孫星衍《平津館叢書》所輯《物理論》一卷，見其內容頗多重複。馬端臨的《物理論輯本》序及嚴可均的《傅子輯本》按語都曾指出其雷同近似之處。

㉚ 見《物理論》頁6。

有鬼，衣服有鬼邪？」㉛

以上二則文字與《論衡·論死》相較，其繼承之迹明顯可見。

其次，東晉以降，神滅與否的爭辯，不但爲反佛的主要論據之一，而且亦多爲善談名理者興致所寄的中心話題。像羅含著〈更生論〉，以「萬物有類，天地無窮」爲根據，證成人死神不滅。但「善言名理」的孫盛，隨卽作〈與羅君章（卽羅含）書〉予以駁斥。其主要論點是：

形既紛散，知亦如之，紛錯混淆，化為異物；他物各失其舊，非復昔日㉜。

這是彼時反佛論者的典型觀點。

至於南北朝時的無神論者，大抵都和桓譚、王充一樣是以儒家思想爲基礎而接受道家的自然主義的學者。但他們的無神論所要對抗的對象與桓、王所對抗者不同。桓譚是以無神論對抗圖讖、宗教；王充是以無神論對抗迷信禁忌、厚葬淫祀；南北朝的無神論者則以無神論對抗佛教。

南朝的士族，由於晉時已有了充分的名理敎養，而且，其時佛敎也富佛理研究，故反佛的理論辯爭，遠較北朝發達。而神滅思想卽爲南朝學者反佛的理論根據。如劉宋的鄭鮮之所作〈神不滅論〉㉝，卽有五段由客難所代表的神滅思想，又何承天（370-

㉛ 見《晉書》卷49，〈阮修傳〉。
㉜ 見嚴可均《全晉文》卷63，〈孫盛〉，頁1816。
㉝ 見《弘明集》卷5。

447）的〈報應問〉[34]、〈白黑論〉[35]、〈達性論〉[36]，以及劉孝標（462-521）的〈辯命論〉[37]、范縝（450-507）的〈神滅論〉[38]等，均以神滅思想抗拒佛教的神不滅或有神之說。而細繹上舉諸文之內容，除了范縝之文曾汲取了更多的自然素材之外，無不承王充的薪火、燭脂之譬，以論形神的關係，殊乏新意。不過，即使是對自然有較深刻認識的范縝，其思想也有受王充影響的痕迹。譬如王充以自然偶發論對抗「天地故生人」的儒家之說；范縝在佛教國教化的南朝，則用自然偶發論對抗佛教的「三世因果」之義。此外，略晚於范縝的朱世卿，在其〈法性自然論〉中，强調「皆由自然之數，無有造爲之者」[39]，這也是王充的自然偶發論觀點之延續。這些例子均是王充對南朝反佛論者的影響之證據。

在范縝以後，北朝的反佛理論有了長足的進步，而其理論的淵源也都可上溯至王充。樊遜在北齊天保五年（西元 554）上〈舉秀才對策〉曾謂：「方知劉向之信洪寶，沒有餘責；王充之非黃帝，比爲不相」[40]。可見王充之書在彼時爲論名理者所熟悉。

---

[34] 見《廣弘明集》卷20。

[35] 〈白黑論〉之爭是由何承天與宗炳（釋慧遠弟子）爭論釋慧琳的〈均善論〉（又名〈白黑論〉）之長短而起。論旨在於神滅與否。見《全宋文》卷23，頁2561。

[36] 見《全宋文》卷24，頁2568。

[37] 見《全梁文》卷57，頁3287。

[38] 見《全梁文》卷45，頁3209-3211。

[39] 見《全陳文》卷17，〈朱世卿〉，頁3498。

[40] 見《全北齊文》卷7，〈樊遜〉，頁3867。

第十章　王充對「生而知之」先驗論的批判

中國古代哲學從先秦到兩漢，在認識論方面，一直存在着兩種不同的意見。這兩種不同的見解，實際上都是受孔子的啓發，而取捨相反不同而已。王充在認識論的發展史上也佔有極重要的地位。

一般言之，認識論的內容大體包括知識的起源、求得知識的方法和途徑，以及眞理的標準等。本章所要討論的是王充對於知識的起源的看法，至於王充所持求得知識的方法和途徑以及眞理的標準等，均已詳於本書第五章中。

一、先秦諸子的知識起源論

《論語・季氏》曰：

> 生而知之者，上也；學而知之者，次也；困而學之，又其次也；困而不學，民斯為下矣❶。

這段話是孔子認識論思想最集中、最完整的表述，也可以說是他

❶　《論語注疏》卷16，〈季氏〉，頁8。

的認識論的綱領。就孔子當時發言的情況言，他或許只想以知識爲標準，將人劃分爲若干等級。其中他提出了三條界限：一是能知與不能知的界限，這是指人有無認知的能力，而不是說物有無被認知的可能；「生而知之」、「學而知之」，「困而學之」這三種人是能知者，「困而不學」則爲不能知者；二是「生知」與「學知」的界限，這是指人的稟賦之高低，所以有「生而知之」與「學而知之」的差別；三是「學知」與「困學」的界限，這是說人的學習自覺性有差異，　以有人能自覺地學習，有人則需等待外在的刺激才能被動地學習。

不過。關於「生知」與「學知」這條界限，後來遂演變成爲有關知識起源的兩種對立說法。主張「生知」者肯定上智的聖人的知識是先天固有的，與生俱來的，這是一種先驗論；主張「學知」者則以爲知識來源於後天的學習，這是與先驗論背道而馳的經驗論。其實，在《論衡》中，孔子認爲只有周文王、周武王、周公旦這類聖人是生而知之者，　他自己則僅屬於「學而知之」者，所以孔子自謂：

> 我非生而知之者，好古敏以求之者也❷。

關於孔子的博學好問，《論語》中有許多記載，這些都證明孔子認爲自己的知識和學問，　主要是透過學知的途徑獲得的。可見「生而知之」在孔子心裏只是虛懸一格而已。

孟子取孔子「生而知之」這一面的知識起源論，發展而爲「不慮而知」、「不學而能」、「非由外鑠」、「我固有之」的

---

❷　同前，卷7，〈述而〉，頁7。

「良知良能」說，是徹底主觀的知識起源說和先驗道德論。他說：

> 人之所不學而能者，其良能也；所不慮而知者，其良知也。孩提之童，無不知愛其親者；及其長也，無不知敬其兄也。親親，仁也；敬長，義也❸。

由此可知，孟子良知良能的範圍是倫理學的，而非知識論。這點在中國哲學史上有深遠的影響，特別是成爲宋明道學中陸王一派心學的直接理論淵源。

老子和莊周也排斥感覺和實踐，公開鼓吹「不行而知」，他們所謂的「眞知」，即心對宇宙本體——道的神秘直觀，是先驗論的另一種表現形式。

墨家和荀況、韓非都主張知識來源於人的感官同外界事物的接觸，即「知有所接」，必須「緣天官」、「惟以五路知」。這一派思想家在對先驗論的批判中，强調客觀世界——「所知」，是不依賴於認識主體——「能知」而獨立存在的；認識是從外到內，感覺是把認識同外部世界聯繫起來的橋樑。以荀子爲例，他提出了「性僞之分」的觀點，以區別人的自然屬性與社會屬性。自然屬性是指「本始材樸」的生理本能要求，社會屬性是指「文理隆盛」的社會道德。進而用「化性起僞」來說明禮義等道德觀念是後起的，這對孟子的天賦道德論是一個有力的打擊。他說：

> 生之所以然者謂之性。性之和所生，精合感應，不事而自然，謂之性。性之好惡喜怒哀樂謂之情。情然而心為之擇

---

❸　《孟子注疏》卷13上，〈盡心〉上，頁9。

> 謂之慮。心慮而能為之動謂之僞。慮積焉、能習焉而後成，謂之僞。正利而為謂之事，正義而爲謂之行。所以知之在人者，謂之知；知有所合謂之智。所以能之在人者，謂之能；能有所合謂之能❹。

「所以知」、「所以能」是指人所具有的認識能力，但須「有所合」，亦即禮義的主觀意識和客觀實際的道理相符合，才叫做「智」，才算是正確的認識。同樣的，人本身具有從事某種活動的能力，這種主觀的能動性也必須和客觀實際的道理相符合，才能成爲現實的才能。

韓非非但比荀子更重視客觀世界及其規律的可知性，而且曾直截了當地批評先驗論者說:

> 先物行、先理動之謂前識。前識者；無緣而忘（妄）意度也❺。

就是說，在沒有接觸客觀事物、沒有發現客觀規律之前就有認識，就去行動，叫做「前識」。「前識」是毫無根據的主觀妄想和臆測。它常使人「苦心傷神，而後與五尺之愚童子同功」❻。

二、正統派漢儒的知識起源論

漢唐時期，中國哲學經歷了曲折、複雜的發展過程，從兩漢

---

❹ 《荀子集解》卷16，〈正名〉，頁274。
❺ 《韓非子集解》卷 6，〈解老〉，頁98。
❻ 同前❺。

經學到魏晉玄學，再到隋唐佛學，標幟着哲學思想宗教化的過程。在這時期，無神論與有神論的爭辯成爲思想界談論的主題。而在認識論領域的兩種不同意見，也配合無神論和有神論的論爭而發展。

有漢一代，正統派的官方儒者如董仲舒、班固等人，都極力論證聖人具有超乎常人的認識能力，他們的知識是天生的聖人。受到神的啓示，是爲天表達旨意的。這派儒者，儘管他們立言的動機或有不同，但都是從認識論上論證少數先知先覺的聖人應當成爲社會最高的道德指導。

在董仲舒看來，認識的目的就是知天意。對一般人來說，認識的途徑是通過「觀物」、「察物」以知天意，然後修身審已，去除物欲，發明人本身具有的那個「道」或「本心」，這樣就能自覺地根據「天意」去行事。他甚至認爲更高明的認識是「內視反聽」，通過內省直接體認道或本心。而這種近乎神秘的能力只有聖人才具備。基於此，他幾乎完全否認人類的感覺和理性思維的作用❼。這一派思想是孟子生知學說的變相延續。

三、王充的知識起源論

兩漢時期，與正統官方儒者的神學目的論相抗衡的學者，以

❼ 董仲舒在個別論據中，不能完全脫離人類生活中最基本的一些事實，因此，他有時不自覺地在一定意義上承認了感覺和理性思維的作用。例如他說：「夫目不視弗見，心弗論不得。雖有天下之至味，弗嚼不知其旨也，雖有聖人之至道，弗論不知其義也。」（《春秋繁露・仁義法》）「夫泰山之大，弗察弗見，而況微渺者乎？」（《春秋繁露・竹林》）這不能作爲董仲舒的先驗道德論的反證。

王充爲主將。他在認識論上，自然也不能同意當時儒家方士們所鼓吹的聖人「生而知之」的先驗論。他的認識論觀點，集中地表現在《論衡》中的〈實知〉、〈知實〉兩篇中。他在〈實知〉篇中，首先反駁「聖則神」的論點，認爲聖與賢同實而異名，二者都須經由經驗觀察以知往測來。然後，他反對「生而知之」論，以爲所謂天才實導因於周遭環境無形的薰陶，加上記載傳言的誇大失實。天生而能知多才，實屬虛妄之言。由是，而導出他那「知物由學」的結論。接着，他又在〈知實〉篇中，用大量的事例，進一步證實這一觀點，並提出求得知識的途徑在於「事有證驗，以效實然」。以下特就〈實知〉篇各論點剖析之。

第一，關於「聖則神」一事，董仲舒等漢儒論據重點在於聖人可「前知千歲，後知萬世，有獨見之明、獨聽之聰，事來則名，不學自知，不問自曉，故稱聖。〔聖〕則神矣」❽。讖緯家更極力神化孔子，在緯書和讖記上揑造了許多荒誕離奇的故事，企圖證明聖人神而先知。王充對這一類無稽之談，一概加以否定，認爲「此皆虛也」。

王充指出聖人是人，而不是神。「所謂神者，不學而知；所謂聖者，須學以聖。以聖人學，知其非神」❾。他並認爲聖人與賢人其實「同黨」；對於俗儒所謂「聖人卓越，與賢殊也」之說，王充一概加以否認。他認爲聖賢所知是一樣的，要獲得對於周圍世界的認識，都必須經過學習，所不同的只是認識的疾速，多少的差別而已。他說：

---

❽ 《論衡校釋》卷26，〈實知〉，頁1063。
❾ 同前❽，頁1076。

> 巫與聖異，則聖不能神矣；不能神則賢之黨也；同黨，則所知者無以異也。及其有異，以入道也，聖人疾，賢者遲；賢者才多，聖人智多；所知同業，多少異量；所道一途，步騶相過❿。

聖賢既然在本質上是相同的，他們的名號便可以互換；而聖與神本質不同，名號亦不能混淆，所以他强調「聖神號不等，故謂聖者不神，神者不聖」⓫。此外，他在〈實知〉中，舉了十六條證據，來闡明聖人不能神而先知，亦不能獨見的道理，其中有十三條是揭露被漢儒神化的孔子言行，把孔子還原爲不識時務、周流應聘、空勞辱己、道極命絕的歷史人物，這在當時當然是「非聖無法」的異端思想。

第二，王充否定有「生而知之」的人。當時俗儒傳云「項託年七歲教孔子」、「尹方二十一，無所師友，性智開敏，明達六藝」⓬。王充認爲這都不能作爲「生而知之」的證明。他以爲人的知識都來源於聞見學習，有些人雖然沒有就師學習，但在某種特定的環境中，「家問室學」⓭，亦形同就師學習一般。他說：

> 項託七歲，其三四歲時，而受納人言矣。尹方年二十一，其十四五時，多聞見矣⓮。

---

❿ 同前❽，頁1077。
⓫ 《論衡校釋》卷26，〈知實〉，頁1093。
⓬ 同前❽，頁1070。
⓭ 同前❽，頁1075。
⓮ 同前❽，頁1071。

這顯然在指出耳濡目染、積漸學習的重要。同時，他又認爲此類無稽傳言，多有誇張的成分在內。他推測說：

> 云項託七歲，是必十歲；云教孔子，是必孔子問之；云黃帝、帝嚳生而能言，是亦數月；云尹方年二十一，是亦且三十；云無所師友，有不學書，是亦遊學家習⑮。

總而言之，王充的結論是：「天地之間，含血之類，無性知者」⑯。

王充既反對「聖則神」以及「生知」的先驗知識論，知識的獲得勢必透過後天的學習。學習的過程，首先必須通過人的耳目等感官同外界事物接觸，有所聞見，有所據狀，得到對那個事物的初步印象，然後以「心意」詮訂於內，進而揭示事物的本質，從過去的經驗知未來的事情，或從現在的狀況推過往的事實。以上皆詳於第六章中，

王充復指出即使是聖人，不同外界事物接觸，不目見耳聞口問，同樣不能獲得知識。他說：

> 性敏才茂，獨思無所據，不睹兆象，不見類驗，却念百世之後，有馬生牛，牛生驢，桃生李，李生梅，聖人能知之乎⑰？

擧例言之，孔子之見獸，名之曰狌狌，乃由於聞昭人之歌；太史

---

⑮ 同前❽，頁1075。
⑯ 同前❽，頁1076。
⑰ 同前❽，頁1071。

公之見張良，似婦人之形，乃由於觀宣室之畫。此皆「陰見默識，用思深秘」的效驗，但是「衆人闊略，寡所意識，見賢聖之名物，則謂之神」⑱。

王充還指出，人的認識能力是受人的生理條件制約的，不以生理條件爲基礎的任何超感覺的認識都是不可能的。當時的儒者鼓吹聖人有「達視洞聽」的能力，亦即有「獨見之明，獨聽之聰」，眼能見一般人見不到的東西，耳能聽一般人聽不到的聲音。傳說孔子和顏淵登太山而見吳昌門外有如系練之狀，王充認爲以肉眼察千里之外的細物根本違背生理常識。孔子的才智其實也是通過强力不倦的學習得來的。因此他說：

> 孔子見竅睹微，思慮洞達，材智兼倍，强力不倦，超越倫等耳！目非有達視之明，知人所不知之狀也⑲。

不過，王充雖然否定聖人有「前知千歲，後知萬世」的神秘認識能力，却並不否定有以事實和經驗爲根據的「預見」。此「預見」和讖緯神學的所謂「前知」是相反的。他說：

> 先知之（黄暉案：上「之」字涉「知」字聲近而衍）見方來之事，無達視洞聽之聰明，皆案兆察迹，推原事類。……明福處禍，遠圖未然，無神怪之知，皆由兆類⑳。

所以在一定的意義上，可以說「賢聖之才，皆能先知。」但此先

---

⑱　同前❽，頁1074。
⑲　同前⓫，頁1089。
⑳　同前❽，頁1069。

知不同當時儒者所說的神秘先知。王充更進一步說：

> 其先知也，任用術數，或善商而巧意，非聖人空知。神怪與聖賢殊道異路也㉑。

所謂「聽聲有術」、「察色有數」㉒都是指根據客觀事實，或已有的經驗知識，進行推理判斷，預知將要發生的事情，卽所謂「按兆察迹，推原事類」、「揆端推類，原始見終」，這包括了由始見終，由微見較，據已知求未知，據現象求本質的邏輯思維過程，說明王充對理性認識十分重視。他所謂的「預見」其實一點詭異的意味也沒有。

王充不但把有徵兆、有根據的「預見」同卓譎怪異的「前知」區別開來，而且否定預見未來是聖人獨有的認識能力。他以爲一般人只要掌握了正確的思維方法，都能做到「案兆察迹，推原事類」、「明福處禍，遠圖未然」。㉓他舉例說：

> 魯侯老，太子弱，次室之女，依柱而嘯；由老弱之徵，見敗亂之兆也㉔。

根據這點，王充眞是把知識的來源完完全全落實爲理性的思維和經驗的累積，這是經驗論派學說的一大進展。

㉑ 同前⑪，頁1093。
㉒ 同前⑧，頁1073。
㉓ 同前⑧，頁1069。
㉔ 同前⑧，頁1067。

最後，王充承認世間有某些事卽使是問之、學之、思之也不能知曉的。他說：

> 天下事有不可知，猶結有不可解也。……聖人知事，知無不可知；事有不可知，聖人不能知：非聖人不能知，事有不可知；及其知之，用不知也。故夫難知之事，學問所能及也；不可知之事，問之學之不能曉也[25]。

換言之，他承認人的認識能力有其極限，不能盡知萬物。這點可能有受莊子的影響。按老子主張「不知而行」，否定認識來源於實踐，否定感覺和理性思維，把認識歸結爲對「道」的神秘直觀。莊子繼承了這條認識論的路線，並且把它徹底發展，以物質的相對主義理論爲基礎，來探究人的正確認識是否可能的問題，終於得出沒有客觀眞理、認識是不可能的絕對懷疑和不可知論的結論。他更片面地誇大了人的認識的時間和空間的局限性，從而得出「以有涯隨無涯，殆已！」的不可知論的結論。因此，在否定人類的知識和文明上，莊子比老子走得更遠。王充雖然承認世間有不可知之事，但並未如莊子一樣墜入不可知論的反文明、反知識的窠臼中，這實在是由於王充在本質上還是傾向於儒家的入世思想，而非道家的出世思想的緣故。

四、小　　結

董仲舒和王充分別代表兩漢時期認識論的兩大流派。他們爭

---

[25] 同前[8]，頁1079。

執的重點集中在知識的來源上。董仲舒一派儒者，把孟子的「生知」說和陰陽家的「天人感應」說結合起來，鼓吹「聖人神而先知」的天意決定論。不論是「省身以知天」，還是「察物之意以知天意」，都不是以客觀物質世界爲認識對象，而是以神秘的「天」或「天意」爲認識對象。「天」是宇宙萬物的創造者和主宰者，也是人的認識的基本根源，因此說「事各順於於名，名順於天」㉖。

王充則致力批駁「聖人神而先知」的種種謬論。他繼承了墨子、荀子、韓非一派的思想，堅持以客觀存在爲認識對象，以目見耳聞的感覺經驗爲認識的憑藉，强調「知物由學，學之乃知」，「如無聞見，則無所狀」，堅決反對把聖人神化，否定有所謂「性知者」存在。

就知識起源的這個問題來看，王充的觀點較之先秦的經驗論者並無太大的發明，但是，從他與董學派的對立中却可以看出漢魏以後思想界的主要論題——無神論與有神論的爭辯，其實已介入認識論的領域中，使先驗論與經驗論的互相批判的形式更形複雜。

㉖ 蘇輿《春秋繁露義證·深察名號》，頁4。

第十一章　王充的宣漢說

《論衡》中，〈齊世〉、〈宣漢〉、〈恢國〉、〈驗符〉、〈須頌〉、〈佚文〉六篇不止篇目次第相連，而且其主旨皆在宣揚漢德。可見「宣漢」亦是《論衡》中的一個主題。這在王充而言，是刻意爲之的。〈須頌〉謂：「今上即位，未有褒載，《論衡》之人爲此畢精，故有〈齊世〉、〈宣漢〉、〈恢國〉、〈驗符〉」❶。按此四篇加上其力辯「古之帝王建鴻德者，須鴻筆之臣褒頌記載，鴻德乃彰」的〈須頌〉篇，以及極言「古文不當掩，漢俟以爲符也」的〈佚文〉篇，王充的宣漢種種即可大體呈現。但據〈須頌〉之文謂：

> 古今聖王不絶，則其符瑞亦宜累屬；符瑞之出，不同於前，或時已有，世無以知，故有〈講瑞〉。俗儒好長古而短今，言瑞則渥前而薄後，〈是應〉實而定之，漢不為少；漢有實事，儒者不稱。古有虛美，誠心然之，信久遠之偽，忽近今之實，斯蓋三增、九虛所以成也；〈能聖〉、〈實聖〉所以興也。儒者稱聖過實，稽合於漢，漢不能及；非不能及，儒者之說，使難及也；實而論之，漢

❶ 見黄暉《論衡校譯》卷20，〈須頌〉，頁854。

> 更難及。穀熟歲平，聖王（疑當作「庸主」）因緣，以立功化，故〈治期〉之篇，為漢激發。治有期，亂有時，能以亂為治者優；優者有之：建初孟年無妄氣至，聖世之期也，皇帝執德，救備其災，故〈順鼓〉、〈明雩〉，為漢應變。是故災變之至，或在聖世。〈時旱〉、〈禍（疑當作「偶」）湛〉為漢論災。是故《春秋》為漢制法，《論衡》為漢平說❷。

則宣漢之主題由於反覆舉證、論理辯詰的各種需求，實已遍及〈講瑞〉、〈是應〉、三增、九虛、〈能聖〉、〈實聖〉、〈治期〉、〈順鼓〉、〈明雩〉、〈時旱〉、〈禍（疑當作偶）湛〉諸篇❸。因此，這二十一篇爲了解王充宣漢說的輔助文字。本章擬就〈齊世〉、〈宣漢〉、〈恢國〉、〈驗符〉、〈須頌〉、〈佚文〉六篇文字分析王充宣漢說的時代背景、目的與方法，必要時更以前述二十一篇文字爲補充資料以便說明。總括言之，《論衡》八十餘篇中，據王充自述，其中與「宣漢」主題有關的文字將近三十篇，可見「宣漢」是《論衡》的一個重要論旨。以下將分段敍述宣漢的目的、原則與步驟，並予以平議。

---

❷ 同前❶，頁856-857。

❸ 黃暉《論衡校譯》卷20，〈須頌〉注謂：〈能聖〉、〈實聖〉、〈時旱〉、〈禍湛〉均爲《論衡》佚篇名。黃氏又據〈命祿〉有「或時溝未通而遇湛，薪未多而遇火（或作虎）」一語，而判斷「禍」疑應作「遇」。但筆者據〈須頌〉篇之上下文推測，「禍」似應作「偶」，因以〈偶湛〉（按：偶而有湛）與〈時旱〉（按：時而有旱）前後相應，既合對稱之則，又符王充自然天數觀之本意，十分妥當。

一、「宣漢」的目的

（一）破除儒者所謂「漢興已來，未有太平」之謬說

漢儒鼓吹太平盛世只在於古代，不在於漢代，因爲古代有五帝、三王一類的聖人，聖人之德能致太平；而且古代有鳳鳥、河圖這樣的祥瑞，亦是太平的表徵。至於漢代沒有聖帝，又沒有鳳鳥、河圖，故未有太平。王充以爲「聖主治世，期於平安，不須符瑞。且太平之瑞猶聖主之相也。聖王骨法未必同，太平之瑞何爲當等？」❹因此，他主張必須有人指出漢世的太平之瑞和聖王的功德，才能使人相信漢已太平，此即〈宣漢〉、〈符驗〉、〈恢國〉諸論之所以作。

（二）表彰《論衡》的褒頌作用

王充以爲古代經書都是臣下爲記載君王之言而作，如《尚書》是「上所言，下所書」；又《詩經》有頌四十篇，是「詩人所以嘉上也」。由此言之，臣子有義務褒頌上德。此外，褒揚國德對當政者言，具有激勵的作用。王充認爲「越見褒揚，越願盡力，乃人之常情。」何況歌功頌德，亦有掩惡揚善的作用，益見褒載之重要。

依王充之見，漢代功德，少見褒載，尤其是章帝即位以來，迄未有鴻筆之臣加以褒載，他爲了彌補這個缺憾，特別作〈齊世〉以下諸篇予以表揚。

---

❹　同前❶，卷19，〈宣漢〉，頁818。

(三) 宣揚瑞應，以爲章帝建初孟年的旱災開脫罪責

就漢儒天人感應的理論來看，水旱災的形成必與政治措施的偏差有關聯，因此建初初年的旱災，確實有損章帝聖主的形象，在當時頗遭到攻擊。王充爲此如梗在懷，屢屢爲之開脫罪責。其方法包括以下三種：第一、提出實際上的建議，爲漢應付災變，故作〈順鼓〉、〈明雩〉兩篇。王充雖不信雩祭可以致雨，也不信擊鼓可以止水，但是不管災害的起因爲何，如果久旱不雨，或大雨久湛，君主便必須舉行雩祭、社祭，以表示「惠愍惻隱之恩」❺、「惻怛憂民之心」❻。第二、從哲學理論上解釋「涵變之至，或在聖世」之可能性，故作〈時旱〉、〈禍（疑作偶）湛〉兩篇。按〈時旱〉、〈禍（疑當作偶）湛〉兩篇已佚，但從篇名看，其義當在論賢明之聖主亦可能「時而有旱」、「偶而有湛」。此理在《論衡》他篇中亦可尋見。第三、從治期的國命觀說明「穀登歲平，庸主因緣以建德政；顛沛危殆，聖哲優者乃立功化」❼的道理，藉以論斷章帝爲聖哲之君主。這點王充的治期的國命論其實不甚協調。王充在〈治期〉篇中闡述「治有時，命有期」的歷史觀，論證社會的治亂和歷史的變化都是一種不可抗拒的自然力量決定的。王充在分析治亂的原因時指出：「世之治亂，在時不在政；國之安危，在數不在教。賢不賢之君，明不明之政，無能損益」❽。他認爲穀物足，人民都能食飽之暖，社會秩序自然穩定；反之，穀食乏絕，不能忍饑寒，就會盜賊衆多，

---

❺ 同前❶，卷15，〈明雩〉，頁669。
❻ 同前❶，卷15，〈順鼓〉，頁688。
❼ 同前❶，卷19，〈恢國〉，頁838。
❽ 同前❶，卷17，〈治期〉，頁769。

兵革並起。因此，他以爲社會治亂是取決於命期自然之數，與統治者無關。那些將治亂同賢不肖之君聯繫起來的觀點，是「明於善惡之外形，不見禍福之內實也」❾。但是，在〈恢國〉篇中，王充却又認爲聖哲優哲不受制於天時命數。以此推之，所謂治期的觀念只適用於不具超越困境之能力的庸碌之主，而非放諸四海皆準的通則。這種矛盾顯示王充急欲爲章帝脫罪，竟不惜與自己一貫的論點相違背。

（四）爲己求進

王充以爲臣子對君王褒載要得實，就必須親聞聖政；要親聞聖政，就必須身在臺閣。從這種理論往下推，《論衡》作者身處邊遠地區，對中州消息十分隔閡，卽使有心褒載，也難得其實。由此觀之，王充爲己求進之意甚明。

（五）爲《論衡》求賞

王充强調儒家經書的存亡是文化盛衰的標誌。古文遭秦焚滅，而後適時出現在漢武帝時，是漢興的符瑞。以此之故，漢代帝王都頗知珍惜能推精思、作奇文、才高卓逼之人，而且也都樂於詔求亡失、重修經書、獎掖文雄。王充分文章的種類爲五：「五經六藝爲文，諸子傳書爲文，造論著說爲文，上書奏記爲文，文德之操爲文」❿。其中以造論著說之文最值得君王犒賞，因爲只有造論之人，能論世俗之事、頌上恢國，使「國業傳在千載，主德參貳日月」，這是其他四類文人所不能及的。

---

❾ 同前❽，頁773。
❿ 同前❶，卷20，〈佚文〉，頁865。

王充並且强調文章的敎化作用，認爲「文人之筆，勸善懲惡也」⓫、「文人之筆，獨已公矣！」⓬《論衡》主旨在「疾虛妄」⓭，正符合此旨，自然更應受到獎掖。

二、「宣漢」的原則與步驟

在《論衡》中，王充經由兩個管道來宣揚漢朝功德。他一方面盡量剷除今人對古人的不實幻想和盲目崇拜；另方面極力宣揚漢朝的符瑞功德，俾使漢朝的聲望不但能與古代聖王之世齊一，而且能更進一步地超越古代，以此達成宣漢的目的。

基於上述兩個要點，王充宣漢是採取漸進而迂廻的步驟，玆分述如下：

1. 以「齊世論」取代「貴古賤今」之說，建立「古今齊同」、「漢德不劣於唐虞」的基本觀念。

王充認爲漢儒尊古卑今的惡習實導源於三個因素：第一、「世俗之性，好褒古而毀今，少所見而多所聞」⓮（這關乎人性的弱點），第二、「經有褒增之文，世有空加之言」⓯（這關乎傳言的失眞），第三、「五帝三王事在經傳之上，而漢之記故尙爲文書」⓰（這關乎經傳的崇高性）。

在貴古賤今的心態下，漢儒宣揚上古帝王的功德、社會的風

⓫ 同前❿，頁867。
⓬ 同前❿，頁868。
⓭ 同前❿，頁868。
⓮ 同前❶，卷18，〈齊世〉，頁813。
⓯ 同前⓮，頁813。
⓰ 同前⓮，頁815。

俗，甚至古人的體格壽命都遠勝過後代。王充逐項加以擊破。他的論點在《齊世》中闡述詳盡，其中最根本的論點還在於「氣」的一致性。玆擧王充數語以爲憑證：

> 上世之民，下世之民，俱稟元氣。元氣純和，古今不異，則稟以為形體者，何故不同？夫稟氣等，則懷性均；懷性均，則形體同；形體同，則醜好齊；醜好齊，則夭壽適⑰。
>
> 上世之人所懷五常也；下世之人，亦所懷五常也。俱懷五常之道，共稟一氣而生，上世何以質朴？下世何以文薄⑱？
>
> 夫天地氣和，卽生聖人；聖人之治，卽立大功。和氣不獨在古先，則聖人何故獨優⑲？

2.次論漢德高於周。

王充在〈宣漢〉中不憚其煩地擧各種史實證明漢高於周，並歸結道：

> 夫實德化則周不能過漢，論符瑞則漢盛於周，度土境則周狹於漢，漢何以不如周⑳？

3.再論漢德高於百代。

〈恢國〉開章明義說：

---

⑰　同前⑭，頁804。
⑱　同前⑭，頁808。
⑲　同前⑭，頁813。
⑳　同前❶，卷19，〈宣漢〉，頁826。

〈宣漢〉之篇，高漢於周。擬漢過周，論者未極也。恢而極之，彌見漢奇。夫經熟講者，要妙乃見；國極論者，恢奇彌出。恢論漢國，在百代之上審矣㉑。

由此可見，〈恢國〉是在〈宣漢〉的基礎上，繼續恢論漢國，使高居百代之上。這誠如〈須頌〉所言：「〈恢國〉之篇，極論漢德非常，實然乃在百代之上」㉒。

4.更進一步宣揚章帝功德，並引出賢臣聖君遇合的重要。

王充在〈驗符〉中羅列了一些所謂「符瑞」的現象，以證明「漢德豐雍」超越前代。這點顯然是爲了彌補〈恢國〉之不足。但是，王充的目的其實更在於彰顯章帝。所以他對章帝的瑞應，陳說得特別詳細。其目的均在引出章帝的「仁惠聖明」。譬如他闡明章帝的德惠與符瑞的應合情形說：

皇帝寬惠，德侔黃帝，故龍色黃，示德不異。東方曰仁；龍，東方之獸也，皇帝聖仁，故仁瑞見。甘者，養育之味也，皇帝仁惠愛黎民，故甘露降。龍，潛藏之物也，陽見於外，皇帝聖明，招拔岩穴也㉓。

接着，王充更引出祥瑞與賢臣依存的關係，以及君明臣良的重要性，以爲隨後〈須頌〉篇之伏筆，他說：

㉑ 同前❶，卷19，〈恢國〉，頁826。
㉒ 黃暉集釋改本句爲「極論漢德非徒實然，乃在百代之上。」
㉓ 同前❶，卷19，〈驗符〉，頁846。

瑞出必由嘉士，祐至必依吉人也。天道自然，厭應偶合。聖主獲瑞，亦出羣賢。君明臣良，庶事以康㉔。

5.最後，力陳能「造論著說」、「頌上恢國」的鴻筆之臣的重要性，實即影射王充本人及其著作之不容忽視。

關於褒頌的重要在本章之首已有說明，不必再述。在此須特別指出的是王充求進的一些證據，諸如：

今上卽命，未有褒載，《論衡》之人，為此畢精，故有〈齊世〉、〈宣漢〉、〈恢國〉、〈驗符〉㉕。

是故《春秋》為漢制法，《論衡》為漢平說㉖。

《論衡》之人，在古荒流之地，其遠非徒門庭也。……得詔書到，計吏至，乃聞聖政；是以褒功失丘山之積，頌德遺膏腴之美。使至臺閣之下，蹈班賈之迹，論功德之實，不失毫厘之微㉗。

三、「宣漢」說平議

(一) 國命說與宣漢說的矛盾

王充在〈治期〉篇中闡述「治有時，命有期」的歷史觀，論

㉔ 同前㉓，頁846。
㉕ 同前❶，卷20，〈須頌〉，頁854。
㉖ 同前㉕。
㉗ 同前㉕，頁858。

證社會的治亂和歷史的變化都是由一種不可抗拒的自然力量決定的。王充在分析社會治亂的原因時指出:

> 世之治亂，在時不在政；國之安危，在數不在教。賢不賢之君，明不明之政，無能損益㉘。

此所謂「時」和「數」，就是泛指各種自然條件，諸如水旱風雨等，這些自然條件足以影響年歲收成，左右人民的生活形態，進而牽制人民的道德觀念。在王充看來，這是一種自然的連鎖反應，應非君王的政治措施或德化教育所能改變的。可是，到了〈恢國〉篇中，王充一反這種治期有數的論調說:

> 穀登歲平，庸主因緣以建德政；顛沛危殆，聖哲優者乃立功化㉙。

顯然他在這裏以爲聖哲優者可以突破自然條件的牽制，在逆境中自創佳績，使「以危爲寧，以困爲通」㉚。

以上兩者之間的矛盾顯而易見。若欲加以解釋，不外兩個原因:

1. 王充作〈治期〉篇時，只論庸主，不論聖哲。他犯了以偏概全的謬誤，未將聖哲列爲特例加以討論。

2. 〈恢國〉篇是作於章帝初年，晚於〈治期〉篇，此時王充

㉘ 同前❽，頁769。
㉙ 同前❼。
㉚ 同前❶，卷19，〈恢國〉，頁839。

爲達成媚漢求進的目的，不得不改變以往「命期自然，非德化也」的論調，而作此論點之轉折。

但是，依筆者判斷，第二個可能性比較大。因爲〈治期〉中的語氣斬丁截鐵，毫不猶豫，證明彼時王充對天數深信不疑。其目的可能在爲君王脫罪，故謂：

> 論者因考功之法，據效而定賢，則謂民治國安者，賢君之所致；民亂國危者，無道之所為也。故危亂之變至，論者以責人君，歸罪於為政不得其道。人君受以自責，愁神苦思，撼動形體，而危亂之變終不減除。空憒人君之心，使明知之主虛受之責，世論傳稱，使之然也㉛。

在王充看來，禍亂旣非君王無德之過，則福祐亦非人君厚德之功，於是政治與人君道德之良窳無關，終於無可避免地陷入宿命論的泥淖中。

（二）宣揚天人感應的思想

《論衡》所疾之虛妄，最主要的便是在於漢儒的天人感應之說，所以王充處處提出「適然」、「偶然」之說以代替「必然」、「定然」。連符瑞與聖人之相遇都是一種因和氣所生之「適然」，彼此間並無感應之關係存在。再者，帝王在出生時即已受帝王之命，不須在卽位前再受天命。但是，在〈驗符〉中，王充却說：

㉛ 同前❽，頁769。

> 皇端比見，其出不空；必有象爲，隨德是應㉜。

於是，符瑞被視爲德政的表徵，已非「偶然」、「適然」可以概括。他又說：

> 今瑞未必同於古，古應未必合於今，遭以所得，未必相襲。何以明之？以帝王興起，命祐不同也。周則魚鳥，漢斬大蛇。推論唐虞，猶周漢也。初興始起，事效物氣，無相襲者，太平瑞應，何故當鈞㉝？

文中肯定帝王之興，必有「事效物氣」之應，與帝王初生即已受命之說有異。

（三）宣揚五德終始之說

對於五行相剋的理論，王充曾在〈物勢〉篇中就四獸及十二辰之禽的關係力加斥責，他說：

> 以四獸驗之，以十二辰之禽效之，五行之蟲以氣性相刻，則尤不相應。凡萬物相刻賊，含血之蟲則相〔勝〕服，至於相啖食者，自以齒牙頓利，筋力優劣，動作巧便，氣勢勇桀㉞。

㉜ 同前❶，卷19，〈驗符〉，頁845。
㉝ 同前⑳，頁819。
㉞ 同前❶，卷 3，〈物勢〉，頁143。

但是，王充在〈驗符〉篇中却極力宣揚漢爲土德。他列擧永昌郡出金、黃石公遺張良書、黃龍見於成紀、甘露流五縣諸事以爲土德的瑞應。如果王充不相信五行相剋的道理，則亦不應相信五德終始之說。在此他對兩種互相排斥的理論兼容並納，其中的矛盾是顯而易見的。

（四）自我表彰、媚漢求進

王充〈自紀〉謂：

> 好進故自明，憎退故自陳。吾無好憎，故默無言。……不嫌虧以求盈，……不鬻智以干祿，……不貪進以自明，不惡退以怨人㉟。

在在表彰自己不求進、不怨退的清高品行。但是，〈宣漢〉等篇的最終目的却在推薦自己，求進之意甚明，故不免有媚漢之嫌。雖然王充力排這種嫌疑，謂：

> 漢之高祖、光武，周之文、武也。文帝、武帝、宣帝、孝明、今上，過周之成、康、宣王。非以身生漢世，可褒增頌歎，以求媚稱也；核事理之情，定說者之實也㊱。

但綜觀其行文，採取逐次推進、仔細經營之方式，其求進自明之意不難逃識者法眼。

㉟　同前❶，卷30，〈自紀〉，頁1182。
㊱　同前❶，卷19，〈宣漢〉，頁823。

平心而論，在有漢一代的思想家中，似未有如王充這般心機重重之人。王充立言之動機曖昧、態度不明，致使其眞旨糾繞難知。但若能抽絲剝繭，把握其言外之意和行文之脈絡，則亦可略察其心意，而不致爲其糾繞之文字所蒙蔽。

第十二章　結　論

歷來學者對王充的評價一直是毀譽參半。細繹之，這些毀譽常決定於各時代的風尙，而缺乏客觀性。故同一事實可以成爲被褒揚的優點，也可以成爲受撻伐的弱點。因此給予王充之學一個客觀而理性的批判，是王充研究的一大課題。以下試綜合本書各章所論，爲王充在中國思想史上尋一定位。

王充（27-100?）字仲任，會稽上虞人。他出身於由官紳沒落爲商賈的家庭。由於王氏一家世代任氣，多結怨讎，每每爲了避讎家報冤而遠徙他鄉，致使王充自小即領略到人情的冷暖和生活的艱困，而其性格裏也因而播下了任氣使勇，憤世嫉俗的種子。他雖然有幾分辯才和理想，但終不免因出身的微賤和個性的不尙苟合而落得仕途蹇澀、終身潦倒。在其一生中，他備嚐了爲小人所讒陷以及諫諍不合的甘苦，以致他曾兩度罷官。在「學而優則仕」的世俗觀念之支配下，他對於這些逆境很不能感到釋然。於是他在極不平衡的心態下，時而以他的利筆撻伐世俗，寫出他的憤世嫉俗之作，內容包括對聖賢偶像的抨擊，對迷信虛妄的駁斥，對命運的不平之鳴，對人才的重新評估等；時而又以他的妙筆大肆對漢王室歌功頌德，企圖藉此免罪保身並邀名求進。在前一類文字裏，王充是以嶙峋傲骨義無反顧地針對世俗的不實之論作致命的抨擊，充分表現出他性格裏自負的一面。在後一類文字裏，王充則是以委曲求全、阿諛諂媚的姿態對皇室恩德極力渲染，充分顯現出他自卑的一面。可以說，他是在自負與自卑雙重心態的輪替消長中，度過一生。這些事實說明了《論衡》一書性質的某些自相矛盾性，也說明了王充談幸偶的命運觀的肇因，而且更揭示了一個懷才不遇的儒生的雙重性格。

平心而論，王充是一個非常關心實務的人。《論衡》各篇的著作動機與時代背景息息相關，就是最好的證據。首先就東漢的政治情況言，吏治嚴苛、察擧失當這兩大弊病，促使王充寫就了〈答佞〉、〈程材〉、〈量知〉、〈謝短〉、〈效力〉、〈狀留〉、〈定賢〉諸篇。另外，世族興起、爵祿世襲這些現象，促使王充在〈自紀〉篇中，先溯家世，再言孤門細族，復辯聖賢無祖。其次，就學術界言，師法家法的繁密和章句內學的盛行，促使王充作〈語增〉、〈儒增〉、〈藝增〉，諷刺儒者經生立言的增累失實；又作〈問孔〉、〈刺孟〉、〈非韓〉、〈實知〉、〈知實〉、〈正說〉諸篇以破除世俗所崇信的聖賢偶像觀念，鼓勵批判的勇氣；又作〈別通〉、〈超奇〉兩篇以品評儒生等級；又作〈書解〉、〈案書〉兩篇，對〈六略〉提出質疑，並强調五經之外仍不乏可觀之文。就社會風習言，迷信禁忌的煩瑣和厚葬淫祀的氾濫，促使王充寫下一系列反對的文字，篇幅之巨幾占全書的五分之一。相關的文字，計有〈論死〉、〈死僞〉、〈紀妖〉、〈訂鬼〉、〈言毒〉、〈薄葬〉、〈四諱〉、〈讕時〉、〈譏日〉、〈卜筮〉、〈辨祟〉、〈難歲〉、〈詰術〉、〈解除〉、〈祀義〉、〈祭意〉等。此外，兩漢災異祥瑞之說隆盛，王充雖不同意，但又不能全面否認，故作成〈講瑞〉、〈指瑞〉、〈是應〉、〈治期〉等文說明祥瑞的性質和眞僞。王充又在舉國熱烈歌功頌德的情況下，以〈宣漢〉、〈恢國〉、〈驗符〉、〈須頌〉、〈佚文〉諸篇言漢世極盛，冀以免罪全身、邀名求進。最後，就當時的科技言，天文知識的發達刺激王充寫成〈談天〉、〈說日〉等篇，也因而奠定他「疾虛妄」的理論基礎。

王充學術思想的淵源可從兩方面加以考察：一是他與先秦諸子的關係；另一是他與漢代諸子的關係。在先秦諸子中，王充曾經問孔、刺孟又非韓，但這並不足以證明王充的思想無取法儒、法兩家的地方。此外，在儒家諸子中，荀子被稱引的次數最少，這也不足以證明荀子對王充的影響最小。原因是〈問孔〉、〈刺孟〉兩篇偏重邏輯的旨趣而絕少觸及孔孟思想的本質，而且王充事實上是尊孔賢孟的。至於王充與荀子，由於個性的取向、時代背景以及儒家發展的必然趨勢等因素，兩人的思想其實最爲接近。譬如對於心的作用、人的主觀能動性、符驗、辨合、類推、名實相符諸事，他們兩人都一樣重視，而且荀子「法後王」的觀念更是王充反「貴古賤今」觀念的前導，荀王二人對儒生品類的區分也有近似的看法。但是，以此而認定王充是儒家，則不免有武斷之嫌。從〈非韓〉中，知道王充反對法家「明法尙功」及「非儒」的兩個觀念，但是王充對於韓非的邏輯思想與批判精神，有深到的理解與高度的同情。對於道家，王充褒揚黃老的天道自然及無爲而治的觀念，常引以爲據；但他貶抑道家志不在於仕、不知憂世濟民的超俗態度。對於墨家，王充取其薄葬之意，但反對明鬼。由此言之，王充之學並不單純地屬於任何一家，或出自任何一學派。他的思想來源是複雜的。他善於吸收古代思想優良的傳統，善於利用傳統的思想材料而加以新的修訂，因而他雖然承借了過去的學派，但能獨立成一家之言。這與持折衷主義而乏一貫思想的雜家者流是不一樣的。因此，《四庫提要》把《論衡》列入雜家者流，是似是而非的判斷。

在漢代諸子中，王充最常稱引而且讚揚的有董仲舒、司馬遷、揚雄、班彪、班固、桓譚等人。其中以桓譚對王充的影響最深。其實從思想的整個體系看來，董仲舒與班固是站在與王充對立的立場，因為此二人均是漢代正統官學的代表，他們都相信天人感應的神學論，這與王充的批判精神是判然有別的。故《論衡》一書中引來作為攻擊對象的命題，大部分都可以從《春秋繁露》或《白虎通》中看到。王充不論在歷史觀上、倫理觀上或政治觀上，都與「白虎觀奏議」的神學站在對立的立場。與上述情形相反地，司馬遷、揚雄與桓譚三人均反對禨祥、崇尚自然主義的世界觀或史觀，這與王充之學比較接近。不過，王充對以上諸人的褒貶，常著眼於小處，所以與上述的分析未必一致。至於班彪與王充是否有師生關係，甚難論斷，只是二人之言國命同中有異，因此推斷王充即使師事班彪，也只是在經說訓詁一事，而非思想內涵。

王充的立論方法和邏輯思想有許多超越前人之處，非常值得稱述。第一，他在各篇寫作時，章法謹嚴、義理清晰，彌補了因反覆舉證所導致的冗漫瑣屑之弊；而且各篇在結集成書時，已有依性質編纂的傾向；非但如此，同一主題的各篇，常有互相證成、互相補助的關係。第二，他主張以事效與論證共定虛實，也就是要結合具體的事實和邏輯的思辨以定眞僞，這點顯然有受荀子的啓發。第三，他好以類推度未知。他認為這種「方比物類」的能力，就是聖賢之所以能夠超越羣倫的原因。雖然在《論衡》中不免有「錯誤類比」，但未有因連續使用譬喻而致離題太遠的現象。王充辯「土龍致雨」一說便是運用類推法的著名實例。第四，他主張以比對顯眞僞。比對法是運用矛盾律以定是非的方法，韓非在這方面致力最深。不過，王充所用的方法比韓非更進步。因爲《論衡》中大多數的矛盾律都是就同一主詞的兩個矛盾謂詞立說的；而且除了矛盾律之外，王充也和墨子一樣意識到排中律的邏輯方法。第五，他強調要以名分符事實。他反對大多數儒家取虛名以正名的思想，認爲名是實的反應，應依實立名；而且「名」所依憑之「實」，必須是社會經驗之實際情形，而不可有所偏離。這與董仲舒的正名說完全不同。第六，他擅長以俗論駁俗論。這種方法相當惑人耳目，以致常被斷章取義，並被斥爲王充個人思想的內在矛盾。第七，他常以可靠文獻斥虛妄。因此之故，他對文獻的考察十分嚴格。第八，他主張以世界解釋世界，而不訴諸任何超自然的力量，這種精神幾乎是超時代的。第九，他提倡以心辯代口辯，這一方面是王充「正是」哲學的必然發展，另方面是受到老莊和荀子的影響。

王充的天道觀，傾向於老子所說的自然的天，但是又不盡相同。他的主要論點有三：第一，天是能施氣的實體；第二，氣是無意識、無感覺的物質世界之基本實質要素，這種物質性的氣，雖然也有同類互動的可能，但影響所及不遠，絕不似漢儒所說的那麼神奇。他指出世人常不能分別「氣類相感」與「偶適相遇」的差異，以致錯誤地誇大氣的作用。其實，氣的作用，在王充看來，只有三種：衍生、識別與預兆；第三，天道自然無爲。由上述三個論據看來，漢人所流行的天故生人物之說，天故降瑞應凶兆之說，以及譴告之說均不足採信。王充雖然曾經明白表示他的天道思想是「違儒家之說，合黃老之義」，但從整本《論衡》看來，他對道家的自然主義並無深刻的認識。因此他說取道家「自然」一義，恐怕也只是信筆及之而已。

王充對於命運的看法，最受他個人際遇所支配。他自認有完美的人格，却不能得意仕途。所以他那幸偶的命運觀，其實就是他個人向現實妥協的痛苦陳言。他談「命」，兼重先天的氣稟和後天的遭遇。前者是「命」，後者是「時」。據一般的了解，「命」是一種必然的因素，「時」是一種偶然的因素，但王充指出此「必然」在稟氣之初其實也只是一種無法預期的「偶然」；而此「偶然」一旦與人遭遇，必帶來與之相應之「必然」。所以，「必然之命」，其實是無數「偶然之時」互相結聚和牽制而成的。換言之，偶然卽是必然。如此一來，則宇宙間之一切偶然，最後均成爲自然。而王充命定論最大的錯誤卽在於把自然的必然性絕對化，亦就是以完全否認偶然來處理偶然性。因此，他那幸偶的命運觀其實只是一種不訴諸神靈的機械的宿命論。王充以爲就「才性」一面言，性命有別；但就「氣性」一面言，則「性成命定」，性命難分。吾人必須認淸這點，才不能爲《論衡》的前後異說所混淆。王充認爲非但個人有命，國家亦有命。個人的命，決定於先天的稟賦與後天的遭遇，而非個人的才情、本性的善惡或社會地位的高低。骨法與相貌是它的表徵。國家的命，決定於時數，而非政教法令。瑞應與災變是它的表徵。不管是那一種命，一旦形成，均不能以人力加以改變。這種論調，極其灰黯。就個人的心態言，不免生出一種消極諉罪的小人心態；就政治的情實言，又不免淪入無君論的窠臼，這不啻是魏晉無政府主義的先導。王充命定論最大的貢獻是：㈠與當時正宗的命定論相對立，否定三命說，這是對《白虎通》三科說的詰難；㈡他通過國命說否定了聖君賢相與世之治亂的相應作用，忠實地揭露了社會的矛盾，只可惜未提出具體的建樹。

在人性論上，王充與漢儒一樣由氣言性。但是他所說的性的內涵兼括德性、智慧與感情三者。而且以爲德性須由才能加以掌握和顯現，始能成其爲善。所以，他所說的性是才性，而非心性。在這點上，他開啓了魏晉才性論之門。再者，他主張人性有善有惡，是三品性說中等級性的善惡，而非一人之身兼有善惡，此與漢儒的性善情惡二元論性說有別。此外，王充從上中下三品論性，上承董子的「聖人之性」、「斗筲之性」、「中民之性」三等性說，下開魏晉才性論者品評人物之法，乃至成爲韓愈言性之所本，在中國人性論史上應有一席地位。

王充的形亡神滅論，主要的宗旨是在建立無鬼與薄葬的邏輯關係，進而推動薄葬的社會實踐性。他在楊王孫的贏葬說和桓譚的形神論的先導下，由形神依附的關係證明「死人不爲鬼，無知，不能害人」這三個命題。由於社會風氣的局限，王充對世俗的鬼神傳說不能作徹底的批判，但是他的神滅思想的類比推理方法，在思想史上具有承先啓後的作用。就承先方面言，他首先使楊王孫的「死者亡知」命題，得到了邏輯根據，其次使桓譚以燭火喻形神的類比方法，得到了更清楚而確定的表現形式。就啓後方面言，西晉時傅玄（217-278）、楊泉、阮修以及梁范縝（405-510）等人的神滅理論，不管在論證方法或取譬素材、語法的結構上都受到王充立論的影響。此外，王充的薄葬論由於與無鬼論相結合，解決了思想史上孔墨對於鬼、葬二事之爭的問題；其次，在以無鬼爲薄葬的前提上，又表現出高度的邏輯性。

在認識論上，王充反對「生而知之」的先驗論，主張「學而知之」的經驗論。在漢代，這兩種不同的論調是配合著有神論與無神論的論爭而發展的。所以，「生而知之」這個命題其實可以擴大而爲「聖人神而先知」。王充繼承墨子、荀子、韓非一派的看法，堅持以客觀存在爲認識對象，以目見耳聞的感覺經驗爲認識的憑藉，强調「知物由學，學之乃知」、「如無聞見，則無所狀」，堅決反對把聖人神化，否定有所謂「生知者」。雖然如此，王充並不反對以事實和經驗爲根據的「預見」，因此，王充同意在一定意義上，「賢聖之才，皆能先知」。王充在這些地方的觀點，較之先秦的經驗論者並無太大的發明，但是其價值却在與董學的對立上顯現出來。他代表的正是無神論者的異端說法。「學而知之」在中世紀思想史上是一個傑出的哲學命題，明末清初的王夫之（1619-1692），雖與王充相隔千餘年，却明顯承借此一系統。此外，王充在認識論上，將感性與理性同等地予以强調，而無所偏廢，雖不能說一定淵源於荀子，但與荀子十分相近。

《論衡》中有關宣揚漢德的六篇文字，與王充在其他各篇中反天人感應的論調，不甚協調，其主旨與用意頗滋爭議。其實，「宣漢」的主題，由於反覆擧證、論理辯詰的各種需求，實已遍及《論衡》三分之一的篇幅。細繹之，王充宣漢的目的在於破除儒者所謂「漢興已來，未有太平」的謬說，並爲章帝建初孟年的旱災脫罪；同時更在表彰《論衡》的褒頌作用，爲己求進。王充宣漢是採取漸進而迂廻的步驟。他先以「齊世論」取代「貴古賤今」之說，建立「古今齊同」、「漢德不劣於唐虞」的基本觀念，然後說漢德高於周，甚至高於百代。由此進一步宣揚章帝功德，並引出賢臣聖君遇合的重要。最後，力陳能「造論著說」、

「頌上恢國」的鴻筆之臣的重要性，實即影射他本人及《論衡》的不容忽視。如此周折的立論，眞是空前絕後！此人機心之重、心理之不平衡，於此盡現無遺。

總括言之，在漢代那個陰陽化的儒學被奉爲正統官學的社會裏，王充無疑地是異說思想的最主要代表人物。他秉著學術的良心和超人的勇氣，對於社會上不平的現象或不實的言論作嚴厲的撻伐。雖然他的辯駁方式未必全然高明，有時甚至顯得迂廻糾繞，但是這種勇氣是絕對值得嘉許的。此外，在今古文對立的兩漢經學界裏，王充的思想尤其具有超時代的意義。據一般的了解，古文學家崇尚自然主義，今文家則鼓吹神秘思想。但是，漢代的經古文學家，由於經學偶像的約束，有著種種的缺點。例如他們只敢準諸神聖的教條以爭思想的邪正，而不敢本之客觀的事理以爭思想的是非，只以取得正宗博士官的合法地位爲滿足，而沒有否定現實黑暗的變革思想。到了末流，更不惜推演讖緯及其天人感應之說，以求容媚於王權，喪失了自別於論敵的理論特點。王充宗《左氏》而不宗《公羊》，是古文而非今文，自劉光漢以來已成定論。王充崇尚自然的思想取向與古文家頗爲一致，但是他公然從道家的世界觀上批判了漢代的正統儒家，大膽地揭示自然主義的立場，這種精神是一般的古文家所不能及的。可惜，當事情一旦迫近於現實性的政治領域時，王充就依違規避起來，對於即命今上不免束縛於君臣之義的傳說歌功頌德。這表明王充是勇於不甚切身的文化批判，而怯於生命攸關的政治鬪爭。此乃專制政體儒生的一種典型。

質言之，王充思想雖有因時代的約限而導致的缺陷，但他在批判中所表現出來的思想優點，却是漢代思想界最奇偉的瓌寶。

所謂「小瑕不掩大瑜」，吾人應正視他的優點，而予他在思想史上一席重要的地位。

王充年譜

東漢諸子最顯著的共同特色是立論大都針對當代的政治、社會情實而發，有關哲理的推演和疏導反居其次。這在王充的《論衡》、王符的《潛夫論》、仲長統的《昌言》、荀悅的《申鑒》、徐幹的《中論》諸書中，均可得到印證。若較之以西漢初葉董仲舒的《春秋繁露》、劉安的《淮南子》，或西漢末葉揚雄的《太玄》等義理綿密之作，更益見出東漢諸子的此種特色。推究造成這種現象的原因，不外乎由於入漢以後，學者多雜採先秦諸子之說以成其學，目的僅在捨短取長以求因應時勢之需，或藉以譏刺時政世俗，或藉以躍登青雲之階，而無意於哲理的建樹。因此，卽若有專論哲理的文字，也都不出先秦諸子的範疇。東漢以後，學者目睹專制政體下的社會弊病百出，有思改革之心益發急切，在哲理的建樹上益是闕如。

王充的《論衡》在呈現前述這種特色上，最具代表性。原因在於他稟性率直、不苟世俗、不畏權威，常毫不避諱地批評或擧證時事。正因如此，《論衡》中有許多言論可以印證史實，證明王充立論非無的放矢；而且，對王充一生所聞見諸事的考察也非常有助於吾人對王充思想的了解。知其人，知其事，知其言，這種思想史研究的貫則，在王充思想的探索中，尤其具有非凡的意義。

有關王充的生平，最直接而可靠的資料為《論衡・自紀》篇及該書中有些足以與史實相印證的記載。〈自紀〉篇因係王充晚年自紀生平之作，於其一生處世爲人，乃至著書立說的取捨原則多所申說，宛如一篇心理學的自我剖白，最有助於吾人對王充獨特的心態性格之了解。其他可資參考的資料，依次爲范曄的《後漢書・王充傳》，謝承、袁山松各自所著的《後漢書・王充傳》，韓愈的〈後漢三賢贊〉以及阮元（1764-1849）的〈疇人王充傳〉。

本章就上述資料，配合相關的史料（如《後漢書》的本紀、志、列傳和《資治通鑑・漢紀》，以及《古今注》等）和類書（如《太平御覽》、《藝文類聚》、《意林》等），並參照當今學者（如黃暉、田宗堯、蔣祖怡、鍾肇鵬等）的研究成果，擬定王充年譜。一方面言王充個人之事蹟；一方面明王充的社會背景。本年譜的兩大特色是：第一、以史實印證《論衡》之言，試圖藉此了解王充對當時社會百態及世事民情的觀照角度；第二、兼顧東漢學術思想界以及實際民生的各種動態，務求從心、物雙邊的發展，透析王充的社會背景和思想淵源。

東漢光武帝建武三（27）年，王充生

1. 充字仲任；會稽上虞（今浙江餘姚縣西南）人。

《論衡・自紀》曰：「王充者，會稽上虞人也，字仲任。……建武三年充生」。

《後漢書・王充傳》曰：「王充字仲任，會稽上虞人也」。

2. 充原籍魏郡元城（今河北省大名縣東）。

〈自紀〉：「其先本魏郡元城一姓。幾世嘗從軍有功，封會稽陽亭，一歲倉卒國絕，因家焉，以農桑爲業。世祖勇任氣，卒咸不揆於人。歲凶，橫逆傷殺，怨仇衆多；會世擾亂，恐爲怨仇所擒，祖父汎舉家擔載，就安會稽，留錢塘縣，以賈販爲事。生子二人，長曰蒙，少曰誦。誦卽充父。祖世任氣，至蒙、誦滋甚。故蒙、誦在塘，勇勢凌人，末復與豪家丁伯等結怨，舉家徙處上虞」❶。

《後漢書》本傳：「其先自魏郡元城徙焉」❷。

按：〈自紀〉所謂「一姓」，意甚難解，疑有訛誤。而《漢書・元后傳》謂陳完奔齊，「齊桓公以爲卿，姓田氏。十一世田和有齊國，三世稱王。至王建爲秦所滅。項羽起，封建孫安爲濟北王。至漢興，安失國，齊人謂之王家，因以爲氏。文景間，安孫遂，字伯紀，處東平陵，生賀，字翁孺，爲武帝繡衣御史。……翁孺以奉使不稱，免。……旣免，而與東平陵終氏爲怨，乃徙魏郡元城」❸。黃暉據此遂以仲任爲王翁孺之支庶，與王莽同族❹。實則充自稱出於「細族孤門」、「以農桑爲業」、「以賈販爲事」，以充之個性絕無隱藏出自豪門之必要。自述旣明，吾人無庸牽强附會、攀龍附鳳地追考其世族。

3.充祖父汎、父誦、伯父蒙，均任氣使勇，勇多結怨仇。充受其影響，亦好做不平之鳴。

〈自紀〉：「充細族孤門。或啁之曰：『宗祖無淑懿之基，文墨無篇籍之遺，雖著鴻麗之論，無所稟階，終不爲高。夫

---

❶ 見《論衡校釋》卷30，頁1179。
❷ 見《後漢書集解》卷49，頁585。
❸ 見《漢書補註》卷98，頁1703。
❹ 同前❶。

氣無漸而卒至曰變，物無類而妄生曰異，不常有而忽見曰妖，詭於衆而突出曰怪。吾子何祖？其先不載，況未嘗履墨涂、出儒門；吐論數千萬言，宜爲妖變，安得寶斯文而多賢？』答曰：鳥無世，鳳凰；獸無種，麒麟；人無祖，聖賢；物無常，嘉珍。……母驪犢騂，無害犧牲；祖濁裔清，不牓（讀作妨）奇人」❺。

按：王充在此文中力辯「人無祖，聖賢」，目的在抗議當時的門第觀念，同時力圖掙脫其父祖、任氣使勇、胸無積墨的傳統。實則王充勇於撻伐、不苟世俗、不畏權威的個性就是此「任氣使勇」的個性在「禮教薰陶」下的理性轉移，這在下文所述王充的求學過程中即可獲得印證。而充父祖多結怨仇、滋事肇隙實爲當代風氣所使然。據《後漢書・桓譚傳》云：「今人相殺傷，雖已伏法，而私結怨仇，子孫相報，後忿深前，至於滅戶殄業，而俗稱豪健」❻。又《太平御覽》五一八引王褒集〈僮約注〉：「漢時官不禁報怨」❼。可見漢代報仇之風鼎盛，充父祖的行迹自非奇特難容。問題在於充以子孫之名行史家之實，一無隱瞞地敍述父祖敗德，自是不能見容於衞道之士。首先就此提出詰難的是劉知幾《史通・序傳》，其後有王鳴盛的《十七史商榷》、錢大昕的《十駕齋養新錄》。此與《後漢書》本傳所稱的「鄉里稱孝」之事實相違，可見事隔境遷，觀點亦互異。

---

❺ 同前❶，頁1196-1197。
❻ 同前❷，卷28上，頁352。
❼ 同前❻。

光武建武四（28）年，充二歲

1.夏四月，旱，蝗。

見《通鑑・漢紀》卷 36 及《古今注》。

2.桓譚為議郎給事中。

袁宏《後漢紀》：「初上訪博通之士于司空宋弘，弘薦沛國人桓譚，以爲才學博聞幾及劉向、揚雄，召拜議郎給事中」❽。

3.陳元、范升議立《左氏春秋》，帝以陳元之議而立左氏學，但旋即廢除。

《論衡・案書》篇：「光武皇帝之時，陳元、范升上書連屬，條事是非，《左氏》遂立」❾。

《後漢書・范升傳》及同書〈陳元傳〉並有記載。

按：《左傳》爭立學官一事，在漢朝至少有三次記錄。第一次是哀帝時劉歆爲伸張《左氏春秋》、《毛詩》《逸禮》、《古文尙書》四家經說，與當時五經博士爭論激烈。曾作〈讓太常博士書〉，指責今文家「信口說而背傳記，是末師而非往古」、「保殘守缺」、「亡從善服義之公心」、「專己守殘」、「黨同門妬道眞」❿，因而忤逆大臣，爲諸儒所訕。第二次便是陳元與范升在光武建武四年的當殿大議，結果《左氏》雖立，旋廢。第三次，則爲建初年間，賈逵與李育論《左氏》、《公羊》長短，此詳下文。

---

❽ 見袁宏《後漢紀》卷 4，頁31。
❾ 同前❶，卷29，頁1158。
❿ 同前❸，卷36，〈楚元王傳〉，頁978-979。

建武五（29）年，充三歲

1.光武帝初起太學。

按：《後漢書》之〈光武紀〉、〈儒林傳〉和《東觀漢記》以及袁宏《後漢紀》所載並同，唯《水經・穀水注》引漢順帝陽嘉元年碑文云：「建武二十七年造太學。」似有舛誤，疑此「造」乃「修建」之意，並非始建。

2.班彪著〈王命論〉。

《後漢書・班彪傳》：「時隗囂擁衆天水，彪乃避難從之。……彪既疾囂言，又傷時方艱，乃著〈王命論〉」⓫。

建武六（30）年，充四歲

1.桓譚上書陳事。

《後漢書・桓譚傳》：「大司馬宋弘薦譚，拜議郎給事中，乃上疏陳時政所宜」⓬。

按：建武二年二月，宋弘繼王梁爲大司空。建武六年十二月壬辰，大司空宋弘免。《後漢書》之〈光武帝紀〉和〈宋弘傳〉所載並同。又按〈光武紀〉，建武六年夏蝗，九月日食；冬十月丁丑詔曰：「其勑公卿擧賢良方正各一人；百僚並上封事，無有隱諱」⓭。則桓譚上疏當在此時，王充對桓譚推崇備至，其思想也深受桓譚影響。

⓫ 同前❷，卷40上，頁477。
⓬ 同前❻，頁351。
⓭ 同前❷，卷1下，頁51。

2.賈逵生。

《後漢書・賈逵傳》：「永元十三年卒，時年七十二」⓮。

3.鄭興為太中大夫。（事見《後漢書・鄭興傳》）⓯

4.朱浮上書，諫不宜急責臣下立功，以免爭飾詐偽，以希虛譽。（事見《後漢書・朱浮傳》）⓰

建武七（31）年，充五歲

1.春正月，光武帝下薄葬詔。

《後漢書・光武帝紀》，詔曰：「世以厚葬爲德，薄終爲鄙，至于富者奢僭，貧者單（單，盡也）財，法令不能禁，禮義不能止，倉卒乃知其咎。其布告天下，令知忠臣、孝子、慈兄、悌弟薄葬送終之義」⓱。

按：漢時厚葬之風盛行，至於破家而葬，故光武帝明令以告天下。其後，明帝永平十二年又申薄葬之義。由此可見，王充的薄葬論，不僅是其無鬼論在邏輯上的必然發展，也是針對當時社會上厚葬的陋習而發的。

2.鄭興因帝躬勤政事，頗傷嚴急，而上書諫宜留思柔尅之政。（事見《後漢書・鄭興傳》）⓲

3.鄭興議郊祀，反對圖讖。

《後漢書・鄭興傳》：「帝嘗問興郊祀事曰：『吾欲以讖斷之，何如？』興對曰：『臣不爲讖。』帝怒曰：『卿之不爲

⓮ 同前❷，卷36下，頁446。
⓯ 同前⓮，頁440。
⓰ 同前❷，卷33，頁411。
⓱ 同前⓭，頁52。
⓲ 同前⓮，頁440。

讖，非之邪？』興惶恐曰：『臣於書有所未學，而無所非也。』帝意乃解」⓳。

按：議郊祀事，袁宏《後漢紀》卷 6 及《通鑑・漢紀》卷44均繫於建武七年。鄭興數言政事，依經守義，文章溫雅，然以不善讖，故不能任用。此爲王充之前的學者反圖讖之例。

4.大司農江馮上書「宜令司隸校尉督察三公。」司空掾陳元上書勸止，以為應「勞心下士，屈節待賢」。（事見《通鑑・漢紀》卷 34）⓴

5.班固生。

按：《後漢書・班固傳》謂固卒於永元四（92）年，則生年當在此時。劉文如《四史疑年錄》卷 1 謂：「班固得年六十一，生於光武建武八（32）年。」略有差誤。

建武八（32）年，充六歲

1.充始學書數。

〈自紀〉：「六歲教書，恭愿仁順，禮敬俱備，矜莊寂寥，有巨人之志，父未嘗笞，母未嘗非，閭里未嘗讓」㉑。

按：《太平御覽》卷 385 引《會稽典錄》云：「七歲教書數」，與〈自紀〉所言差一歲。

2.大水。（事見《後漢書・光武帝紀》）

⓳ 同前⓲。

⓴ 見標點校勘《資治通鑑》卷42，頁1353-1354。

㉑ 同前❶，頁1180。

建武九（33）年，充七歲

1.春旱。（事見《古今注》）

建武十（34）年，充八歲

1.充學於書館，表現優異。

〈自紀〉：「八歲出於書館；書館小僮百人以上，皆以過失袒謫，以書醜得鞭。充書日進，又無過失」㉒。

2.十月，樂浪、上谷雨雹傷稼。（見《古今注》）

建武十一（35）年，充九歲

1.充手書旣成，辭師受《論語》、《尚書》，日誦千字。

黃暉〈王充年譜〉：「按八歲出於學館，手書之成，尙須時日，受《論語》、《尙書》，當爲隔年事，故誌於此」㉓。

建武十二（36）年，充十歲

1.班彪入京。

袁宏《後漢紀》卷6：「（建武十二年）竇融與五郡太守還京師」㉔。

《後漢書·班彪傳》上：「（彪）避地河西。河西大將軍竇融以爲從事，深敬待之，接以師友之道。彪乃爲融畫策事漢，總西河以拒隗囂。及融徵還京師，光武問曰：『所上章奏，誰與參之？』融對曰：『皆從事班彪所爲。』帝雅聞彪

㉒ 同前㉑。
㉓ 同前❶，附編二〈王充年譜〉，頁1212。
㉔ 同前❽，卷6，頁52。
㉕ 同前⓫，頁477。

才，因召入見，擧司隸茂才，拜徐令，以病免」㉕。

陳漢章《馬彪作史年歲考》：「班彪以建武十二年丙申三十四歲，自河西入朝。」

2.五月旱，又河南、平陽雨雹，大如杯，壞民廬舍。（見《古今注》）

建武十三（37）年，充十一歲

1.充父誦歿。

按：《後漢書・王充傳》稱：「充少孤，鄉里稱孝」。黃暉〈王充年譜〉謂：「按充六歲時，父母尙存，則其父歿，當在此數年間」㉖。

建武十四（38）年，充十二歲

1.會稽大疫，死者萬數。（事見《後漢書・光武帝紀》及同書〈鍾離意傳〉）

2.大中大夫梁統上疏請減刑，事寢不報。（事見《資治通鑑・漢紀》卷35)

建武十五（39）年，充十三歲

1.韓歆父子以直言獲罪，自殺身死。

《資治通鑑・漢紀》卷35：「春正月，辛丑，大司徒韓歆免。歆好直言，無隱諱，帝每不能容。歆於上前證歲將饑凶，指天畫地，言甚剛切，故坐免歸鄉里。帝猶不釋，復譴使宣詔責之；歆及子嬰皆自殺。歆素有重名，死非其罪，衆

㉖ 同前㉓。

多不厭。帝乃追賜錢穀，以成禮葬之」㉗。

按：《論衡・對作》篇：「《論衡》、《政務》其猶詩也。冀望見采，而云有過。斯蓋《論衡》之書有以興也。且凡造作之過，意其言妄而謗誹也。《論衡》實事疾妄，〈齊世〉、〈宣漢〉、〈恢國〉、〈驗符〉、〈盛褒〉、〈須頌〉之言，无誹謗之辭，造作如此，可以免于罪矣」㉘。王充努力爲自己脫罪，其意甚明。而當時確實不乏以直言獲罪的例子，韓歆便是其中之一。

2.光武帝下令檢覈墾田情實。

《通鑑・漢紀》卷35：「帝以天下墾田多不以實自占，又戶口、年紀互有增減，乃詔下州郡檢覈。於是刺史、太守多爲詐巧，苟以度田爲名，聚民田中，並度廬舍、里落，民遮道啼呼；或優饒豪右，侵刻羸弱」㉙。

按：《論衡・定賢》篇：「白黑不分，善惡同倫，政治錯亂，法度失平」㉚。蓋有感而發。

3.二月，鉅鹿雨雹，傷稼。（事見《古今注》）

建武十六（40）年，充十四歲

1.十月，光武帝下令掃盪羣盜。（事見《後漢書・光武帝紀》下）

建武十七（41）年，充十五歲

㉗ 同前⑳，卷43，頁1384-1385。
㉘ 同前❶，卷29，頁1177。
㉙ 同前⑳，卷43，頁1386。
㉚ 同前❶，卷27，頁1115。

1. 劉英以楚公進爵為王。

《論衡・雷虛》篇：「道士劉春熒惑楚王英，使食不清，春死未必遇雷也」㉛。

2. 潛山李廣起義。（事見《後漢書・光武帝紀》下）

建武十八（42）年，充十六歲

1. 罷州牧，置刺史。（事見《後漢書・光武帝紀》）

2. 二月，蜀郡守將史歆反，宕渠楊偉等起兵應之。（事見《通鑑・漢紀》卷35）

3. 五月，旱。（事見《通鑑・漢紀》卷35）

建武十九（43）年，充十七歲

1. 帝使桓榮、鍾興授太子經。（事見《通鑑・漢紀》卷35）

按： 東漢帝王特重儒學，每使皇太子及宗室諸侯學於博士經師，經學的權威鼎盛。王充力斥經書中不實之言，當然有受到此種情況的刺激。

建武二十（44）年，充十八歲

1. 王充詣京師太學，受業班彪，並會見班固㉜。

㉛ 同前❶，卷6，頁293。

㉜ 王充曾否到京師求學並師事班彪，由於在〈自紀〉篇中尋不出任何痕迹，學者頗致懷疑，其中以徐復觀首先發難，他所持的理由是：⑴〈自紀〉篇中非但尋不出正面的證據，而且有反證存在—未嘗履墨塗、出儒門；⑵《論衡》中雖對班彪褒獎有加，但字裏行間似無師生的意味在內，此與王充不自謙抑的性格不符；⑶班彪一生並無任教太學之經歷，亦無私人講述之記錄；⑷〈別通〉、〈案書〉諸篇贊頌班固之才華，遂引起謝承、司馬彪之附會，

《後漢書・王充傳》：「後到京師受業太學，師事扶風班彪，好博覽而不守章句」㉝。

袁山松《後漢書》：「充幼聰明，詣太學」㉞。

謝丞《後漢書》:「班固年十三，王充見之，拊其背謂彪曰:此兒必記漢事」㉟。

《意林》引《抱朴子》佚文:「王仲任拊班固背曰:『此兒必爲天下知名』。」

按: 以上記載雖未明言王充何時入京受業太學、師事班彪。但據《後漢書・班彪傳》謂:「光武雅聞彪才，因召入見，舉司隸茂才，拜徐令。……彪復辟司徒玉況府」㊱。玉況爲司徒在建武二十三年，則班彪自建武十二年入京，直至二十三年仍在洛陽。王充師事班彪當在此時期。再證以王充見班固 (31-92) 時，班固年僅十三，則王充之師事班彪當在建武二十年不誤。沈欽韓《後漢書疏證》謂:「充爲掾，固已爲郎，名輩在先，豈得云充呼固小兒乎?」㊲事實上，班固遷爲郎，乃永平六 (63) 年之事。建武二十年時，班固尚在誦讀中，呼

(續) 而謂王充曾撫班固之背，揑造史實。然而，徐氏的疑慮也有不合情理之處:(1)《後漢書・班固傳注》引謝承書以及《北堂書鈔》引司馬彪書並同，又《意林》引《抱朴子》意亦相近，如無此事，爲何謝承、司馬彪等人無中生有，如此無聊?(2)由《論衡》中可見王充對朝廷大事非常關懷，若非曾到京都洛陽，而只一輩子窩居鄉里，恐難成就這種胸懷;(3)徐氏於〈王充傳〉多所懷疑，態度偏激，持論不公。

㉝ 同前❷。

㉞ 同前❷，〈王充傳〉注引，頁585。

㉟ 同前❷，卷40上，〈班固傳〉注引，頁479。

㊱ 同前㉟，頁477-478。

㊲ 同前㉟。

之爲兒，並不爲過。黃暉於此事亦失考，他繫王充師事班彪一事於建武三十(54)年，彼時王充已年屆二十八，豈能稱「幼」？王充對於班彪素甚尊崇，其命定論有受到班彪一定程度的影響，無須置疑。但是，王充的哲學體系却與班彪不同，此已詳於前。王充在〈自紀〉中不提及班彪，可能有兩個原因：第一，王充是反對博士傳統的；第二，王充的專門之學是在謝師之後造詣所得。王充在太學的時間雖然並不長，最多只有五、六年時間卽歸鄉里，但據《後漢書》本傳說：「家貧無書，常游洛陽市肆，閱所賣書，一見輒能誦憶，遂博通衆流百家之言。」則此時期對成就王充日後之學影響甚大。

2. 匈奴寇天水、上黨，遂至扶風。（事見《通鑑・漢紀》卷35）

建武二十一（45）年，充十九歲

1. 烏桓與匈奴、鮮卑連兵為寇。（事見《通鑑・漢紀》卷35）

2. 六月旱。（事見《古今注》）

建武二十二（46）年，充二十歲

1. 劉昆為光祿大夫。

《後漢書・儒林劉昆傳》：「二十二年，徵代杜林爲光祿勳。詔問昆曰：『前在江陵，反風滅火；後守弘農，虎北渡河。行何德政，而致是事？』昆對曰：『偶然耳』。左右皆笑其質訥。帝歎曰：『此迺長者之言也』。顧命書諸策」㊳。

按：《論衡・初稟》篇曰：「光祿大夫劉琨（黃暉註：

㊳ 同前㉔，卷79上，頁909。

《後漢書・儒林傳》、陳留《耆舊傳》並作昆）前爲弘農太守，虎渡河，光武皇帝曰：『偶適自然，非或使之也』」㊴。此段記載與史實稍有出入，蓋誤以劉昆之言爲光武所說。但王充言世事無由，端賴治期的「適偶」之說，必有受其啓發。

建武二十三（47）年，充二十一歲

1. 班彪被辟為司徒掾，上書言宜立太子師保，同時已開始撰著《史記後傳》。

《後漢書・班彪傳》：「彪復辟司徒玉況府，時東宮初建，諸王國並開（李賢註：建武二十三年，玉況爲司徒，十九年建明帝爲太子，十七年封諸王），而宮屬未備，師保多闕。彪上言曰：『……宜博選名儒有威重通政事者，以爲太子太傅，東宮及諸王國備置官屬……』」㊵。

按：玉況既在建武二十三年遷司徒，班彪被辟爲司徒掾亦應在此時。又據《漢書》中〈韋賢〉、〈翟方進〉、〈元后〉三傳之贊均稱「司徒掾班彪」，可見班彪作《史記後傳》當在任司徒掾期間。

2. 南郡蠻反，武陵蠻精夫相單程等反。（事見《通鑑・漢紀》卷36）

3. 京師郡國十八大蝗，旱。草木盡。（事見《古今注》）

建武二十四（48）年，充二十二歲

1. 秋七月，武陵蠻寇臨沅。（事見《通鑑・漢紀》卷36）

㊴ 同前❶，卷3，頁123。
㊵ 同前㉟，頁478。

建武二十五（49）年，充二十三歲

1.春正月，遼東徼外貊人寇邊，太守祭肜招降之。（事見《通鑑·漢紀》卷36）

建武二十六（50）年，充二十四歲

1.初作壽陵，以狹小、簡陋為度。

《通鑑·漢紀》卷36，建武二十六年帝曰：「古者帝王之葬，皆陶人、瓦器、木車、茅馬，使後世之人不知其處。太宗識終始之義，景帝能述遵孝道，遭天下反覆，而霸陵獨完受其福，豈不美哉？今所制地不過二、三頃，無山陵陂池，裁令流水而已。使迭興之後，與丘隴同體」㊶。

《論衡·對作》篇：「光武皇帝，草車茅馬，為明器者不姦何？」㊷

按：光武不主張壯其陵寢，意在自保，其用心固與王充薄葬之論有異，但薄葬一義，已為君王所納，可見王充言薄葬，並無標新立義、駭人聽聞之嫌。

建武二十七（51）年，充二十五歲

1.帝舅壽張恭侯樊宏薨，遺令薄葬，一無所用，帝善其令。（事見《通鑑·漢紀》卷36）

2.大司徒玉況薨。（事見《通鑑·漢紀》卷36）

3.改「大司徒」為「司徒」，以馮勤代之。（事見《後漢書·光

㊶ 同前⑳，卷44，頁1414-1415。

㊷ 同前❶，卷29，頁 176。

武帝紀》下)

4.班彪《史記後傳》當成於此年前後，王充對該書推崇備至。

《論衡・超奇》篇：「班叔皮續《太史公書》，百篇以上，記事詳悉，義浹理備，觀讀之者以爲甲，而太史公乙」㊸。

按：班彪著《史記後傳》時，身爲司徒掾。玉況死後未久，班彪卽被薦擧爲望都（今河北淸苑縣西南）長，故《史記後傳》之完成約當在此際。

建武二十八（52）年，充二十六歲

1.班彪離京赴任望都長職。

《後漢書・班彪傳》：「後察司徒廉，爲望都長，吏民愛之」㊹。

按：司徒是指馮勤。「司徒」原名「大司徒」，建武二十七年去「大」而改爲「司徒」。由此可見推薦班彪爲望都長的人絕不是玉況。而班彪死於建武三十（54）年，馮勤在永元二(56)年卒於司徒任上，故班彪出任望都長職最可能的時間便在此際。望都彼時爲中山國十三城之一。

2.王充謝師而專門以成一家之學，並且歸鄉里，屛居教授。

《後漢書・王充傳》：「後歸鄉里，屛居教授。」

《論衡・自紀》篇：「辭師受《論語》、《尙書》，日諷千字。經明德就，謝師而專門，援筆而衆奇。所讀文書，亦日

㊸ 同前❶，卷13，頁615。

㊹ 同前㉟，頁479。

博多」㊺。

按： 王充謝師當在班彪離京時。王充專門之學亦在此後數年間得以形成，因爲王充最主要的代表作《論衡》起草於永平初年(詳下)，其專門之學必成於撰寫此書之前；再者，根據〈自紀〉之言，其專門之學是成就於謝師之後，而非在太學誦讀之時，故以此推測王充在謝師之後，返回會稽，一面屏居教授，一面成就其專門之學㊻。

3. 光武帝拜博士張佚為太子太傅，以博士張榮為少傅。（事見《通鑑・漢紀》卷36）

4. 三月，郡國十八蝗。（事見《古今注》）

建武二十九（53）年，充二十七歲

1. 第五倫拜會稽太守，力除迷信惡習。

《後漢書・第五倫傳》：「二十九年……有詔以爲扶夷長，未到官，追拜會稽太守。……會稽俗多淫祀，好卜筮。民常以牛祭神，百姓財產以之困匱，其自食牛肉而不以薦祠者，發病且死先爲牛鳴，前後郡將莫敢禁。倫到官，移書屬縣，曉告百姓：其巫祝有依託鬼神詐怖愚民，皆案論之；有妄屠

㊺ 同前❶，頁1180。

㊻ 徐復觀〈王充論考〉，以爲王充屏居教授一事，在《論衡》中非但無痕迹可尋，且有强力的反證。因爲〈書解〉篇說：「或曰：文儒不若世儒。……世儒說聖人之經……故在官常位……門徒聚衆，招會千里……文儒爲華淫之說，於世無補，故無常官。弟子門徒，不見一人……。答曰：不然。文儒之華，卓絕不循……業雖不講，門雖無人，書文奇偉，世人亦傳。」但是，以常理推測，王充自洛陽歸會稽後，既無法承繼父親衣缽，棄文從商，遂暫以教授爲業，旋即仕郡爲功曹，並非不可能。只因任教授時日短，並無名徒，故〈自紀〉篇未載。

牛者，吏輒行罰。民初頗恐懼，或祝詛妄言，倫案之愈急，後遂斷絕，百姓以安」㊼。

按：《通鑑·漢紀》卷36繫此事於建武三十一年下，未知何據。第五倫任會稽太守時，王充也在會稽，故對第五倫治績印象深刻。到建初元年，第五倫以司空身分賑災有功，王充尚且為文稱頌。詳後文「建初元年」下。由此事也可知會稽淫俗之一斑，王充「疾虛妄」當有受會稽淫俗之刺激。

2.四月，武威、酒泉、清河、京兆、魏郡、弘農蝗。（事見《古今注》）

建武三十（54）年，充二十八歲

1.王充開始出仕郡縣，為功曹掾吏，當在此前後。

《後漢書·王充傳》：「仕郡為功曹，以數諫諍不合去」㊽。

《論衡·自紀》：「在縣位至掾功曹，在都尉府位亦掾功曹，在太守為列掾五官功曹行事，入州為從事。……貶黜抑屈，不恚下位，比為縣吏，無所擇避」㊾。

《後漢書·王充傳》：「在郡為功曹，以數諫不合，去。」

按：《續漢書·百官志》五，郡、都尉、縣下皆云置諸曹掾史，且原注曰：「有功曹史，主選署功勞。」王充歷任縣、郡（按：太守即郡守之謂，為郡的行政長官）、都尉府（按：都尉為郡的軍事長官）之功曹掾史（按：

㊼ 同前❷，卷41，頁499。
㊽ 同前❷，頁585。
㊾ 同前❶，頁1180-1183。

正曰掾，副曰屬），主管選署功勞，不預民事。而州從事一職，則爲刺史佐吏。東漢時，刺史以每年八月巡行所部，錄囚徒，考殿最，猶明代之巡按御史。則王充所任諸職均與考核虛實、稽察功過有關。以王充不苟世俗的個性，在執行任務時，是絕對不容許任何掩過藏失之處，自然屢遭排斥，貶黜抑屈也就在所難免。不過王充任縣、府、郡功曹及州從事，非一年內事，但《論衡》係因宦途失意、憤世疾俗而作，故開始宦海生涯必早於起草《論衡》，姑志於此。

3.春二月詔曰：「即位三十年，百姓怨氣滿腹。」以是，不行封禪。（事見《通鑑・漢紀》卷36）

4.五月，大水。（事見《通鑑・漢紀》卷36）

5.六月，郡國十二大蝗。（事見《古今注》）

建武三十一（55）年，充二十九歲

1.五月，大水。（事見《通鑑・漢紀》卷36）。

2.郡國大蝗。（事見《後漢書・光武帝紀》下及《古今注》）

《論衡・商蟲》篇：「建武三十一年，蝗起太山郡，西南過陳留、河南，遂入夷狄；所集鄉縣，以千百數。當時鄉縣之吏，未皆履畝，蝗食穀草，連日老極，或蜚徙去，或止枯死。當時鄉縣之吏，未必皆伏罪也。夫蟲食穀自有止期，猶蠶食桑自有足時也。生出有日，死極有月，期盡變化，不常爲蟲。使人君不罪其吏，蟲猶自亡。……生春夏之物，或食五穀，或食衆草。食五穀，吏受錢穀也；食他草，受人何物？」[50]

[50] 同前❶，卷16，頁711-712。

按：〈商蟲〉所言確係有感而發，此爲王充疾虛妄之一例。

光武中元元（56）年，充三十歲

1. 光武讀《河圖・會昌符》曰：「赤劉之九，會命岱宗」，遂感而行封禪之禮。（事見《通鑑・漢紀》卷36及《後漢書・光武帝紀》下）

按：《論衡・宣漢》篇：「光武皇帝升封，天晏然無雲」[51]。所述卽此事。其他書中亦有關於雲氣的類似記載，如袁山松《後漢書》：「光武封泰山，雲氣成宮闕」[52]。馬第伯《封禪儀記》：「建武三十二年車駕東巡狩，……二月九日到魯……十九日之山虞，國家居亭，百官布野，此日山上雲氣成宮闕，百官並見之。二十一日夕牲時，白氣廣一丈，東南極望致濃厚，時天清和無雲」[53]。

2. 桓譚上疏反對迷信圖讖，以是獲罪，叩頭流血，乃得解，出為六安郡丞，道病卒。

《後漢書・桓譚傳》桓譚曰：「蓋天道性命，聖人所難言也。自子貢以下，不得而聞，況後世淺儒，能通之乎？今諸巧慧小才伎數之人，增益圖書，矯稱讖記，以欺惑貪邪，詿誤人主，焉可不抑遠之哉？臣譚伏聞陛下窮折方士黃白之術，甚爲明矣；而乃欲聽納讖記，又何誤也！其事雖有時合，譬猶卜數隻偶之類。陛下宜垂明聽，發聖意，屏羣小之曲說，述五經之正義」[54]。

---

[51] 同前[1]，卷19，頁821。

[52] 《初學記》五、《太平御覽》三九並引。

[53] 見《全後漢文》卷29，頁632-633。

[54] 同前[2]，卷28上，頁352 。

按：桓譚反讖緯迷信的勇氣，予王充極大的鼓勵。《論衡》中有二十六次提及桓譚，除了〈亂龍〉篇以外，幾乎全是讚頌之語。此待後詳。

3. 是歲，起明堂、雲臺、辟雍，宣布圖讖於天下。（事見《後漢書・光武帝本紀》及《通鑑・漢紀》卷36）

4. 秋，郡國三蝗。（事見《後漢書・光武帝本紀》下）。

5. 司徒馮勤卒，由李訢接任。（事見《通鑑・後漢紀》卷36）

中元二（57）年，充三十一歲

1. 二月戊戌，帝崩於南宮前殿。遺詔如孝文皇帝制度，務從約省。（事見《後漢書・光武帝紀》下）

2. 東平王蒼為驃騎將軍輔政。（事見《通鑑・漢紀》卷36）

明帝永平元（58）年，充三十二歲

1. 王充作〈譏俗〉、〈節義〉十二篇。

《論衡・自紀》：「俗性貪進忽退，收成棄敗。充升擢在位之時，衆人蟻附；廢退窮居，舊故叛去。志俗人之寡恩，故閑居作〈譏俗〉、〈節義〉十二篇」[55]。

按：依行文看，王充作〈譏俗〉、〈節義〉十二篇當在爲縣及都尉掾史之後，姑誌於此。

2. 宗均為東海相。（事見《後漢書・宗（今本宗誤作宋）均傳》）

《論衡・程材》篇：「東海相宗叔庠廣召幽隱」[56]。

按：宗叔庠卽宗均。

---

[55] 同前[1]，頁1184。

[56] 同前[1]，卷12，頁547。

3. 班固奏記東平王蒼，舉薦六儒，同時續乃父班彪撰《漢書》。

《後漢書・班固傳》：「永平初，東平王蒼以至戚爲驃騎將軍輔政，開東閤延英雄，時固始弱冠，奏記說蒼曰：『……故司空椽桓梁……京兆祭酒晉馮……扶風掾李育……京兆督郵郭基……涼州從事王雍……弘農功曹史殷肅……此六子者皆有殊行絕才，德隆當世』」57。

陳漢章《馬班作史年歲考》：「永平元年奏記說東平，卽以是年續父業」58。

永平二（59）年，充三十三歲

1. 明帝臨辟雍，行大射、養老之禮；並且制作五行章句，正坐自講，諸儒並聽。

《後漢書・明帝紀》：「永平二年三月）臨辟雍，初行大射之禮。……冬十月壬子，幸辟雍初行養老禮」59。

《東觀漢紀・明帝紀》：「（永平二年）三月初臨辟雍，行大射禮。冬十月幸辟雍，初行養老禮。……帝尤垂意經學，刪定擬議，稽合圖讖，封師太常桓榮爲關內侯，親自制作五行章句。每鄉射禮畢，正坐自講，諸儒並聽，四方欣欣。是時學者尤盛，冠帶縉紳，游辟雍而觀化者以億萬計」60。

按：袁山松《後漢書》：「（充）觀天子臨辟雍，作〈六儒論〉」61。此事它書均不載。據本年譜考證，此時王

57 同前2，卷40上，頁479-480。
58 見《綴學堂初稿》二。
59 同前2，卷2，頁67。
60 《東觀漢記》卷2，頁2。
61 同前2，〈王充傳〉注引，頁585。

充應已離京返鄉，不得觀天子臨辟雍，而且〈六儒論〉一文，諸史書及王充自己均未提及，疑係袁山松誤將班固奏記東平王蒼舉薦六儒一事繫於王充之下。以往學者於此事多失考。

永平三（60）年，充三十四歲

1.王充開始潛心著作《論衡》。

《後漢書・王充傳》：「充好論說，始若詭異，終有理實。以爲俗儒守文，多失其眞，乃閉門潛思，絕慶弔之禮，戶牖牆壁各著刀筆，著《論衡》八十五篇，二十餘萬言，釋物類同異，正時俗嫌疑」[62]。

謝承《後漢書》云：「於室內門戶壚（亦作牆）柱各置筆硯簡牘，見事而作」[63]。

按：據《論衡・須頌》篇：「論衡之人，在古荒流之地。」所謂「荒流之地」是指王充的家鄉浙江，在漢代它是邊遠地區，故稱爲「流」。由此推之，王充寫《論衡》時應正窮居家鄉，此與范曄文意正合。而且據《論衡・講瑞》篇：「爲此論草於永平之初」[64]，可見永平初年王充已起草《論衡》。但《太平御覽》六〇二引《論衡・自紀》篇曰：「《論衡》造於永平之末，定於建初之年。」一語，與〈講瑞〉所言不合。疑《太平御覽》有誤。而且《論衡》自草創至完全定稿，前後近三十年，《御覽》所言亦未必得實。此說詳後。

---

[62] 同前❷，頁585。

[63] 《初學記》二四引。

[64] 同前❶，卷16，頁735。

2.八月戊辰，依讖文詔改太樂官曰太予。（事見《通鑑・漢紀》卷36）

3.八月日食，鍾離意上緩刑罰疏。

《後漢書・鍾離意傳》：「……而天氣未和，日月不明，水泉湧溢，寒暑違節者，咎在羣臣不能宣化理職，而以苛刻爲俗。吏殺良人，繼踵不絕……願陛下垂聖德，揆萬機，詔有司，愼人命，緩刑罰，順時氣，以調陰陽，垂之無極！」[65]

4.京師及郡國七大水。（事見《後漢書・明帝紀》）

永平四（61）年，充三十五歲

1.十二月，酒泉大蝗。（事見《古今注》）

按：司馬彪《續漢書》：「永平四年詔曰：『比來水旱饑饉，加有軍旅』」[66]。可見彼時天災頻仍。

永平五（62）年，充三十六歲

1.曆不正，庚寅詔令楊岑署弦望月食官。

《後漢書・律曆志》中：「自太初元年始用三統曆，施行百有餘年，曆稱（當作「稍」）後天……未遑考正。至永平五年，官曆署七月十六日〔月〕食。待詔楊岑見時月食多先曆，即縮用筭上爲日，〔因〕上言『月當十五日食，官曆不中』。詔書令岑普〔候〕，與官〔曆〕課。起七月，盡十一月，弦望凡五，官曆皆失，岑皆中。庚寅，詔〔書〕令岑署

---

[65] 同前❷，卷41，頁504-505。

[66] 《太平御覽》二九引。

弦望月食官，復令待詔張盛、景防、鮑業等以四分法與岑課。歲餘，盛等所中多岑六事」(67)。

按：此時修正曆法已被視爲當務之急。

2.班固為蘭台令史，與陳宗、尹敏、孟冀共成〈世祖本紀〉；復遷為校書郎，典校秘書。（事見《後漢書・班固傳》）

《後漢書・班超傳》：「永平五年，兄固被召詣校書郎」(68)。

《論衡・須頌》篇：「陳平仲（即陳宗）紀光武」(69)。

按：蘭臺令史與校書郎都是整理宮中圖書的官吏。東漢有校書之任，而無校書之官。以郎居其任，則稱校書郎；以郎中居其任，則稱校書郎中。據《論衡》之〈超奇〉與〈案書〉篇中兩度稱班固爲尙書郎，可能班固原職爲尙書郎，轉任校書之官，亦未可知。以王充對班固的認識，似不應誤記其官職。

3.尹敏以坐系友人周慮而免官。（事見《後漢書・儒林尹敏傳》）

按：尹敏以不信讖而遭沉滯，並與班彪親善，其思想及遭遇於王充不無影響。

永平六（63）年，充三十七歲

1.二月，五雒山出寶鼎，盧江太守獻之。（事見《後漢書・明帝紀》）

按：《論衡・宣漢》篇謂孝明時「金出鼎見」，即指此事。

永平七（64）年，充三十八歲

---

(67) 同前❷，《後漢志》二，頁1088。
(68) 同前❷，卷47，頁564。
(69) 同前❶，卷20，頁854。

1.明帝使班固敘漢事，當在此兩年中。（事見《後漢書·班固傳》）

2.九江舊多虎暴，宗均以為咎在殘吏，宜退姦貪、進忠善。（事見《後漢書·宗均傳》及《通鑑·漢紀》卷37）

按：《論衡》有〈遭虎〉篇指斥其說之妄，並說：「虎所食人，亦命時也；命訖時衰，光氣去身，視肉猶尸也，故虎食之。天道偶會，虎適食人，長吏遭惡，故謂爲變應上天矣[70]。

永平八（65）年，充三十九歲

1.虞延為司徒。

《論衡·吉驗》篇：「虞子大（延字），陳留東莞人也。……位至司徒公」[71]。

《後漢書·虞延傳》：「八年代范遷爲司徒。」

2.楚王英奉黃縑、白紈，以贖愆罪，明帝還其贖，以助浮屠之盛饌。

《通鑑·漢紀》三十七：「有罪亡命者，令贖罪各有差。楚王英奉黃縑、白丸詣國相曰：『託在藩輔，過惡累積，歡喜大恩，奉送縑帛，以贖愆罪。』國相以聞，詔報曰：『楚王誦黃老之微言，尙浮屠之仁慈，潔齋三月，與神學誓，何嫌何疑，當有悔吝。其還贖以助伊蒲塞、桑門之盛饌。』初，帝聞西域有神，其名曰佛，因遣使之天竺求其道，得其書及沙門以來。其書大抵以虛無爲宗，貴慈悲不殺；以爲人

---

[70] 同前[1]，卷16，頁708。
[71] 同前[1]，卷2，頁87。

死，精神不滅，隨復受形；生時所行善惡，皆有報應，故所貴修煉精神，以至爲佛。善爲宏闊勝大之言，以勸誘愚俗。精於其道者，號曰沙門。於是中國始傳其術，圖其形像，而王公貴人，獨楚王英最先好之」[72]。

按：佛教在明帝時初傳入中國，楚王英奉之至篤。王充似未受佛家思想之影響。

3. 秋，郡國十四大水。（事見《通鑑・漢紀》卷37）

永平九（66）年，充四十歲

1. 帝為四姓小侯開立學校，置五經師。

《通鑑・漢紀》卷 37：「帝崇尙儒學，自皇太子諸王侯及大臣子弟、功臣子孫，莫不受經。又爲外戚樊氏、郭氏、陰氏、馬氏諸子立學於南宮，號四姓小侯。置五經師，搜選高能，以授其業。自期門、羽林之士，悉令通《孝經》章句。匈奴亦遣子入學」[73]。

按：東漢初年，經學之盛，由此可見一斑。

永平十（67）年，充四十一歲

1. 廣陵王荊畏罪自殺。（事見《後漢書・明帝紀》）

《論衡・恢國》篇：「廣陵王荊迷於孽巫，楚王英惑於俠客，事情列見。孝明三宥，二王吞藥」[74]。

永平十一（68）年，充四十二歲

---

[72] 同前[20]，卷45，頁1447。
[73] 同前[20]，卷45，頁1449-1450。
[74] 同前[1]，卷19，頁835。

1.瀵湖出黃金、麒麟、醴泉、白雉、嘉禾等並見。(事見《後漢書·明帝紀》)

《論衡·驗符》篇:「永平十一年,廬江皖侯國民(民疑衍)際有湖……太守遣吏收取,遣門下掾程躬奉獻」[75]。

〈講瑞〉篇:「孝明宣惠,衆瑞並至」[76]。

〈宣漢〉篇:「孝明時雖無鳳凰,亦致麟、甘露、醴泉、神雀、白雉、紫芝、嘉禾、金出鼎見,離木復合」[77]。

〈恢國〉篇:「孝明麒麟、神雀、甘露、醴泉、白雉、黑雉、芝草、連木、嘉禾……黃金之怪」[78]。

2.班固的〈兩都賦〉當作於此時。

《論衡·宣漢》篇:「觀杜撫、班固等所上漢頌,頌功德符瑞,汪濊深廣,滂沛無量,踰唐虞,入皇城」[79]。

按:《後漢書·班固傳》謂固在永平中遷爲郎之後作〈兩都賦〉。今據其賦中所云「寶鼎見兮色紛縕」(〈寶鼎詩〉)、「獲白雉兮效素鳥」(〈白雉詩〉),鼎見在永平六年,獲白雉在永平十一年,可知〈兩都賦〉必作於此時。

3.尹敏遷諫議大夫,卒于家。(事見《後漢書·儒林尹敏傳》)

永平十二(69)年,充四十三歲

1.永昌郡出金。

---

[75] 同前❶,卷19,頁836-837。
[76] 同前❶,卷19,頁839-840。
[77] 同前❶,卷19,頁822-823。
[78] 同前❶,卷19,頁832。
[79] 同前❶,卷19,頁824。

《論衡・驗符》篇：「永昌郡中亦有金焉」[80]。

按：《後漢書・明帝紀》：「十二年春正月，益州徼外夷哀牢王，相率內屬，於是置永昌郡」[81]。則永昌出金事，必在此後，姑志於此。

2.楊終為蘭台令史。

《論衡・佚文》篇：「楊子山（終字）爲郡上計吏，見三府爲〈哀牢傳〉不能成。歸郡作上，孝明奇之，徵在蘭臺」[82]。

按：《後漢書・楊終傳》雖載有此事，但未詳何年。今據〈佚文〉篇所言，可知必在哀牢王歸附以後，姑志於此。

3.十一月丙子，詔書令盛防代楊岑署弦望月食加時。四分之術，始頗施行。（事見《後漢書・律曆志》中）

4.十二月詔令薄葬。

《後漢書・明帝紀》永平十二年詔曰：「喪貴致哀，禮存寧儉。今百姓送終之制，競爲奢靡。生者無儋石之儲，而財力盡於墳土。伏臘無糟糠，而牲牢兼於一奠。糜破積世之業，以供終朝之費，子孫饑寒絕命於此，豈祖考之意哉！」[83]

5.汴渠東浸，日月彌廣，兗豫百姓怨歎。（事見《通鑑・漢紀》）

永平十三（70）年，充四十四歲

1.楚王英以謀逆之罪被廢。（事見《後漢書・光武十王列傳》）

按：據《漢書》所載，楚王英謀逆之罪乃由於私造圖讖，

---

[80] 同前[1]，卷19，頁841。
[81] 同前[2]，卷2，頁70。
[82] 同前[1]，卷20，頁861。
[83] 同前[2]，卷2，頁70-71。

假作符瑞所致。

永平十四（71）年，充四十五歲

1.楚王英自殺，國除。

《通鑑·漢紀》卷 37：「（永平十四年）楚王英至丹陽，自殺。……是時窮治楚獄，遂至累年。其辭語相連，自京師親戚、諸侯、州郡豪桀及考按吏，阿附坐死，徙者以千數，而繫獄者尚數千人」[84]。

按：《論衡·雷虛》篇亦載有此事，已引見前文。由此可知楚獄連累甚衆。稍後，以寒朗、馬后、袁安等人之議，而多所降宥。

2.初作壽陵。

《通鑑·漢紀》卷37：「初作壽陵，制：『令流水而已，無得起墳。萬年之後，掃地而祭，杅水脯糒而已。過百日，唯四時設奠。置吏卒數人，供給灑掃。敢有所興作者，以擅議宗廟法從事』」[85]。

永平十五（72）年，充四十六歲

1.明帝幸孔子宅，祠仲尼及七十二弟子，親御講堂，令皇太子諸王說經。（事見《後漢書·明帝紀》）

按：章懷太子注引《漢春秋》曰：「帝時升廟，立羣臣中庭，北面皆再拜，帝進爵而後坐」[86]。足見祠禮之隆重

[84] 同前[20]，卷45，頁1454。
[85] 同前[84]，頁1457。
[86] 同前[2]，卷 2，頁71。

尊嚴。

永平十六（73）年，充四十七歲

1. 淮陽王延，性驕奢，而遇下嚴烈。有上書告「延與姬兄謝弇及妹婿韓光招姦猾，作圖讖，祠祭祝詛。」事下按驗，多人坐死，延亦徙為阜陵王，食二縣。（事見《通鑑・漢紀》卷37）

按：圖讖害人，在楚王英之後又見一例。

永平十七（74）年，充四十八歲

1. 致甘露、神雀、紫芝、連木。（事見《後漢書・明帝紀》及《東觀漢紀》卷2）

《論衡・宣漢》篇：「孝明時雖無鳳凰，亦致麟、甘露、醴泉、神雀、白雉、紫芝、嘉禾。金出鼎見，離木復合」[87]。又〈恢國〉篇：「孝明麒麟、神雀、甘露、醴泉、白雉、黑雉、芝草、連木、嘉禾，與宣帝同。奇有神鼎、黃金之怪」[88]。

2. 帝令班固、賈逵、楊終、傅毅等上神雀頌。

《後漢書・明帝紀》：「是歲（永平十七年）甘露仍降，樹枝內附，芝草生殿前，神雀五色翔集京師」[89]。

《東觀漢記・賈逵傳》：「永平十七年，公卿以神雀五采翔集京師，奉觴上壽，上召逵敕蘭臺，給筆札，使作〈神雀賦〉」[90]。

《論衡・佚文》篇：「永平中，神雀羣集。孝明詔上〔神〕

---

[87] 同前[77]。
[88] 同前[79]。
[89] 前同[86]，頁72。
[90] 同前[60]，卷18，頁7。

爵頌。百官頌上，文皆比瓦石；唯班固、賈逵、傅毅、楊終、侯諷五頌金玉，孝明覽焉」[91]。

永平十八（75）年，充四十九歲

1. 八月壬子，明帝崩，章帝卽位。
2. 明帝初崩，帝后馬氏兄弟爭欲入宮，並爭以厚財結交冠蓋之士。第五倫上疏章帝，諫不可使外戚僭越。（事見《通鑑・漢紀》卷37）
3. 蜀郡太守第五倫以在郡公清被擧為司空。（事見《通鑑・漢紀》卷37）
4. 京師及兗、豫、徐州大旱。（事見《通鑑・漢紀》卷37）

章帝建初元（76）年，充五十歲

1. 大旱，命第五倫轉穀賑災。

《後漢書・章帝紀》：「（建初元年）丙寅詔曰：『比年牛多疾疫，墾田減少，穀價頗貴，人以流亡……』」[92]。又〈鮑昱傳〉及〈楊終傳〉所載亦同。

《論衡・明雩》篇：「建初孟季（當作年），北州連旱，牛死民乏，放流就賤」[93]。

又〈對作〉篇：「建初孟年，中州頗欠」[94]。

又〈恢國〉篇：「建初孟年，無妄氣至，歲之疾疫也；比旱不雨，牛死民流，可謂劇矣！皇帝敦德，俊乂在官，第五司

---

[91] 同前❶，卷20，頁861-862。
[92] 同前❷，卷3，頁77。
[93] 同前❶，卷15，頁670。
[94] 同前❶，卷29，頁1173。

空，股肱國維，轉穀振贍，民不乏餓」95。

按：章帝對此次大旱採取許多賑災的實際措施，諸如停收兗、豫、徐三州田租芻稾及以上林池籞田賦與貧人等。《論衡・恢國》篇曰：「孝明天崩，今上嗣位，元二之間，嘉德布流」96。即指此賑貧民，免租稅的德政而言。

2.陳寵上緩刑疏。

《後漢書・陳寵傳》：「是時承永平故事，吏政尚嚴切，尚書決事率近於重。寵以帝新即位，宜改前世苛俗，乃上疏曰：『……往者斷獄嚴明，所以威懲姦慝，姦慝既平，必宜濟之以寬。陛下即位，率由此義……而有司執事，未悉奉承，典刑國法，猶尚深刻。斷獄者急於篣格酷烈之痛，執憲者煩於詆欺放濫之文，或因公行私，逞縱威福。……宜隆先王之道，蕩滌煩苛之法，輕薄箠楚，以濟羣生……。』帝敬納寵言，每事務於寬厚。其後遂詔有司絕鉆鑽諸慘酷之科，解妖惡之禁，除文致之請讞五十餘事，定著于令」97。

3.三月甲寅，山陽東平地震。

《論衡・恢國》篇：「夫地動天時，非政所致。皇帝振畏，猶歸於治，廣徵賢良，訪求過闕」98。

按：此乃王充駁斥鄙俗的天人思想之一例。

4.三月丙午，隱彊侯陰博生驕溢，免為庶人。四月丙戌，復封陰興之子員為隱彊侯。（事見《後漢紀》卷11）

《論衡・恢國》篇：「隱彊侯傅（當作「博」）懸書市里，

---

95 同前1，卷19，頁838。
96 同前95，頁832。
97 同前2，卷46，頁555。
98 同前1，卷19，頁838。

誹謗聖政，今上海思（當作恩），免奪爵土……彊弟員嗣祀陰氏」[99]。

4.是歲，賈逵上書請立左氏為學官。

《後漢書・賈逵傳》：「建初元年，詔逵入講北宮白虎觀、南宮雲臺。帝善逵說，使出《左氏傳》大義長於二傳者，逵於是具條奏之，曰：『臣謹擿出《左氏》三十事尤著明者，斯皆君臣之正義、父子之紀綱。……《左氏》義深於君父，《公羊》多任於權變，其相殊絕，固以甚遠……凡所以存先王之道者，要在安上理民也。今《左氏》崇君父、卑臣子，強幹弱枝，勸善戒惡，至明至切，至直至順。……又五經家皆無以證圖讖明劉氏爲堯後者，而《左氏》獨有明文。五經家皆言顓頊代黃帝，而堯不得爲火德。《左氏》以爲少昊代黃帝，即圖讖所謂帝宣也。如今堯不得爲火，則漢不得爲赤。其所發明補益實多。陛下通天然之明……若復留意廢學，以廣聖見，庶幾無所遺失矣。』書奏，帝嘉之」[100]。

按：賈逵言《左氏》宜立於學官的原因有二：(1)《左氏》深於君父，即所謂崇君父、卑臣子、強幹弱枝之意；(2)《左氏》有明文可證漢爲堯後，應屬火德。這兩大《左氏》長義終於使立《左氏》爲學官之議成爲定讞，結束了前朝哀帝以來學術上一項懸疑未決的公案。王充《論衡》中所引《左傳》之文不多，但他對《左傳》的評價非常高。《論衡・案書》篇曰：「《春秋左氏傳》者，蓋出孔子壁中……公羊高、穀梁寘、胡毋氏皆傳《春

[99] 同前[98]，頁835-836。
[100] 同前[2]，卷36，頁445-446。

秋》，各門異戶，獨《左氏傳》爲近得實。何以驗之？《禮記》造於孔子之堂；太史公，漢之通人也。左氏之言與二書合。公羊高、穀梁寘、胡毋氏不相合。又諸家去孔子遠，遠不如近，聞不如見。劉子政玩弄《左氏》，童僕妻子皆呻吟之。光武皇帝之時，陳元、范叔（當作升）上書連屬，條事是非，《左氏》遂立。范叔（當作升）尋因罪罷」(101)。則王充以爲《左傳》高於其他諸傳的理由，在於《左傳》多徵史實，與王充徵實的精神一致。但此事不足以證明王充與今古文的門戶之爭有所瓜葛。而且〈案書〉篇當作於建初以前，所以王充未提及賈逵「《左氏》長義」之事，也不語《左傳》與圖讖的關係。以《左傳》證圖讖是古文家在與今文家爭勝之際的末期轉變。

建初二（77）年，充五十一歲

1. 連年水旱饑饉，充在太守府，為列掾五官功曹行事，作〈備乏〉、〈禁酒〉兩篇，其政務之書蓋成於此前後。

《後漢書・章帝紀》：「（建初）二年三月辛丑詔曰：『比年陰陽不調，饑饉屢臻……』」(102)。

《論衡・對作》篇：「建初孟年，中州頗歉，潁川汝南民流四散，聖主憂懷，詔書數至。《論衡》之人奏記郡守，宜禁奢侈，以備困乏。言不納用，退題記草，名曰〈備乏〉。酒縻五穀，生起盜賊，沉湎飲酒，盜賊不絕，奏記郡守禁民酒。退題記草，名曰〈禁酒〉」(103)。

---

(101) 同前❶，卷29，頁1158。
(102) 同前❷，卷3，頁77。
(103) 同前(94)。

按：王充有《政務》一書，專言治民之道，故〈對作〉篇云：「政務爲郡國守相、縣邑令長，陳通政事所當尙務，欲令全民立化，奉稱國恩」[104]。又〈自紀〉篇云：「又閔人君之政，徒欲治人，不得其宜，不曉其務，愁精苦思，不睹所趣，故作《政務》之書」[105]。而據王充自敍其著作，首敍《譏俗》之書，次《政務》之書，又次乃《論衡》之書，最後爲《養性》之書，此蓋王充著書之先後爲序。以此言之，〈備乏〉、〈禁酒〉兩篇當在《政務》一書內。惜《政務》之書，本傳及《隋志》均不載，亡佚已久，其成書當在《論衡》之前，姑誌於此。彼時，王充當在郡守府內任事，此與〈自紀〉所述：「在太守，爲列掾五官功曹行事」及《後漢書・王充傳》所云：「仕郡爲功曹，以數諫爭不合去」均相脗合。

2.立楚王英子。（事見《後漢書・楚王英傳》）

《論衡・恢國》篇：「立二王之子，安楚、廣陵。……二王，帝族也，位爲王侯，與管蔡同；管蔡滅嗣，二王立後，恩已褒矣」[106]。

3.秋八月，遣行車騎馬防、長水校尉耿恭將兵擊羌人，第五倫上疏勸止。

《通鑑・漢紀》卷38：「第五倫上疏：『臣愚以爲貴戚可封侯以富之，不當任以職事……』」[107]。

按：外戚當政乃東漢政治的弱點之一。

---

[104] 同前[1]，卷29，頁1175。
[105] 同前[1]，卷30，頁1186。
[106] 同前[1]，卷19，頁836。
[107] 同前[20]，卷38，頁1481。

4.十二月，第五倫上疏應除嚴苛之吏，而進仁賢以任時政。（事見《通鑑・漢紀》卷38）

建初三（78）年，充五十二歲

1.零陵獻芝草。（事見《後漢書・章帝紀》）

《論衡・恢國》篇：「零陵生芝草五本」[108]。

又〈驗符〉篇：「建初三年，零陵泉陵女子傅寧宅，土中忽生芝草五本，長者尺四五寸，短者七八寸，莖葉紫色，蓋紫芝也。太守沈酆遣門下掾衍盛奉獻」[109]。

按：沈酆在《東觀漢紀・沈豐傳》及謝承《後漢書》中均作沈豐[110]。

2.是年，張衡生。

《後漢書・張衡傳》：「年六十二，永和四年卒」[111]。

按：張衡之時代略晚於王充，但他善術學，作渾天儀，著《靈憲算罔論》；而且曾上疏力斥「圖讖虛僞，非聖人之法。」其持論與實驗的精神與王充甚近，殆因當時理性主義逐漸抬頭的風氣所致。

3.司空第五倫二度上疏諫不宜任貴戚以職事。（事見《後漢書・第五倫傳》）

建初四（79）年，充五十三歲

1.甘露降五縣。

---

[108] 同前❶，卷19，頁833。
[109] 同前❶，卷19，頁842。
[110] 《藝文類聚》九十八引。
[111] 同前❷，卷59，頁689。

謝承《後漢書》：「吳郡沈豐爲零陵太守，到官一年，甘露降泉陵、洮陽五縣，流被山表，膏潤草木」(112)。

《論衡・驗符》篇：「四年，甘露下泉陵、零陵、洮陽、始安、冷道五縣。榆柏梅李，葉皆洽薄（當作溥），威委流漉，民嗽吮之，甘如飴蜜」(113)。

2.夏六月，雷擊殺羊五頭，皆死。

《論衡・雷虛》篇：「建初四年夏六月，雷擊殺會稽鄞縣羊五頭，皆死。夫羊〔有〕何陰過而雷殺之？」(114)

又〈譴告〉篇：「盛夏陽氣熾烈，陰氣干之，激射䃜裂，中殺人物，謂天罰陰過。外聞若是，內實不然。夫謂災異爲譴告誅伐，猶爲雷殺人罰陰過也。非謂之言，不然之說也」(115)。

按：〈雷虛〉與〈譴告〉兩篇同斥雷擊有天意之說，乃王充疾虛妄又一例。

3.是年，馬融生。

《後漢書・馬融傳》：「年八十八，延熹九年卒於家」(116)。

按：馬融才高博洽，爲世通儒，曾注《孝經》、《論語》、《詩》、《易》、三《禮》、《尚書》等書，兼採今古文家之說，遂結束了兩漢經今古文之爭的局面。

4.十一月，大會諸儒於白虎觀，講論五經同異，班固撰集而成《白虎通義》。（事見《後漢書》之〈章帝紀〉、〈班固傳〉、〈儒林傳・敍〉，及〈楊終傳〉）

---

(112) 同前(110)。
(113) 同前❶，卷19，頁843。
(114) 同前❶，卷 6，頁293。
(115) 同前❶，卷14，頁644-645。
(116) 同前❷，卷60，頁700。

按：白虎觀會議的召開，是由楊終首倡其議。目的在針對當時經學界章句繁多、經說歧異的情形，提出改革，以減省學者的困擾，並確立一統之學。《白虎通義》既爲章帝稱制臨決欽定之書，在漢代經學界具有至高的權威。但是，其學術淵源是繼承董仲舒的天人感應論加以發展，雜糅經學與陰陽五行學說，以讖緯解說經義，特富迷信色彩，是讖緯官學化的最具體成果。而《論衡・對作》篇中，王充自述《論衡》的著作動機說：「是故《論衡》之造也，起衆書並失實，虛妄之言勝眞美也。故虛妄之語不黜，則華文不見息；華文放流，則實事不見用。故《論衡》者所以詮輕重之言，立眞僞之平；非苟調文飾辭、爲奇偉之觀也。其本皆起人間有非，故盡思極心，以譏世俗。……至或南面稱師，賦奸僞之說；典城佩紫，讀虛妄之書。明辨然否，疾心傷之，安能不論？……若夫九虛、三增、〈論死〉、〈訂鬼〉，世俗所久惑，人所不能覺也。人君遭弊，改教於上；人臣愚惑，作論於下；下實得，則上教從矣。冀悟迷惑之心，使知虛實之分；實虛之分定，而華僞之文滅；華僞之文滅，則純誠之化日以孳矣」[117]。可見《論衡》之言有所專指，並非泛泛之談。王充目睹擧國上下均爲讖緯迷信所蒙蔽，遂不得已而發疾妄之言，以譏世俗。

(5)第五倫再上書，言吏治宜寬勿苛。（事見《後漢書・第五倫傳》）

建初五（80）年，充五十四歲

---

[117] 同前[1]，卷29，頁1170-1171。

1. 王充去功曹之職。

《後漢書・王充傳》：「仕郡爲功曹，以數諫爭不合去」[118]。

按：建初二年王充奏記郡守，未被採納，故去官之事當在其後，姑誌於此。

2. 芝草生、黃龍現。（事見《後漢書・章帝紀》）

《論衡・恢國》篇：「五年芝復生六本，黃龍見，大小凡八」[119]。

建初六（81）年，充五十五歲

建初七（82）年，充五十六歲

1. 班固在蘭臺撰成《漢書》。

《後漢書・班固傳》：「固自永平中始受詔，潛精積思二十餘年，至建初中乃成」[120]。

陳漢章《馬班作史年歲考》：「漢書以建初七年成，固是年五十一歲矣」[121]。

2. 班固、賈逵、傅毅受命共校秘書。

《後漢書・文苑傅毅傳》：「建初中，肅宗博召文學之士，以毅爲蘭臺令史，拜郎中，與班固、賈逵共典校書」[122]。

按：此事在建初，姑誌於此。《論衡》中三次提及傅毅，

---

[118] 同前❷。
[119] 同前❶，卷19，頁833。
[120] 同前❷，卷40上，頁480。
[121] 見《綴學堂初稿》卷2。
[122] 同前❷，卷80上，頁932。

都是褒獎有加。如〈案書〉篇曰：「廣陵陳子廻、顏方，今尚書郎班固，蘭臺令楊終、傅毅之徒，雖無篇章，賦頌記奏，文辭斐炳，賦象屈原、賈生，奏象唐林、谷永，並比以觀好，其美一也」⑫³。又〈佚文〉篇曰：「永平中，神雀羣集，孝明詔上〈神爵頌〉，百官頌上，文皆比瓦石，唯班固、賈逵、傅毅、楊終、侯諷五頌金玉，孝明覽焉」(124)。又〈別通〉篇也力斥傅毅等蘭臺之史，「職在文書，无典民之用，不可施設」(125)的謬說。

3.是年，京師及郡國大蝗。（事見《後漢書・魯恭傳》及〈五行志〉）

建初八（83）年，充五十七歲

1.十二月己未，設文義經傳四科。

《論衡・超奇》篇：「詔書每下，文義經傳四科，詔書斐然，郁郁好文之明驗也」(126)。

按：應劭《漢官儀》曰：「建初八年十二月己未，詔書辟士四科：其一曰，德行高妙，志節清白；二曰，經明行修，能任博士；三曰，明曉法律，足以決疑，能案章覆問，文任御史；四曰，剛毅多略，遭事不惑，明足照姦，勇足決斷，才任三輔令，皆存孝悌清公之行」(127)。

---

(123) 同前❶，卷29，頁1645。
(124) 同前❶，卷20，頁861-862。
(125) 同前❶，卷13，頁604。
(126) 同前❶，卷13，頁617。
(127) 同前❷，卷 4，〈和帝紀〉注引，頁89。今本《漢宮儀》卷上，錄作「世祖詔」，但文意相近。

仲任所言卽此四科。

2.詔羣儒選高材生受學《左氏》、《穀梁春秋》、《古文尚書》、《毛詩》。（事見《後漢書・章帝紀》）

按：自建初四年左氏春秋立爲學官以後，古文經學漸受重視，主要原因是古文家在此時也開始援引圖讖及天人感應之說，以求容爲學官。實則此後古文家終於喪失了自別於論敵的理論特色。

3.京師及郡國蝗。（事見《後漢書・章帝紀》）

4.司空第五倫上書言宜敕竇憲等閉門自守，無妄交通士大夫，防其未萌，慮於無形。（事見《通鑑・漢紀》卷38）

按：竇憲爲外戚，此爲防止外戚當政又一例。

元和元（84）年，充五十八歲

《通鑑・漢紀》卷 38：「陳事者多言郡國貢擧率非功次，故守職益懈，吏事寖疏，咎在州郡。有詔下公卿朝臣議。大鴻臚韋彪上議曰：『夫國以簡賢爲務，賢以孝行爲首，是以求忠臣必於孝子之門。夫人才行少能相兼……忠孝之人，持心近厚；鍛鍊之吏，持心近薄。士宜以才行爲先，不可純以閥閱。然其要歸，在於選二千石。二千石賢，則貢擧皆得其人矣。』彪又上疏曰：『天下樞要，在於尙書，尙書之選，豈可不重！而間者多從郎官超升此位，雖曉習文法，長於應對，然察察小慧，類無大能。宜鑒嗇夫捷急之對，深思絳侯木訥之功也。』帝皆納之」[128]。

按：王充有〈答佞〉、〈程材〉、〈量知〉、〈謝短〉、

[128] 同前[20]，卷46，頁1496。

〈效力〉、〈別通〉、〈超奇〉、〈狀留〉諸篇均言才行擢黜問題。彼時才行問題頗爲士林言談的重要論題，故王充亦發抒己論，並寄一己之感慨。

1. 七月，詔令除酷刑，並以秋冬理獄。十二月，詔令非因己罪而坐獄者皆蠲除之。（事見《後漢書・章帝紀》）

按：章帝即位後，一改明帝嚴切之風，政令從寬，此與王充觀念甚近。《論衡・非韓》篇指責韓非欲獨任刑用誅之非，即爲其證。

2. 春，旱。（事見《古今注》）

元和二（85）年，充五十九歲

1. 正月詔議增修羣祀宜享祀者。（事見《後漢書・祭祀志》）

按：《論衡》中極力反對祭祀鬼神，當係針對此等情形而發，如〈難歲〉篇：「人謂百神，百神不害人」[129]。〈譏日〉篇：「祭之無福，不祭無禍」[130]。〈解除〉篇：「夫論解除，解除無益；論祭祀，祭祀無補；論巫祝，巫祝無力。竟在人不在鬼，在德不在祀，明矣哉！」[131]

2. 二月甲寅，始用四分曆。（事見《後漢書・律曆志》中）

按：永平、建初之際，曆法論爭甚劇，頗引起王充對天象的留意。《晉書・天文志・天體》篇曰：「渾天理妙，學者多疑，漢王仲任據蓋天之說以駁渾儀……」又阮元〈疇人傳〉亦本晉書立說。此所謂「渾儀」是指漢以前

---

[129] 同前[1]，卷24，頁1021。
[130] 同前[129]，頁989。
[131] 同前[1]，卷25，頁1041。

卽已存在之渾天儀，而非張衡所作渾天儀[132]，因張衡所造銅渾天儀成於安帝時，彼時王充已死，未得見。又賀道養《渾天記》謂：「近世有四術。一曰方天，興於王充；二曰軒夜，起於姚信；三曰穹天，聞於虞昺。皆臆斷浮說，不足觀也」[133]。以王充言方天，不知何據？

3.三月，帝幸魯，祠東海恭王及孔子七十二弟子，禮畢，命儒者論難。（事見《後漢書·章帝紀》及《東觀漢記》卷2）

4.鳳凰集肥城。（事見《後漢書·章帝紀》及《東觀漢記》卷2）

《論衡·講瑞》篇：「至元和、章和之際，孝章耀德，天下和洽，嘉瑞奇物，同時俱應。鳳凰麒麟，連出重見，盛於五帝之時」[134]。

元和三(86)年，充六十歲

1.王充徙家避難揚州。

《論衡·自紀》篇：「充以元和三年，徙家避〔難〕，詣揚州部丹陽、九江、盧江」[135]。

按：《意林》及《太平御覽》六百二引作「充以章和二年徙家避難揚州丹陽。」年代記載有誤。元和三年，王充爲人所讒陷，遂避難流徙揚州諸郡間，此卽〈自紀〉所

---

[132] 《後漢書集解》卷59〈張衡傳〉引沈欽韓曰：「《隋書·天文志》，永平十五年詔左中郎將賈逵始造太史黃道銅儀。至桓帝延熹七年，太史令張衡更以銅製。」……案衡没於永和四年，志言延熹者誤。雖然《隋書》的記載有誤，但張衡不是渾儀的始創者則是事實。《春秋文耀鉤》甚至遠溯渾儀的始創者爲羲和。

[133] 《御覽》二、《事類賦》一並引。

[134] 同前❶，卷16，頁735。

[135] 同前❶，卷30，頁1198。

云：「俗材因其微過，蜚條陷之」[136]。又〈言毒〉篇云：「君子不畏虎，獨畏讒夫之口，讒夫之口爲毒大矣！」[137]實有感而發。

2.司空第五倫以老病乞身，以二千石俸終其身。（事見《後漢書・第五倫傳》）

章和元（87）年，充六十一歲

1.王充被刺史董勤辟為從事，後轉為治中從事。（事見《後漢書・王充傳》）

《論衡・自紀》：「後入治中，材小任大，職在刺割（御覽引作劾）。筆札之思，歷年寢廢」[138]。

按：《後漢書・百官志》五，《集解》引李祖楙曰：「《宋書》，刺史官屬有別駕從事史一人，從刺史行部；治中從事史一人，主財穀簿書；兵曹從事史一人，主兵事；部從事史，每郡各一人，主察非法。……漢制也」[139]。又《通志・職官略》六曰：「治中從事一人，居中治事，主衆曹文書，漢制也。」由此推之，刺史官屬有各種從事之職，治中從事居其一，坐鎭郡中，主持綱紀，掌理財穀簿書。刺史董勤先辟王充爲從事之職，但屬何種職務，不詳。據王充自謂「職在刺割」，或爲部從事史之職，然後再轉爲治中從事。

2.嘉瑞並出。

---

[136] 同前[135]，頁1182。
[137] 同前[1]，卷23，頁957。
[138] 同前[135]。
[139] 同前[2]，《後漢志》二十八，〈百官志〉五，頁1361。

《後漢書・章帝紀》，章和元年秋七月壬戌詔曰：「乃者鳳凰仍集，麒麟並臻，甘露宵降，嘉穀滋生，芝草之類，歲月不絕」[140]。

《東觀漢記・章帝紀》：「元和二年以來，至章和元年，凡三年，鳳凰三十九見郡國。」又曰：「章帝時，鳳凰百三十九，麒麟五十二，白虎二十九，黃龍三十四，青龍、黃鵠、鸞鳥、神馬、神雀、九尾狐、三足烏、赤烏、白兔、白鹿、白燕、白鵲、甘露、嘉瓜、秬秠、明珠、芝英、華苹、朱草、連理實，日月不絕，載於史官，不可勝記」[141]。

按：《論衡・講瑞》篇專論各種瑞應，可惜該書草于永平初年，對於明章二帝以來連出重見的嘉瑞奇物，未及得載。因此，王充特於篇末說明：「為此論草于永平之初，時來有瑞，其孝明宣惠，衆瑞並至。至元和、章和之際，孝章耀德，天下和洽，嘉瑞奇物，同時俱應，鳳凰麒麟，連出重見，盛於五帝之時。此篇已成，故不得載」[142]。

3.曹褒引讖記，定《漢禮》百五十篇。

《後漢書・曹褒傳》：「章和元年正月，乃召褒詣嘉德門，令小黃門持班固所上叔孫通《漢儀》十二篇，勅褒曰：此制散略，多不合經。今宜依禮條正，使可施行。於南宮、東觀盡心集作。褒既受命，乃次序禮事，依準舊典，雜以五經讖記之文，撰次天子至於庶人冠婚吉凶終始制度，以為百五十篇」[143]。

---

[140] 同前[2]，卷3，頁84。
[141] 同前[60]，卷2，頁5。
[142] 同前[134]。
[143] 同前[2]，卷35，頁432。

按：曹褒依讖定禮，爲當時朝中盛事，但讖書本屬僞託之作，多不可信。而此擧的目的與白虎觀集議近似，都是在强化封建倫理、鞏固帝王權威。這正是王充所急欲突破的。即如後來《文心雕龍·正緯》篇亦斥之爲「乖道謬典，亦已甚矣！」當時章帝以衆論難一，雖納之，不復令有司平奏。

4.班固上〈典引賦〉以敍漢德。

按：班固何時上〈典引賦〉，史未明言，僅知是在永平之後，永元之前。但據其文中所敍嘉瑞並出的情形看來，此賦當成於元和、章和之際，姑志於此，此時擧國皆陶醉於祥瑞奇應的氣氛中，對大漢帝國的聲威，無不樂於稱頌。王充的大漢思想或即在此種氛圍中蘊釀而成。其〈宣漢〉篇曰：「今上上至高祖，皆爲聖帝矣。觀杜撫、班固等所上漢頌，頌功德符瑞，汪濊深廣，滂沛無量，踰唐虞，入皇域」[144]。眞是極盡歌功頌德之能事！

章和二（88）年，充六十二歲

1.正月，何敞奏記宋由：「明君賜賚，宜有品制；忠臣受賞，亦應有度。」（事見《通鑑·漢紀》卷39）

按：何敞之言乃針對章帝篤於親親，於叔父特加恩寵；又留諸昆弟京師；又賞賜羣臣，過於制度，倉帑爲虛而言。

2.二月，章帝崩。遺詔「無起寢廟，一如先帝法制。」（事見《通鑑·漢紀》卷39）

3.王充罷州還家，同郡謝夷吾薦於肅宗，不就。

---

[144] 同前❶，卷19，頁824。

《論衡・自紀》篇：「章和二年，罷州家居」[145]。《後漢書・王充傳》：「自免還家。友人同郡謝夷吾上書薦充才學。肅宗特詔公車徵，病不行」[146]。

按：《後漢書・方術傳》謂夷吾字堯卿，會稽山陰人。知風角占候之術，所在愛育人物，有善績。司徒第五倫甚賞識之，遂令班固爲文薦夷吾。而謝承《後漢書》謂：「倫甚崇其道德，轉署主簿，使子從受《春秋》」、「夷吾雅性明遠，能決斷罪疑」[147]。由此可見謝氏非等閒之輩，他推薦王充，必因王充有卓越的才能。謝承記夷吾推薦王充說：「充之天才，非學所加，雖前世孟軻、孫卿，近漢揚雄、劉向、司馬遷，不能過也」[148]。又《抱朴子》佚文云：「謝堯卿東南書士，說王充以爲一代英偉。漢興以來，未有充比。若所著文，時有小疵，猶鄧林之枯枝，若滄海之流芥，未易貶也」[149]。此等獎譽，仍未能使王充動重返仕途之心，足證王充已心灰意懶。據〈自紀〉篇中王充自敍最後一次入仕爲治中的情況是「材小任大，職在刺割，筆札之思，歷年寢廢。」以此推之，王充自免還家的原因可能有二：第一、治中從事職在主督促文書、察擧非法，正如《漢書・朱博傳》所言：「其民爲吏所寃，及言盜賊辭訟事，各使屬其從事」[150]。王充性不苟俗，任此刺劾之職，勢必得罪某些

---

[145] 同前[135]。
[146] 同前[2]。
[147] 同前[2]，卷82上，〈方術傳〉注引，頁968。
[148] 同前[2]，〈王充傳〉注引。
[149] 《北堂書鈔》卷100引。
[150] 《漢書補注》卷83，〈朱博傳〉，頁1476。

因勢用權、循私苟且的敗吏，也因而益感仕途之不足眷戀；第二、著述之事，乃鴻儒所必備，却爲瑣細事所延宕。今以六十二歲高齡待詔公車，官職高下未卜，因而不爲所動。

4.《論衡》定稿於此時。

按：《論衡》始作於永平初，已俱如前述。但《太平御覽六〇二引〈自紀〉篇佚文謂：「《論衡》造於永平之末，定於建初之年耳。」此中非但「永平之末」一說有誤，即如「建初之年」之說亦有待說明。據〈講瑞〉篇云：「此論造於永平之初……至元和、章和之際，孝章耀德，天下和洽，嘉瑞奇物，同時俱應……此篇已成，故不得載。」又〈恢國〉篇記建初元年至五年間事。蓋自永平初草創《論衡》，至永平末，建初中乃集中精力專致意於此書之撰述，故《論衡》大部分成於建初之年，然而最後定稿可能要遲至章帝駕崩以後，因爲孝章乃劉炟的諡號，王充既用孝章之諡號，可見彼時章帝已駕崩。

和帝永元（89）年，充六十三歲

1.班固作〈燕然山銘〉。（事見《後漢書・和帝紀》及〈竇憲傳〉）

按：此時漢家聲威極盛，亦助長王充的大漢思想。

2.袁安劾執金吾竇景驕奢無度、漁肉百姓，未報。

《通鑑・漢紀》卷 39：「竇氏兄弟驕縱，而執金吾景尤甚，奴客緹騎强奪人財貨，篡取罪人，妻略婦女；商賈閉塞，如避寇讎；又擅發緣邊諸郡突騎有才力者，有司莫敢舉奏，袁安劾景『擅發邊民，驚惑吏民；二千石不待符信，而

輒承景櫢，當伏顯誅。』……」(151)

按: 《論衡·程材》篇:「考事則受賄，臨民則采漁，處右則弄權，幸上則賣將。一旦在位，鮮冠利劍，一歲典職，田宅並兼」(152)。考之史實，則王充所言不虛。

永元元（90）年充六十四歲

1.王充作《養性書》

《論衡·自紀》篇:「歷數冉冉，庚辛域際；雖懼終徂，愚猶沛沛；乃作《養性》之書》凡十六篇」(153)。

《後漢書·王充傳》:「年漸七十，志力衰耗，乃作《養性書》十六篇，裁節嗜欲，頤神自守」(154)。

又《會稽典錄》（《太平御覽》七二〇引）及《文心雕龍·養氣》篇所載並同。臧琳《經義雜記》四「王充《性書》」下引《後漢書·王充傳》作「《性書》十六篇」，實卽《養性書》之謂。

按: 庚辛域際，指庚寅、辛卯之交，卽和帝永元二、三年間。《養性之書》作於此時，王充年已六十四、五，故云「年漸七十」。韓愈〈後漢三賢贊〉謂「年七十餘乃作《養性》一十六篇。」失之。劉盼遂、蔣怡祖並謂庚子、辛丑爲庚辛，則時當和帝永元十二、三年，王充年已七十四、五，亦誤。

永元三（91）年，充六十五歲

---

(151) 同前⑳，卷47，頁1522-1523。
(152) 同前❶，卷12，頁547。
(153) 同前❶，卷30，頁1198-1199。
(154) 同前❷。

1.《養性書》當完成於此年。

永元四（92）年，充六十六歲

1.班固死洛陽獄中，年六十一。（事見《後漢書・班固傳》）

2.賈逵論曆。（事見《後漢書・律曆志》中）

永元五（93）年，充六十七歲

永元六（94）年，充六十八歲

1.《論衡・自紀》篇當作於此數年間

按：〈自紀〉述其一生之事，並提及晚年之作—《養性書》，是王充的自傳，也是他全部著作的總序，當係王充最後傳世之作。《抱朴子・自敘卷》：「王充年在耳順，道窮望絕，懼聲名之偕滅，故自紀終篇」[155]。此「耳順」即指六十餘歲，取其成數耳。

永元七（95）年，充六十九歲

永元八（96）年，充七十歲

按：王充自七十歲以後，事迹全無可考：《後漢書・王充傳》說：「永元中病卒於家」。永元凡十六年，黃暉〈王充年譜〉據此判斷王充死於永元八年，以符合「永元中」的記載。實則永元中指永元年間，未必即正中的一

---

[155] 見世界書局《新編諸子集成》本《抱朴子》，卷50，頁204。

年。嚴可均《全後漢文》卷 31 謂王充「永元中卒，年七十餘」，又譚正璧《中國文學家大辭典》，謂王充公元 27（建武三）年生，100（永元十二）年卒，均甚合理，頗爲當今學者所採信。此外，吳榮光《歷代名人年譜附錄》推定王充年約八十餘，卒於永元中。但永元僅十六年，即令王充卒於永元末年，亦僅七十八歲，故此說不可信。其後，梁廷燦《歷代名人年表》及姜亮夫《歷代名人年里碑傳總表》因之，並失考。

後　記

本書的寫作，開始於一九八四年我任教柯羅拉多大學東方語文學系之際，前後歷五年才完成初稿。這段期間，適值我羈旅異鄉、行止不定。由於種種客觀環境的限制，使本書的寫作不能一氣呵成。但也由於這個因素，我的足迹遍及美國東西兩岸各大學院，頗有利於資料的搜集。其間又幸得各方同道好友的協助，從國內外各大圖書館為我查尋有關的資料，使我的初稿得以順利完成。這些友誼將永銘我心。謹藉此向中央研究院史語所的何大安先生、臺大中文系的宋淑萍和劉翔飛教授、密西根大學亞洲圖書館的薛春芳女士、柯羅拉多大學的 Madeline Spring 和 James Hargett 教授致最誠摯的謝意。

此書寫作期間承蒙韋政通教授的鼓勵，最後定稿時又承蒙臺大中文系陳舜政教授慷慨出借語文中心一僻靜的研究室，在此一併致謝。

參考書目

一、中文專書：

《論語正義》，宋邢昺疏，藝文十三經注疏本。
《孟子正義》，舊題宋孫奭疏，藝文十三經注疏本。
《經學歷史》，皮錫瑞著，藝文印書館。
《漢書補注》，清王先謙補注，藝文二十五史本。
《後漢書集解》，清王先謙集解，藝文二十五史本。
《三國志集解》，民國盧弼集解，藝文二十五史本。
《晉書斠注》，清吳士鑑、劉承幹注，藝文二十五史本。
《後漢紀》，晉袁宏著，商務四部叢刋本。
《後漢書》一卷，袁崧著，漢學堂叢書181種，197卷53册。
《東觀漢紀》，漢劉珍等撰，中華書局四部備要本。
《文獻通考》，元馬端臨著，新興書局影本。
《五十萬卷樓藏書目錄初編》，莫伯驥撰，東苑莫氏排印本，1936年。
《史通》，唐劉知幾著，四部叢刋正編十六。
《資治通鑑》，司馬光撰，胡三省注，洪氏出版社印行。
《古今注》，崔豹撰，四部叢刋續編第二十三册。
《廿二史劄記》，清趙翼著，世界排印本。
《漢晉學術編年》，劉汝森著，長安書局68年臺一版。
《四庫全書總目提要》，清紀昀撰，藝文書局影本。
《評註論衡》三十卷，陳益撰，上海掃葉山房石印本，1927年；文化
圖書公司影印臺版，1956年。

《論衡詳註》，許德厚注，上海眞美書社石印本，1928年。

《論衡選注》，高蘇垣，上海商務書局學生國學叢書，1935年；又新中學文庫，1947年。

《論衡集解》，劉盼遂著，通津草堂本，1935年；世界書局（增訂中國學術名著第一輯，增補中國思想名著二十三、二十四册），1962年。

《論衡校釋》，黃暉著，商務1983年臺六版。

《論衡集解》，高魁光著，1936年手抄本。

《論衡選》，蔣祖怡著，北京中華鉛印本，1958年。

《論衡校正》，田宗堯著，臺大文史叢刊十三，1964年。

《論衡注釋》，北大歷史系論衡注釋小組，1979年。

《論衡校釋》，吳承仕著，北京師範大學出版社，1986年。

《論衡舉正四卷》，孫人和撰，臺北廣文書局，1975年。

《論衡》，王充撰，惠棟批校，臺北中國子學名著編印基金會影印明萬曆間新安程榮刋漢魏叢書本，1977年。

《論衡通檢》，中法漢學研究所編，北平，共163頁，1943年。

《王充傳》，馬禩光撰，臺灣書店（光復文庫第四種），共45頁，1947年。

《王充——中國古代的唯物主義者和啓蒙思想家》，彼得洛夫著，李與順譯，北京科學出版社，共81頁，1956年。

《王充哲學思想硏究》，關鋒著，上海人民出版社，共144頁，1957年。

《王充哲學初探》，鄭文著，北京人民出版社，共114頁，1958年。

《論衡事類索引》，山田勝美等編纂，大東文化硏究所所刋，共 521頁，1960年。

《論衡固有名詞索引》，附宮內廳書陵部藏宋本校勘記，山田勝美等編，東京大學文化硏究所，共192頁，附錄48頁，1961年。

《王充及其論衡》，田昌五，北京生活讀書新知，三聯書店，共 156 頁，1962年。
《王充的文學理論》，蔣祖怡撰，北京中華書局，共72頁，1962及1964年。
《王充哲學》，謝无量撰，臺北文星書店（文書集刋一一），共230頁，1965年。
《東漢王充天人思想的研究》，吳銘遠撰，私立中國文化學院哲學研究所研究生論文，共150雙頁，1966年。
《王充及其論衡》，田宗堯撰，臺大碩士論文，共231頁，1966年。
《王充思想評論》，陳拱撰，臺中東海大學出版，共324頁，1968年。
《王充——古代的戰鬪唯物論者》，田昌五，北京人民出版社，共166頁，1973年。
《王充論衡研究》，褚問鶴撰，臺北中央圖書出版社，共58頁，1974年。
《王充評論》，黃雲生撰，高雄三信出版社，共208頁，1975年。
《王充思想之形成及其論衡》，黃國安撰，臺灣商務印書館，1975年。
《王充思想研究》，田鳳臺撰，政大中國文學研究所碩士論文，共295雙葉，1975年。
《論衡選注》，北大歷史系論衡注釋小組，北京人民出版社，共 362 頁，1976年。
《王充教育思想論》，黃雲生撰，高雄三信出版社，共221頁，1977年。
《王充哲學思想初探》，徐敏撰，北京三聯書店，共 176 頁，1979年。
《無何集》，清熊伯龍撰，北京中華書局排印本，共485頁，1979年。
《王充思想體系》，陳叔良撰，臺灣商務印書館，1982年。
《王充年譜》，鍾肇鵬撰，齊魯書局，共107頁，1983年。
《王充卷》，蔣祖怡編撰，鄭州中州書畫社，共316頁，1983年。

《王充之文學批評及其影響》，李道顯著，文史哲出版社，共120頁，1984年。

《老子道德經注》，晉王弼注，唐陸德明釋，世界書局新編諸子集成本。

《莊子集釋》，清郭慶藩集釋，世界書局新編諸子集成本。

《墨子閒詁》，清孫詒讓撰，新編諸子集成本。

《荀子集解》，清王先謙集解，新編諸子集成本。

《韓非子集解》，清王先愼撰，新編諸子集成本。

《呂氏春秋新校正》，漢高誘注，淸畢沅校，新編諸子集成本。

《淮南子》，漢高誘注，新編諸子集成本。

《春秋繁露義證》，淸蘇輿撰，河洛圖書公司影本。

《桓子新論》，漢桓譚撰，中華四部備要本。

《潛夫論》，漢荀悅撰，商務四部叢刋本。

《申鑒》，漢荀悅撰，商務四部叢刋本。

《昌言》，仲長統撰，商務四部叢刋本。

《白虎通德論》，漢班固撰，增訂漢魏叢書本。

《風俗通義》，漢應劭撰，商務四部叢刋本。

《抱朴子》，晉葛洪撰，新編諸子集成本。

《弘明集》，梁僧祐編，四部備要本。

《廣弘明集》，唐釋道宣撰，商務四部叢刋本。

《困學紀聞》，宋王應麟著，翁元圻注，商務國學基本叢書。

《郡齋讀書志》，宋晁公武著，四部叢刋本。

《子略》，高似孫撰，四部備要本。

《曲園雜纂》，俞樾撰，春在堂全書本。

《宋文鑑》，宋呂祖謙編，世界書局縮印本。

《少室山房筆叢》，明胡應麟撰，世界書局讀書箚記叢刋。

《青箱雜記》，宋吳處厚撰，說郛正編。

《直齋書錄解題》，陳振孫撰，清光緒九年江蘇書局本。
《文則》，陳騤撰，說郛正編。
《七修續稿》，明郎瑛撰，世界書局讀書劄記叢刋第二集。
《二程遺書》，宋朱熹編，商務影印文淵閣四庫全書本。
《朱子語類》，宋黎靖德編，商務影印文淵閣四庫全書本。
《國學發微》，劉師培撰，大新書局縮印本（劉申叔先生遺書）
《國故論衡》，章炳麟撰，廣文書局影印本。
《黃氏日鈔》，黃震撰，四庫全書珍本二集。
《太平御覽》，宋李昉撰，商務影印文淵閣四庫全書本。
《藝文類聚》，唐歐陽詢等撰，商務影印文淵閣四庫全書本。
《全上古漢魏六朝文》，清嚴可均輯，宏業書局影本。
《中國政治思想史》，蕭公權撰，華岡出版社，共880頁，1971再版。
《中國哲學史大綱》，胡適撰，上海商務書局，1936年。
《中國哲學史》，馮友蘭撰。
《中國哲學史》，謝无量撰，中華書局，1967年。
《中國邏輯史稿》，周文英撰，人民出版社，共247頁，1979年。
《中國哲學史》，勞思光撰，三民書局，1986年三版。
《中國思想通史》，侯外廬等撰，人民出版社，1957年。
《中國中古思想小史》，胡適撰，中研院胡適紀念館，1969年。
《中國中古思想史研究》，郭湛波撰，龍門書局，1967年。
《兩漢思想史》，徐復觀撰，學生書局，1976年。
《兩漢文學理論之研究》，朱榮智撰，聯經出版社，共185頁，1978年。
《中國哲學史上的知行觀》，方克立撰，人民出版社，共393頁，1982年。
《中國邏輯史研究——中國邏輯史第一次學術討論會文集》，中國邏輯史研究編輯小組編，中國社會科學出版社，共364頁，1981年。

《漢初學術及王充論衡述論稿》，李偉泰撰，長安出版社，共239頁，1985年。

《漢魏六朝心理思想研究》，燕國材撰，谷風出版社，共287頁，1988年。

《中國倫理學史》，蔡元培撰，商務臺二版，1965年。

《中國學術思想變遷之大勢》，梁啓超撰。

《韓昌黎文集校注》，韓愈撰，馬其昶校注，增訂中國學術名著第二輯。

《抱朴子內外篇思想析論》，林麗雪撰，學生書局，共 192 頁，1980年。

《董仲舒》，林麗雪撰，商務歷代思想家叢書，共 104 頁，1978年。

《中國科學文明史》，木鐸出版社，1983年。

二、日文專書：

《兩漢學術考》，狩野直喜撰，筑摩書房，1964年。

《上古より漢代に至る性命觀の展開》，森三樹三郎撰，創文社，1971年。

《論衡——漢代の異端思想》，大瀧一雄譯，東京平凡社，共232頁 1965年。

《論衡（上）》，山田勝美譯，東京明治書院（新譯漢文大系68），共663頁，1976年。

《論衡の研究》，佐藤匡玄撰，創文社（東洋學叢書），共 384 頁，1981年。

三、英文專書：

Joseph Needham, *Science and Civilization in China,* London: Cambridge University Press, 1956.

Alfred Forke, Lun-hêng, *Part I: Philosophical essays of Wang Ch'ung; Part II: Miscelleneous essays of Wang Ch'ung*, N.Y.: Paragon Book Gallery, 1962, 2nd ed.

Micheal Loewe, *Chinese Ideas of Life and Death*, London: George Allen & Unwin Ltd. 1982.

四、中文論文：

〈王充學說的梗概和治學方法〉，張右源撰，《國學叢刊》卷1，第三期，1923年。

〈王充的論衡〉，胡適撰，《現代學生》卷1，第四、六、八期，1931年。

〈王充論衡篇次殘佚考〉，劉盼遂撰，《學文雜誌》五，1932年。

〈論衡中無僞篇考〉，容肇祖撰，《大公報史地周刊》九一，1936年。

〈王充——我國偉大的唯物主義的戰士〉，汪毅撰，《光明日報》，1955年12月28日。

〈A、A彼得洛夫關於王充哲學思想的研究〉，楊超撰，《文史哲》一，1956年1月。

〈王充的唯物主義哲學思想〉，吳澤撰，《華東師大學報》二，1956年4月。

〈讀吳澤先生「王充的唯物主義哲學思想」的意見〉，鄭文撰，《光明日報》，1956年9月5日。

〈王充的認識論的一個問題——與吳澤先生商榷〉，呂大吉撰，《光明日報》，1956年9月5日。

〈王充《論衡》與《白虎通義》的世界觀〉，張德鈞撰，《爭鳴》一，1956年11月。

〈試論王充的思想淵源——並與侯外廬、關鋒等同志商榷〉，陳玉森撰，《哲學研究》八、九，頁75-84，1959年8月、9月。

〈王充之性命論（上）（下）〉，牟宗三撰，《人生》卷21，第十、十一期，1961年4月。

〈王充論〉，徐道鄰撰，《東海學報》卷3，第一期，1961年6月。

〈論衡的構成及其唯物主義的特點〉，吳則虞撰，《哲學研究》四，1962年7月。

〈王充時令論的實質及其社會意義〉，徐敏撰，《新建設》，1962年1月。

〈王充著作考〉，朱謙之撰，《文史》一，1962年10月。

〈論衡篇數考〉，蔣祖怡撰，《中華文史論叢》二，1962年。

〈王充命定思想分析〉，孔繁撰，《北京大學學報》二，1963年4月。

〈讀王充的政務之書〉，蔣祖怡撰，《杭州大學學報》二，1963年10月。

〈王充是農民階級的思想家嗎？〉，童默庵撰，《光明日報》，1964年2月21日。

〈從王充評價看思想史的研究方法問題〉，田昌五撰，《哲學研究》三，1964年2月21日。

〈關於王充思想的評價問題——與童默庵同志商榷〉，孔繁撰，《光明日報》，1964年3月27日。

〈東漢王充的懷疑精神〉，魯文撰，《臺灣省立臺北圖書館館刊》第二期，1965年。

〈從論衡問孔篇談起〉，田宗堯撰，《思與言》卷3，第四期，1965年11月。

〈從漢代的儒法之爭談到王充的法家思想〉，郭紹虞撰，《學習與批判》四，1973年。

〈王充的文學觀〉，梁榮茂撰，《國立編譯館館刊》卷2，第三期，1973年。

〈讀王充的問孔、刺孟〉，翟廷晉撰，《學習與批判》，頁32-36，1974年10月。

〈王充的問孔刺孟〉，孫欽善撰，《北大學報》（哲學社會學），頁24-29，1974年4月。

〈王充自然思想研究〉，陳麗桂撰，《師大國文研究所集刊》一九，1975年6月。

〈王充的政治思想〉，賀凌虛撰，《社會科學論叢》二十四，1976年。

〈論王充之生平與作品〉，李道顯撰，《臺北師專學報》第六期，1977年。

〈論衡札記〉，裘錫圭撰，《文史》五，頁225-247，1978年。

〈王充研究〉，潘清芳撰，《師大國文研究所集刊》二十二，1978年6月。

〈王充反孔嗎？〉，周桂鈿撰，《光明日報》，1979年1月11日。

〈王充的基本觀念〉，賀凌虛撰，《書目季刊》卷13，第一期，1979年6月。

〈後漢時代豪族的門閥化過程〉，崔振默撰，漢城大學《東洋史學科論集》九，1985年。

五、日文論文：

〈王充之學〉，宇野哲人，《哲學雜誌》卷18第二百期，1887年，現收入大同書房發行的《支那哲學的研究》一書中。

〈王充の祖先祭祀觀——支那に於ける靈魂死滅思想の展開〉，宋屋美都雄，《歷史研究》十二之一，1942年。

〈王充の人と書について〉（《論衡》序說），田向竹雄，《大東文化學報》一一，1944年。

〈王充の偶然論〉，小野澤精一，《東京支那學會報》二，1949年。

〈王充の思想——「故」と「偶」について〉，木村郁二郎，《中國文化研究會會報》三之二，1953年。
〈王充の思想について——王充と老莊思想一〉，福永光司，《東洋史研究》十二之六，1953年。
〈論衡の篇次について〉，佐藤匡玄，《東方學》八，1954年。
〈論衡の一考察〉，原田正已，《東洋思想研究》五，1954年。
〈王充に於ける氣について〉，木村郁二郎，《中國文化研究會會報》四之二，1955年。
〈王充の賢者論〉，木村郁二郎，《中國文化研究會會報》五之一，1955年。
〈王充について〉，佐滕匡玄，《研究報告》（愛知學藝大學）五，1956年。
〈王充の偶然論〉，佐滕匡玄，《哲學》六，1956年。
〈王充における「大漢」主義の問題〉，木村郁二郎，《大倉山學院紀要》二，1956年。
〈王充の氣象觀——中國一世紀的唯物論者〉，田村專之助，早稻田大學《史觀》五七、五八合刊，1956年。
〈王充の人間觀について——「作者」としての意識——〉，御手洗勝，《文學研究》七一，1959年。
〈王充の運命論のもつ歷史的意味 —— 德と福の問題〉，森三樹三郎，《大阪大學文學部創立十周年紀念論叢》，1959年。
〈王充の鬼神論〉，御手洗勝，《支那學研究》二六，1961年。
〈王充命定論試探〉，戶川芳郎，《中國の文化と社會》九，頁37-74，1962年。
〈中國における《論衡》研究について一その構成に關する研究を中心として一〉，清水榮《漢文教育》六六，頁11-15,21，1964年。
〈王充の天〉，岩田有史，《集刋東洋學》一四，頁81-88，1965年。
〈王充の薄葬論について〉，大久保隆郎，《人文論究》26，頁23-

52，1965年。

〈王充人格論辨說〉，戸川芳郎，《東京支那學報》一二，頁130-152，1966年。

〈王充の典籍批判について〉，大久保隆郎，《漢文學會會報》一八，頁119-133，1966年。

〈東漢初期にあらわれた政治思想の一形態——王充歷史觀剖析〉，戸川芳郎撰，《中國古代史研究》三，1969年。

〈王充の薄葬論について〉，佐滕匡玄，《愛知學院大學部紀要》1，頁27-38，1971年。

〈《論衡・答佞》篇について〉，大久保隆郎，《福島大學教育學部論集》23-2（人文科學），頁1-12，1971年。

〈王充における批判の哲學〉，賴芳樹，《廣島大學教育學部紀要》（第二部）二〇，頁7-15，1972年。

〈後漢禮教主義の一側面——《論衡》習俗批判の分析〉，大久保隆郎，《漢文學會會報》（東京教育大學），頁14-26，1973年。

〈《論衡》習俗批判考〉，大久保隆郎，福島大學《教育學部論集》二五之二（人文科學）頁25-42，1973年。

〈《論衡》の論理について——死生觀を中心〉，嶋田勝義，《フイロソフイマ》六二，頁157-178，1974年。

〈王充の法家批判——非韓篇分析〉，大久保隆郎，福島大學《教育學部論集》（人文科學）二六之三，頁57-63，1974年。

〈陳海濶の王充の哲學思想をめぐつて〉，秋吉久紀夫，《目加田誠博士古稀記念中國文學論集》，頁487-504，1974年。

〈王充の性論〉，古川浩子，《中國古代史研究》四，頁193-215，1976年。

〈王充の「神人の分」について〉，吉田照子，《哲學》（廣島哲學會）二八，頁101-115，1976年。

〈《論衡》餘說〉，大久保莊太郎，《羽衣學園短期大學硏究紀要》一二，頁13-20，1976年。

〈王充とその鬼神觀〉，西岡弘，《國學雜誌》七八之八，1977年。

〈桓譚と王充——神仙思想批判の繼承〉，大久保隆郎，《福島大學教育學部論集》三〇之二（人文科學），頁13-23，1978年。

〈王充の孔子批判（上）〉，佐藤匡玄，《愛知學院大學文學部紀要》七，頁1-13，1978年。

〈《論衡》における「命」的性格——氣と連關として—〉，吉田照子，《福岡女子短大紀要》一五，頁75-88，1978年。

〈王充の陰陽五行觀について〉，清水浩子，《大正大學文學院硏究論集》三，頁263-270，1979年。

〈桓譚と王充(2)——死生說の繼承その展開〉，大久保隆郎，《福島大學教育學部論集》三一之二，頁11-21，1979年。

〈王充の政治思想〉，吉田照子，《哲學》三一，頁85-98，1979年。

六、英文論文：

Alfred Forke, Wang Chhung and Plato on Death and Immoratality, Journal of North China Branch of the Royal Asiastic Society, 1896, Vol. XXXI, p. 40.

Timoteus Pokora, How many works were written by Wang Ch'ung (A.D. 27-97?) Archives Orientalni, XXV, 4, p. 658-659.

Timoteus Pokora, The necessity of a more thorough study of Philosopher Wang Ch'ung and his predecessors, Archives Orientalni XXX, 2, p. 231-257.

D. Leslie, Forke's translation of the Lun-Hêng, Journal of the Hong Kong Branch of the Royal Asiastic Society IV, 1964.

Timoteus Pokora, Two rece commented editions of the Lun-heng, Archives Orientalni XXXIV, 4, p. 593-601, 1966.

Jocelyn V. Chey, Wang Ch'ung on Dragons, "Science" in the Han Dynasty（壽羅香林教授論文集） p. 349-359, 1970.

Witold Jabloski (tr.), Lun-heng (Loun-heng), Prezeglad Orientalistyizny 1976-2, p 129-144.

索　引

二　畫

三　畫

四　畫

五　畫

六　畫

七　畫

八　畫

九　畫

十　畫

十 一 畫

十二畫

十三畫

十 四 畫

十 五 畫

十 六 畫

十七畫

十八畫

十九畫

二十畫以上

世界哲學家叢書(一)

書名	作者	出版狀況
孟子	黃俊傑	撰稿中
老子	劉笑敢	撰稿中
莊子	吳光明	已出版
墨子	王讚源	撰稿中
淮南子	李增	撰稿中
賈誼	沈秋雄	撰稿中
董仲舒	韋政通	已出版
揚雄	陳福濱	撰稿中
王充	林麗雪	已出版
王弼	林麗眞	已出版
嵇康	莊萬壽	撰稿中
劉勰	劉綱紀	已出版
周敦頤	陳郁夫	已出版
邵雍	趙玲玲	撰稿中
張載	黃秀璣	已出版
李覯	謝善元	已出版
王安石	王明蓀	撰稿中
程顥、程頤	李日章	已出版
朱熹	陳榮捷	已出版
陸象山	曾春海	已出版
陳白沙	姜允明	撰稿中
王陽明	秦家懿	已出版
李卓吾	劉季倫	撰稿中
王廷相	葛榮晉	排印中
方以智	劉君燦	已出版

世界哲學家叢書(二)

書名	作者	出版狀況
朱舜水	張立文	撰稿中
眞德秀	朱榮貴	撰稿中
劉蕺山	張永儁	撰稿中
黃宗羲	盧建榮	撰稿中
顏元	楊慧傑	撰稿中
戴震	張立文	已出版
竺道生	陳沛然	已出版
眞諦	孫富支	撰稿中
慧遠	區結成	已出版
僧肇	李潤生	已出版
智顗	霍韜晦	撰稿中
吉藏	楊惠南	已出版
玄奘	馬少雄	撰稿中
法藏	方立天	已出版
惠能	楊惠南	撰稿中
澄觀	方立天	撰稿中
宗密	冉雲華	已出版
永明延壽	冉雲華	撰稿中
知禮	釋慧嶽	撰稿中
大慧宗杲	林義正	撰稿中
袾宏	于君方	撰稿中
憨山德清	江燦騰	撰稿中
智旭	熊琬	撰稿中
章太炎	姜義華	已出版
熊十力	景海峰	已出版

世界哲學家叢書(三)

書名	作者	出版狀況
梁漱溟	王宗昱	排印中
馮友蘭	殷鼎	已出版
唐君毅	劉國強	撰稿中
賀麟	張學智	排印中
龍樹	萬金川	撰稿中
世親	釋依昱	撰稿中
元曉	李箕永	撰稿中
休靜	金煐泰	撰稿中
知訥	韓基斗	撰稿中
李栗谷	宋錫球	撰稿中
李退溪	尹絲淳	撰稿中
道元	傅偉勳	撰稿中
伊藤仁齋	田原剛	撰稿中
山鹿素行	劉梅琴	已出版
山崎闇齋	岡田武彥	已出版
三宅尚齋	海老田輝巳	撰稿中
中江藤樹	木村光德	撰稿中
貝原益軒	岡田武彥	已出版
狄生徂徠	劉梅琴	撰稿中
富永仲基	陶德民	撰稿中
楠本端山	岡田武彥	已出版
吉田松陰	山口宗之	已出版
西田幾多郎	廖仁義	撰稿中
柏拉圖	傅佩榮	撰稿中
亞里斯多德	曾仰如	已出版

世界哲學家叢書(四)

書名	作者	出版狀況
聖奥古斯丁	黃維潤	撰稿中
聖多瑪斯	黃美貞	撰稿中
笛卡兒	孫振青	已出版
斯賓諾莎	洪漢鼎	排印中
洛克	謝啟武	撰稿中
巴克萊	蔡信安	撰稿中
休謨	李瑞全	撰稿中
盧梭	江金太	撰稿中
康德	關子尹	撰稿中
費希特	洪漢鼎	撰稿中
黑格爾	徐文瑞	撰稿中
祁克果	陳俊輝	已出版
約翰彌爾	張明貴	已出版
馬克思	許國賢	撰稿中
狄爾泰	張旺山	已出版
韋伯	陳忠信	撰稿中
卡西勒	江日新	撰稿中
雅斯培	黃藿	排印中
胡塞爾	蔡美麗	已出版
馬克斯・謝勒	江日新	已出版
海德格	項退結	已出版
高達美	張思明	撰稿中
漢娜鄂蘭	蔡英文	撰稿中
盧卡契	錢永祥	撰稿中
哈伯馬斯	李英明	已出版

世界哲學家叢書(五)

書　　　　　名	作　　者	出版狀況
馬利丹	楊世雄	撰稿中
馬塞爾	陸達誠	撰稿中
梅露・彭廸	岑溢成	撰稿中
德希達	張正平	撰稿中
呂格爾	沈清松	撰稿中
懷德黑	陳奎德	撰稿中
卡納普	林正弘	撰稿中
卡爾巴柏	莊文瑞	撰稿中
柯靈烏	陳明福	撰稿中
穆爾	楊樹同	撰稿中
維根斯坦	范光棣	撰稿中
奥斯汀	劉福增	撰稿中
史陶生	謝仲明	撰稿中
赫爾	馮耀明	撰稿中
帕爾費特	戴華	撰稿中
魯一士	黄秀璣	撰稿中
珀爾斯	朱建民	撰稿中
詹姆斯	朱建民	撰稿中
杜威	李常井	撰稿中
史賓格勒	商戈令	已出版
奎英	成中英	撰稿中
洛爾斯	石元康	已出版
諾錫克	石元康	撰稿中
希克	劉若韶	撰稿中